JN496037

화엄일승성불묘의

華嚴一乘成佛妙義

동국대학교 불교기록문화유산아카이브사업단(ABC)
본서는 문화체육관광부 지원으로 동국대학교 불교학술원에서 간행하였습니다.

한글본 한국불교전서 신라 14
화엄일승성불묘의

2016년 3월 10일 초판 1쇄 인쇄
2016년 3월 21일 초판 1쇄 발행

지은이 견등
옮긴이 김천학
펴낸이 한태식
펴낸곳 동국대학교출판부

주소 100-715 서울시 중구 필동로 1길 30
전화 02-2260-3483~4
팩스 02-2268-7851
Homepage http://www.dgpress.co.kr
E-mail book@dongguk.edu
출판등록 제2-163(1973. 6. 28)
편집디자인 꽃살무늬
인쇄처 보명C&I

© 2016, 동국대학교(불교학술원)

ISBN 978-89-7801-466-3 93220

값 15,000원

이 책의 무단 전재나 복제 행위는 저작권법 제98조에 따라 처벌받게 됩니다.

한글본 한국불교전서 신라 14

화엄일승성불묘의
華嚴一乘成佛妙義

견등見登
김천학 옮김

동국대학교출판부

화엄일승성불묘의華嚴一乘成佛妙義 해제

김 천 학
동국대학교 불교문화연구원 HK교수

1. 개요

『화엄일승성불묘의』는 동아시아 화엄 사상사를 통틀어 성불론을 중심 테마로 하여 구성된 첫 문헌이다. 저자인 견등見登은 세 가지로 나투시는 『화엄경』의 시불과 보살들께 신명을 다 바쳐 귀의하면서 자신을 비롯하여 모든 중생들이 생사를 벗어나 정토 왕생하며 부처가 되는 방법을 세 가지로 자세히 설명하였다.

견등에 의하면, 『화엄경』의 교설은 다른 경전에서 성불이 부정되는 일천제까지 포함하는 궁극의 교설이며, 무정물조차도 성불하게 하는 교설이라고 한다. 그래서 『화엄경』의 교설은 궁극적 계위의 대성인도 다 알기 어려우며, 지혜에 통달한 현자도 헤아리지 못한다고 설명한다. 견등 자신 역시 말세의 어리석은 범부로 부처님의 신묘한 취지는 알 수 없지만, 선현들의 문장을 찾아 성불의 뜻을 열겠다고 겸손하게 표현한다.

2. 저자

견등의 생몰 연대는 전혀 알 수 없다. 우리나라 기록에는 전혀 그 이름이 나오지 않으며, 고려 시대 의천이 지은 『신편제종교장총록新編諸宗敎藏總錄』에도 이름과 저술이 포함되어 있지 않다. 견등의 이름이 나오는 가장 빠른 기록은 아마도 850년 이후 얼마 지나지 않아 저술된 일본 문헌 『화엄종소립오교십종대의약초華嚴宗所立五教十宗大意略抄』일 것이다. 여기에 신라의 화엄종 조사 견등보살이라는 이름이 보인다.

저술에 대해서는, 일본 고후쿠지(興福寺) 에초(永超, 1014~1095)가 1094년에 집성한 『동역전등목록東域傳燈目錄』에 『대승기신론』의 주석서인 『대승기신론동현장大乘起信論同玄章』 2권을 저술한 사람으로 신라인 견등이라는 이름이 처음 등장한다. 『화엄일승성불묘의』의 경우, 겐준(謙順, 1740~1812)이 기존의 목록을 증보한 『증보제종장소록增補諸宗章疏錄』(1790)에서 비로소 견등술見等述로 수록된다. 본 문헌이 언제 일본에 전해졌는지는 알 수 없지만, 일본의 게이가(景雅, 1103~1185)가 저술한 『금사자장감문金師子章勘文』에 처음 인용된 이후, 가마쿠라 시대에 자주 인용된 것이 확인된다. 따라서 적어도 12세기 중후반에는 일본에 전해졌음을 알 수 있다.

본 문헌은 동국대학교 최연식 교수가 주장한 것처럼 일본에서 9세기 초에서 10세기 초에는 저술되었을 가능성이 높다. 따라서 그 간에 본 문헌이 어떻게 유통되어 게이가의 저술에 처음으로 인용되었는지에 대해서는 후속 연구가 필요하다.

3. 서지 사항

『화엄일승성불묘의』는 현재 『한국불교전서』 3권에 수록되어 있지만, 그 저본은 『만속장경』 제2편 8투 4책에 실려 있는 간본이며, 이를 저본으로 하여 『대정신수대장경』 제45권에 실려 있는 것을 갑본으로 삼았다. 『만속장경』의 저본이 무엇인지는 알 수 없으며, 본 역주에서는 1912년에 문을 연 문창당文昌堂 간행본을 최연식 교수의 후의로 대교할 수 있었다. 그 외 필요할 경우 『화엄일승성불묘의』를 인용하는 일본 문헌과 비교하였다. 『화엄일승성불묘의』는, 게이가(景雅)의 『금사자장감문金師子章勘文』, 묘에(明惠, 1173~1232)에게 『구사론』과 『인명론』을 전수한 세이센(聖詮)의 『화엄오교장심의초華嚴五教章深意鈔』, 교넨(凝然, 1240~1321)의 『화엄오교장통로기華嚴五教章通路記』, 지츠에이(實英, 1550~1637)의 『화엄오교장불심華嚴五教章不審』, 호탄(鳳潭, 1654~1738)의 『화엄오교장광진초華嚴五教章匡眞鈔』에 인용이 되어 있다.

4. 내용과 성격

1) 내용 구성

본 서는 중국 화엄종의 제3조라고 일컬어지는 법장의 『탐현기探玄記』에서 거론하는 세 가지 성불에 대해 구체적으로 논하며, 주로 지엄智儼(602~668)과 법장法藏(643~712)에 기반을 두고 전개된다.

『성불묘의』는 다섯 편으로 구성되어 있다. 제1편에서는 성불의 종류를, 제2편에서는 반드시 깨달음을 얻는 사람을 제시하였다. 제3편에서는 각 교설의 차별을 드러냈고, 제4편에서는 빨리 성불을 얻는(疾得成佛) 부류에 대해 논하였다. 마지막으로 제5편에서는 성불에 대해 질문하고 대답하였다.

제1편 성불의 종류에는 계위에 의한 성불(位成佛), 실천에 의한 성불(行成佛), 원리적인 성불(理成佛)이 있다. 이것은 한 가지 성불을 세 가지 관점에서 분석하여 논한 것이며, 『탐현기』의 설에 입각하고 있다.

첫째, 계위에 의한 성불은 종교삼승에 맞추어 10주 등 오위로써 이 성불을 밝힌 것이다. 이에 대해서 견등은 『탐현기』를 근거로 10신의 마지막 마음(終心) 가운데 실천이 뛰어나게 진전된 영역으로 나아가는 경지(勝進分)를 얻은 이후에 10해十解의 첫 계위에 들어가서 바로 성불한다고 하였다. 이 위지가 삼승종교의 불퇴위가 되기 때문인데, 이것을 일승의 입장에서 육상이라는 해석 방법으로써 융섭하기 때문에 불과에 이를 수 있다는 것이다.

여기서 10신의 마지막 마음이라고 한 것은 10신위에서의 성불이 아님을 나타내는 의미를 내포한다. 왜냐하면 종교에서 처음 발심하는 계위는 10주가 되기 때문이며, 10신은 10주의 방편에 해당하고, 별도의 계위로서 인정하지 않기 때문이다. 그렇긴 해도 어차피 일승의 성불설인 이상, 10신의 마지막 마음에서 초발심하여 성불할 때 이후의 여섯 계위를 동시에 포함한다는 것을 설하고 있다. 이것이 육상의 해석 방법으로 설명하였다는 의미이기도 하다. 이렇게 처음 발심할 때 불지까지 다 포함하기에 초발심의 계위가 중심이 되면 나머지 전후의 계위는 그것에 속하게 된다. 또 부처의 계위가 중심이 될 때는 앞에 있는 나머지 계위들이 그것에 속하게 된다.

둘째, 실천에 의한 성불은 계위에 의거하지 않으며, 실천이 뛰어나게 진전된 영역(勝進分)의 궁극이 바로 부처의 경지임을 밝힌 것이다. 그러나 '계위에 의거하지 않는다'라는 말의 의미에 대해서는 많은 의문들이 있을 수 있다. 이에 견등은 법장의 『탐현기』를 동원하여 이에 대해 해명하였다.

견등은 실천의 성불에 두 가지 뜻이 있다고 하였다. 첫째는 일승에 입각할 때는 바로 본체로서의 공덕에 근거하여 성불하는 것이고, 둘째는 아래 근기에 맞추어 성불하게 하는 것이다. 첫째의 의미는 보현 자체의 법에 의거하였다는 의미이지만, 두 번째 의미에 대해서는 삼승에 맞추어 주는 설명이라고 하였다. 삼승 10신十信의 실천이 가득할 때(信滿), 일체의 계위를 다 포섭한다. 그러므로 계위에 의한 성불이 아니며, 실천에 의한 성불이라고 말할 수 있는 것이다. 하지만 두 번째 설명의 경우 계위에 의한 성불과 무엇이 다른지 명확하지 않다. 견등은 여기에 대해서 의의가 다르다는 정도에서 설명을 마친다.

일승의 실천에 의한 성불은 삼승의 성불과 다르다. 그것은 일승은 처음 얻었을 때 뒤를 얻지 못함이 없지만, 삼승은 그렇지 않다. 즉 일승 그대로의 공덕으로 말하면, 한 실천 가운데 법계의 실천을 아우른다. 일체의 실천을 수행함에 역시 한 실천을 아우른다. 이것이 하나가 바로 많음 등의 실천이다.

셋째, 원리적인 성불은 일체중생이 함께 이미 구경을 성취하여 마쳤으며, 다시 새로이 성취하지 않는 것을 말하였다. 견등에 따르면, 일체중생은 모두 진여를 본체로 삼으며, 그 체성을 따라서 차별상을 논하지만, 그 양상은 모두 사라져 일미로서 평등하다. 그러므로 총체적 부처인 것이다.

이와 같은 정의에 대해서 부처와 중생 간에 일미가 될 수 있는지에 대한 의문이 들 수 있다. 이에 대해 견등은 다음과 같이 설명하였다. 부처는 단 하나의 진리를 본체로 삼으며, 중생은 저 진리 위의 양상이므로 역시 전혀 차별이 없다고 하였다. 이러한 논리에 따라서 일체중생은 깨달은 자이고, 불신의 나타난 바가 되는 것이다. 저 원리적 부처가 변해 나타나는 중생은 능히 불신을 드러냄과 동일하기 때문이다. 그러므로 중생은 성불하지 않음이 없는 것이다.

또 일승의 성불은 오직 원리(理)에 근거하는지, 아니면 현상(事)에도 공통되는지에 대해서 논의가 진행되는데, 이에 대해서 견등은 원리와 현상에 공통되는 설이라고 대답하였다. 그것은 원리에 근거하여 현상으로서의 지혜(智) 등 여러 공덕이 나타나기 때문이다. 따라서 이러한 전제하에서 원리와 현상은 공통된다고 하는 것이다.

그런데 이렇게 중생이 원리적으로 성불한 것이라면 일체중생이 발심수행하였다는 것이 가능한 것인지에 대해 당연히 물음이 제기될 것이다. 이에 견등은 석가불이 초발심하여 일체중생을 포섭하고 발심하여 마치면 역시 저 무수한 대겁의 난행과 고행의 수행문을 포섭한다고 하여 수행을 강조하였다. 또한 먼저 성취하여 마치고, 뒤에 계속해서 새로이 또 새로이 성취한다고 해서 발심 수행에 끝이 없음을 논하고 있다.

이 세 가지 성불의 관계에 대해서 원리적 성불은 위의 두 성불에 통하나, 위의 두 성불은 원리적 성불에 통하지 못하였다고 하여 원리적 성불의 근원성을 강조하였다. 또 처음의 둘(실천의 성불, 계위의 성불)은 범위가 좁고, 뒤의 하나는 넓다고도 하였다. 즉 원리적 성불은 신만信滿 이전의 범부에도 통하며, 처음의 둘은 신만 내지는 10주 등에 한정되기 때문에 넓고 좁음이 있다는 것이다.

제2편에서는 사람들이 얻는 성불에 대해서 구체적 해석과 그 사람들의 성불의 시기에 대해 다루었다. 여기서 첫째는 세 가지 성불을 능히 얻는 사람에 차이가 있는지 없는지를 논하며, 둘째는 빨리 성불하는 사람의 부류가 같지 않음을 밝히고 있다. 처음 세 가지의 성불을 능히 얻는 사람에 대해서는, 한 개인의 실천을 믿음의 문에 맞출 때는 이것은 실천의 성불이며, 주住 등의 계위에 맞출 때는 다름 아닌 계위의 성불이며, 또 이것을 원리와 현상이 즉응하고 포섭하는 부처에게 맞출 때는 원리적 성불이라 이름하기 때문에 동일한 사람이라고 하였다.

다음 빨리 성불하는 부류에 대해서는 지엄의 『공목장』에 대한 신라 진숭珍崇의 『공목장기』에 의거하여 총 4인이 있다고 하였다. 첫째는 현재의 몸 그대로 성불하는 부류이며, 보장엄 동자 등이다. 둘째는 천자의 몸이 삼악도로부터 벗어나 도솔천에서 현재의 몸 그대로 성불하는 것이다. 셋째는 선재 등이 현재의 몸 그대로 보현행의 궁극에 달해 후에 태어나 부처를 보는 것이다. 넷째는 『법화경』에서 용녀의 몸으로 남방에 가서 성불한 것을 말하였다.

이러한 성불을 보면 적어도 두 생을 거쳐야 성불할 수 있게 된다. 당시에는 현신의 몸으로 성불(現身成佛)하는 것, 그리고 우리의 생명이 정해진 육체(분단신) 그대로 성불하는 것에 대해서는 일생성불이라고 보는 견해가 있었던 것으로 추정된다. 그러나 견등은 이와 같은 설에 대해서 부정적이다. 그리고 『오교장』을 따라서 견문하고 해행하고 증입하는 삼생을 정설로 삼고 있다.

제3편에서는 교설의 차별을 논하였다. 이 장에서는 지엄智儼의 교리 해석 원리(敎判)에 근거하여 성불에 대한 이론을 구분하여 설명하였다. 화엄학의 일반적 교리 해석 원리인 법장의 오교판을 따르지 않고 지엄의 구분을 따르는 것은 견등이 활동하던 시대까지 신라 화엄에 의상의 스승인 지엄의 영향이 컸다는 것을 의미한다. 이후 화엄학에서는 볼 수 없는 현상이다.

견등은 『공목장』 제3권에 의거하여 여섯 교설의 차별을 드러낸다. 주목할 만한 점은 이 논의에서 진숭의 『공목장기』를 『신라기』·『청구기』라는 인용명으로 계속 활용한다는 것이다.

첫째, 인천승의 교설이다. 여기에 세 가지 성불이 있다. 첫째는 한 부처가 삼악도로부터 중생을 구제하기 위해 몸을 나타내는 것이다. 둘째는 인간 세상의 중생을 이끌기 위해 불신을 지금 드러낸 것이다. 셋째는 인간과 천상 세계의 중생을 이끌기 위해 성스러운 몸 등을 나타냄과 같다.

둘째, 이승 가운데 일곱 가지 성불을 논하였다. 첫째는 지地에 근거하였다. 즉 삼계의 9지, 10지, 11지 등 외에 부처의 지위를 성취하는 것을 말하였다. 둘째는 견도·수도 등의 계위에 근거하였다. 셋째는 실천에 근거하였다. 무학신 가운데, 즉 성불을 드러내는 것을 말하였다. 넷째는 보살행에 근거하였다. 즉 보살의 33심 외에 부처를 성취하는 것을 말하였다. 다섯째는 시간에 근거하였다. 즉 소승의 60겁은 3아승지겁 외가 되며, 그때 부처를 성취하는 것을 말하였다. 여섯째는 생사에 근거하였다. 즉 최후 분단신 가운데 그 부처를 성취하는 것을 말하였다. 일곱째는 소승의 12주에 의거하여 제12주에 아라한이 머물며, 그때 부처와 동일함을 말하였다.

셋째, 초회심교문에 근거하여 여덟 가지를 설하였다. 첫째는 지위地位에 근거한 것이다. 즉 건혜지 등 10지이며, 제10지 가운데 바로 부처를 성취한다. 이것이 별교의 부처이다. 여기서의 별교는 화엄의 별교일승과는 달리 지론종의 삼종 교판인 별교삼승, 통교, 통종 가운데 제일 낮은 단계인 별교이다. 이 별교의 부처가 통교의 10신으로 물러난다고 한다. 그리고 통교의 장애를 끊고 더러움이 다하여 얻은 불과로부터 재차 물러나 통종의 10신 가운데 안주하게 된다. 둘째는 삼계에 근거하였다. 셋째는 계위에 근거하였다. 넷째는 실천에 근거하였다. 학學 이외에 무학의 아라한 계위에서 부처를 성취한다. 다섯째는 시기에 근거하였다. 대승에 의하면, 3아승지 외에 부처를 성취한다. 여섯째는 보살행에 근거하였다. 33심 외에 부처를 성취한다. 일곱째는 무분별의 공리에 근거하였다. 일념에 부처를 성취한다. 여덟째는 생사에 근거하였다. 최후의 분단신상에서 부처를 성취한다.

넷째, 초교 직진위에 의하면 일곱 가지가 있다. 첫째는 계위에 근거하였다. 처음 10신위 등으로부터, 또는 환희지 등부터 10지를 만족하는 것 외에 부처를 성취한다. 둘째는 재차 계위에 근거하였다. 환희지로부터 제9지를 다하고, 제10지에 이르러 불퇴하여 부처를 성취한다. 셋째는 도리에 근거하였다. 진여는 무분별공이므로 일념에 부처를 성취한다. 넷째는

10지의 다음에 근거하였다. 일념에 결과를 증득하여 부처를 성취한다. 다섯째는 시기에 근거하였다. 대승은 3아승지 후에, 즉 부처를 성취한다. 여섯째는 실천에 근거하였다. 구경도에 이른 무학의 경지에서 부처를 성취한다. 일곱째는 대승의 12주에 근거하였다. 최고위인 제12주에 보살이 주한 후에 부처를 성취한다. 이상은 시교에 근거한 성불설이다.

다섯째, 대승종교에 근거하면 열 가지 항목이 있다. 첫째는 계위에 근거하였다. 10신의 실천으로부터 환희지 등 10지를 가득 채운 후에 그 부처를 성취한다. 둘째는 환희지인 초지에서 제9지를 다함에 이르러 제10지 가운데 부처를 성취한다. 셋째는 제8지에서 제10지에 이르기까지를 '출출세'라고 하여 성불을 얻는다. 넷째는 일념성불이다. 무분별 진리에 의거하여 이와 같은 설을 지었다. 다섯째는 증득에 의거하였다. 이로써 일념성불을 밝힌다. 초지 가운데의 일념으로 증득하기 때문이다. 여섯째는 10지 후의 일념으로 결과를 증득하는 것을 일념성불이라고 하였다. 위의 여러 일념은 이른바 무념이다. 일곱째는 시기에 의거하였다. 즉 대승은 3아승지겁 이후 부처가 된다. 여덟째는 실천에 근거하였다. 금강심 후에 일체지를 얻는다. 즉 부처이다. 아홉째는 생사에 근거하였다. 7종의 생사를 멸한 후에 부처가 되는 것이다. 열째는 『대승동성경』에 의거하였다. 여기에는 성문 10지 · 연각 10지 · 불 10지가 있는데, 소승을 포섭하고 인도하여 대승종교의 의도에 맞추려고 이와 같은 설을 지었다.

여섯째, 돈교에 근거하여 다만 한 가지 이해만을 밝힌다. 이른바 양상이 없음이다. 왜냐하면 일행삼매를 성취하기 때문이며, 성불도 이와 같다. 즉 일체를 함께 떠난 것을 부처라고 하였다.

일곱째, 일승의에 근거하는데, 10신의 마지막 마음과 내지 10해위 · 10행위 · 10회향위 · 10지위에서 모두 성불한다. 또한 제10지에서도 별도로 성불한다. 동교에 의거하여 설하면, 즉 앞의 4승에서 밝히는 도리를 포함하였다. 일체는 모두 일승의 의미이다. 육상에 의해서도 설명된다. 이것은 증득의 측면에 입각한 설이다. 한편 일승 독자의 성불론은 10신의 마지막 믿음에서부터 각각의 지위에 바로 성불하는 것이다. 걸림 없고 장애가 없는 부처의 모든 것을 성취하기 때문이다. 특히 일승의 제8지 이상에서는 아래의 단계와 계위들을 다 수용하였다. 견등의 이러한 성불론은 지엄의 영향을 다분히 받고 있다. 성불론이 해인삼매에 근거하였다고 주장하는데, 이것 역시 지엄의 영향이다.

제4편에서는 빨리 성불하는 것에 대해 설명하고 있다. 일생(後一生)·생을 빨리 거침·일시一時·일념一念·무념無念에 성불하는 다섯 가지로 나누어 설명하고 있는데, 이 가운데 생을 빨리 거치는 경우는 삼승에서 설하는 빠른 성불이라고 밝히고 있고, 나머지에 대해서는 특별한 언급이 없다. 일승의 빠른 성불론 가운데 포함되는 것으로 볼 수도 있다. 그 가운데 가장 뛰어난 것은 무념성불이 된다.

제5편에서는 문답 형식으로 성불론의 핵심 문제를 다루고 있다. 여기서는 부처와 중생이 차별이 없음 등 다섯 가지 문제에 대해 문답을 통해 밝히는데, 마지막에 무성중생無性衆生의 존재 이유에 대해 논하였다. 견등은 법장의 이론을 따라 무성중생은 실천의 관점에서 보면 전혀 수행하지 않는 중생이라고 정의하였다.

앞에서 언급하였듯이 이러한 내용들은 지엄과 법장의 주장에 크게 의거하였다. 이 가운데 지엄의 영향이 지대한 것은 신라 의상 계통의 화엄학이 지니는 특성이다. 중국은 징관澄觀(738~839)이 활동한 이후 당나라 때까지는 징관 중심의 화엄 철학이 전개된다. 한국은 고려 시대 의천이 활동한 이후 징관의 화엄 철학을 중심으로 조선 시대까지 연구된다. 한편 일본은 나라 시대부터 법장이 화엄 철학의 중심이 되어 근대까지 연구된다. 견등의 『성불묘의』에 지엄의 영향이 지대한 것을 통해 신라 의상학파와의 상관성을 염두에 둘 수 있다.

또 견등의 『성불묘의』에는 지엄이나 법장의 설명 방식에는 전혀 보이지 않는 이론들이 자주 보인다. 예를 들어 문답 형식으로 성불론의 문제를 다루는 장 가운데 현재의 중생이 미래에 성불하였다고 할 때 양자의 관계를 논하고 있다. 이 부분은『향상문답香象問答』을 인용하여 미래의 부처가 현재의 나를 교화하였다고 주장하였다. 나아가 이러한 주장은 현재의 내가 이미 성불해 있기 때문에 가능하다고 하였다.

『향상문답』의 '향상香象'은 법장을 지칭하며, 현재는『화엄경문답』이라는 서명으로『대정신수대장경大正新修大藏經』제45권에 법장의 것으로 전해진다. 그런데 근년에『화엄경문답』이 의상의 강의록임이 밝혀졌다. 즉 신라 문헌이라는 것이다. 하지만 신라 문헌이 무슨 이유로 중국 문헌으로 뒤바뀌었는지 현 단계에서는 명확하게 설명할 수 없다. 본 문헌의 또 하나의 특징은 의상 계통 화엄과 비슷한 주장을 격렬하게 비판한 일본 나라 시대의 화엄승 주료(壽靈)의『화엄오교장지사』를 긍정적으로 인용한 점이다. 이로 인해 본 문헌이 일본에서 저술되었을 것으로 추정되는데, 이와 같은 전후 사정으로 보아 견등은 당시 일본 불교에서의 신라 불교, 특히 의상 계통의 화엄 사상에 대한 일본에서의 인식을 바꾸기 위해 신라 문헌이었던 의상의 강의록을『향상문답』이라는 중국 문헌으로 바꾼 것이 아닌가 추정된다.

견등이 성불론을 주제로 저술한 것은 당시 일본의 불교 상황과 관련 있을 것으로 추정된다. 당시 일본에서는 삼론종과 법상종, 법상종과 천태종 간의 불성에 관한 문제로 격렬한 논쟁이 벌어지고 있었지만, 화엄종에서는 그러한 논쟁에 적극적으로 참여하지 않았다. 그럼에도 불구하고 화엄종에서도 불성 논쟁에 대해서는 이미 알고 있었다. 불성 논쟁이 결국 중생의 성불 문제와 밀접한 관련이 있다는 점에 착안하여 화엄승 견등이 불성 논쟁에 대해 성불론으로 그 해답을 제시한 것으로 볼 수 있다.

견등의 불교 철학적 기반은 신라 불교계였을 것이다.『성불묘의』가 지엄과 법장을 기반으로 전개되면서도, 그 이해를 위해 신라 승려의 저술인

『신라기新羅記』를 가장 빈번히 인용하며, 『화엄경문답』을 적극적으로 인용하는 것으로도 견등의 철학 기반이 신라에 기초하고 있다고 볼 수 있다. 하지만 견등이 인용하는 혜경惠鏡 대덕에게는 『대승기신론』 주석서가 있었고, 견등이 법장의 『대승기신론의기』를 인용하여 자설을 증명하는 것으로 보았을 때, 『기신론』을 비판하는 의상 계통과는 다른 입장을 보인다. 이것은 견등이 신라에서 활동하던 시대의 신라 화엄의 경향성을 대변하는 것이다. 즉 견등은 『기신론』을 중시하는 계통의 사상적 측면도 긍정하고 있었으며, 이는 일본 화엄학 분위기와도 상통하는 일면이기도 하다.

2) 인용 문헌의 성격

본 문헌의 인용 문헌은 특별한 의미를 가진다. 우선 지엄의 저술로는 『공목장』·『오십요문답』·『수현기』가 인용되어 있고, 지엄에게 가탁된 『일승십현문』이 인용되어 있다. 법장의 저술로는 본 서의 기본 틀을 제공하는 『탐현기』 외에 『오교장』·『화엄경강목』·『기신론의기』가 인용되어 있다. 즉 사상의 기반을 확실하게 화엄에 두고 있음을 충분히 알 수 있다. 그 외의 중국 승려로서는 진제의 『승만경소』, 수 혜원의 『대승의장』, 법름法懍의 『법경론』 등의 구유식·지론종 사람들, 정법사 혜원의 『속화엄간정기續華嚴刊定記』, 기基의 『법화현찬』이 인용되어 있다. 특히 법름의 인용이 길고, 혜원의 인용 또한 짧지 않아 본 서가 지론종 사상에 어느 정도 경도되어 있음을 보여 주고 있다. 신라 승려로서는 의상의 『법계도』와 진숭의 『공목장기』(『청구기』·『신라기』의 명칭으로 인용함)와 원효의 『겁의劫義』, 그리고 유식학자인 혜경을 인용하였다. 이렇게 의상과 원효를 동시에 중요하게 인용하는 것으로 보아 양 사를 아우르는 사상 형태를 보여 준다고 할 수 있다. 또한 유식학자를 인용하는 것으로 보아 법상유식학에도 식견이 있는 인물로 볼 수 있다.

『향상문답』이라는 문헌이 인용되는 것은 특별한 의미가 있다. 이것은 법장의 저술로 오인된 신라 의상의 강의록인데, 일본에서는 헤이안 시대부터 법장의 저술로 다용된다. 이로써 일본의 화엄 사상에 법장과 의상의 사상이 혼합되어 감을 추측할 수 있다. 또 하나 특이한 것은 본 서에 일본 화엄종 주료(壽靈)의 저술이 인용되어 있다는 것이다. 당시 신라 승려가 일본 승려의 저술을 인용한 첫 사례이기도 하다. 앞에서『신라기』·『청구기』라는 명칭이 있었다고 했는데, 신라에서 저술되었다면 부자연스러운 호칭이다. 본 서에 일본 문헌이 인용되는 사례와 함께 생각할 때 견등이 일본에서 활동했을 가능성이 농후하다고 볼 수 있다. 그 외 미상의 문헌을 더 인용하고 있다.

5. 가치

본 문헌은 신라인에 의해 저술된 최초의 화엄 성불의에 대한 구체적 저술이다. 또한 동아시아 화엄 사상사에서도 최초로 화엄의 성불의를 논한 저술로서 당시 화엄학을 학습하는 목적 가운데 하나가 성불임을 명백히 알려 주는 문헌으로서 신라 시대의 화엄성불 사상을 논할 수 있는 문헌으로서의 가치가 있다.

앞에서 서술하였듯이 본 문헌에는 그동안 알려지지 않았던 인물의 문헌이 다수 인용되어 있다. 특히 신라 진숭의『공목장기』는 일본의 문헌에서만 볼 수 있었지만, 상당히 많은 부분 인용되어 있다. 또한『공목장기』에서 인용하고 있는 문헌들도 매우 중요하다.『공목장기』에서는 신라 혜경의 저술로서『섭대승론』주석서로 추정되는 문헌이 인용되어 있으며, 그 외 지론종 법름 및 진제 저술을 인용하는 것은 당시 신라 화엄이 배경으로 한 인물 층이 다양함을 알려 준다. 이를 통해 각 인물의 사상을 어느 정도 복원할 수 있을 뿐 아니라, 당시의 동아시아 불교를 배경에 둔 신라 화엄의 사상적 경향성을 분석할 수도 있다. 즉 신라 시대에 화엄학에서 지론종 문헌이 상당히 중시되었고, 『섭대승론』·『대승기신론』 등의 이른바 구유식이 근거로 사용된다는 것은 의상 계통에서 보이는 화엄에 편중된 사상 흐름이 아니었음을 보여 준다. 한 가지 덧붙이면 『공목장기』에는 의상의 상이 상相으로 인용됨으로써 의상의 법휘가 의상義湘이 아니라 의상義相이었음을 강력하게 반증하는 자료가 된다. 한 가지 예를 덧붙이면 일본 불교 문헌에서 의상의 이름을 들어 『법계도』를 인용하는 현존 첫 사례로 생각되는 『화엄십현의사기』에서도 '상相'을 사용한다.

또한 현재는 의상의 강의록으로 밝혀진 『화엄경문답』이 『향상문답』이라는 명칭으로 인용되었다. 이것이 향상香象이라는 법장의 아호를 사용한 최초의 예이다. 이러한 명칭은 일본에서만 사용되는 명칭이기에 주목할 만하다. 더욱이 일본의 문헌으로 『화엄오교장지사』가 인용되어 있어, 본 문헌이 일본에서 저술되었음을 시사하기도 한다. 이와 같이 견등의 『화엄일승성불묘의』는 9세기 동아시아 화엄 사상의 흐름 및 교류의 실상을 보여 주는 문헌으로서 향후 적극적인 연구 가치가 있다.

6. 참고 자료

가메이 세케이(龜谷聖馨), 『화엄성전연구』 제4편 제2장 제3절 제2항, 동경; 보문관, 1925.

김두진, 『신라화엄사상사연구』 제3장 2절, 서울대학교출판부, 2002.

김상현 교감번역, 『교감번역 화엄경 문답』, 씨아이알, 2013.

김천학, 「『공목장기』 일문에 보이는 일생성불론의 사상사적 의미」, 『한국사상사학』 34, 한국사상사학회, 2010.

김천학, 「『화엄십현의사기』에 인용된 신라화엄문헌의 사상적 의의」, 『불교학리뷰』 7집, 2011.

최연식, 「신라 견등의 저술과 사상경향」, 『한국사연구』 115호, 한국사연구회, 2001.

최연식, 「진숭의 『공목장기』 일문에 대한 연구」, 『천태학연구』 4, 천태사상불교연구원, 2002.

차례

일러두기

1 '한글본 한국불교전서'는 문화체육관광부의 지원을 받아 동국대학교 불교학술원에서 수행하고 있는 '불교기록문화유산아카이브(ABC)사업'의 결과물을 출판한 것이다.

2 이 책의 번역은 『한국불교전서』(동국대학교출판부 간행) 제3책의 『화엄일승성불묘의華嚴一乘成佛妙義』를 저본으로 하였다.

3 저본에 대한 교감본으로 일본 문창당文昌堂 간행본을 사용하였다. 그 외 일본 문헌에 인용된 견등의 『성불묘의』 문장과도 교감하였다. 필요에 따라서 『속장경』본과 『대정장』본을 참조하였다.

4 본 역서의 차례는 『화엄일승성불묘의』에 의거하여 역자가 넣은 것이다.

5 번역 지침에 따라서 저본의 원문을 그대로 사용하였다. 다만 교감이나 문맥에 의거하여 저본을 따르지 않을 경우 역자의 교감주에서 그 내용을 밝히고 번역에 이를 반영하였다.

6 저본의 교감주 및 역자주는 한문 원문 아래에 넣었고, 설명을 위한 주는 번역문 아래 각주에 넣었다.

7 교감에 있어 '卽'과 '則'이나 '辯'과 '辨'과 '弁'처럼 통용되는 글자에 대해서는 일일이 주기를 하지 않았다.

8 『성불묘의』에서 많이 인용되는 『오교장』과 『탐현기』 문장에 대해서는 각각 기무라 기요타카(木村清孝), 『대승불전』 7(東京: 中央公論社, 1989)과 『탐현기』 경소부 6~10(東京: 大東出版社)의 역주본을 주로 참조하였다.

9 원문의 교감 사항은 번역문의 각주와 별도로 원문 아래 부분에 제시하였다.
㉯은 『한국불교전서』 편찬자가 교감한 내용이다.
㉰은 번역자가 교감한 내용이다.

10 약물은 다음과 같다.
『 』: 서명
「 」: 편명, 산문 작품
【 】: 원문 협주
T : 대정신수대장경
卍 : 만속장경
X : 신찬속장경
H : 한국불교전서

귀경게

10신의 비로자나불과	歸命十身遮那佛
끝없는 법계의 모든 여래와	盡窮法界諸如來
세 가지로 성불하신 부처님의 원만한 수레와	三種成佛圓滿輪
보현보살과 문수보살 등 바다처럼 많은 대보살들에게 신명을 바쳐 귀의하나이다.	普賢文殊海會等
저는 생사에 얽힌 지위에 있사오나	我在生死具縛位
마음으로 깨끗한 불국토에 왕생하기를 바라나이다.	悕[1)]心往生淨佛國
오직 원하옵나니 더욱 불쌍히 여기시어 지혜의 생각이 날로 증가함으로써	唯願加哀增智念
이 깊은 도리를 열어 나와 남을 다 이익되게 하며	開此深理益自他
법이 오래 머물러 부처님의 은혜에 보답할 수 있게 하소서.[1]	令法久住報佛恩

1) ㉮ '悕'는 『탐현기』 갑본에 '希'로 되어 있다. '悕'와 '希'는 통용된다.

1 이 부분은 『탐현기』 권1 「귀경청가게歸敬請加偈」(T35, 107a)를 축소한 것이다.

서문

저 존재의 본성(法性)은 망망하여 가없으며, 부처의 바다는 아득하게 멀어 끝이 없다. 이것은 일천제가 성불하는 궁극의 교설이며, 비정非情조차 모두 성불하게 하는 최고의 교설이다. 이것은 궁극적 경지에 오른 대성인도 다 알기 어려우며, 지혜에 통달한 현자도 헤아리지 못한다. 하물며 말법의 어리석은 범부가 어찌 부처님(大師)의 현묘한 뜻에 부합하겠는가. 그러므로 지금 모자란 지식으로 곳곳의 문장을 찾아 성불의 뜻을 열어 간략히 다섯 문을 만들었다.

제1편에서는 성불의 종류를 밝힌다. 제2편에서는 반드시 깨달음을 얻는 사람을 분별한다. 제3편에서는 교설의 차별을 드러낸다. 제4편은 빨리 성불하는(疾得成佛) 종류이다. 제5편은 문답으로 분별하는 문이다.

夫以法性茫茫無岸。佛海眇眇無盡。斯則闡提成佛極說。非情皆成盛談。極位大聖難窮。通慧賢者叵度。何況末代凡愚。豈稱大師妙意。故今私識探處處文。開成佛旨。略作五門。一者出成佛種。二者弁定得人。三者顯教差別。四者疾得成佛種類門。五者問答分別門。

화엄일승성불묘의

| 華嚴一乘成佛妙義* |

청구 사문 견등이 집集하다

青丘沙門 見登之集

* ㉠ 저본은 『속장경』 제2편 8투套 4책이고, 갑본은 『신수대장경』 45권이다.

제1편 성불의 종류

제1문 가운데 성불의 종류에는 세 가지가 있다. 계위에 의한 성불, 실천에 의한 성불, 원리적 성불이다. 그러므로 『소疏』 3권에서 "『화엄경』 전체에 준해서 의의를 보자면 세 가지 성불이 있다. 첫째, 계위의 측면이다. 둘째, 실천의 측면이다. 셋째, 원리의 측면이다."[1]라고 하였다.

第一門中。成佛有三。位行理佛。故疏三云。義准上下一部經意有三成佛。一者約位。二者約行。三者約理。

제1장 계위에 의한 성불

첫째, 계위의 측면이다. 종교삼승의 10주 등 오위에 의거하여 이 성불을 밝힌다. 그러므로 본『소』에서 "육상 방편으로써 보자면, 즉 10신의 마지막 마음(終心)인 승진분勝進分[2] 이후 10해十解의 첫 계위에 들어가서 바로 성불한다. 이것은 삼승종교의 불퇴위가 되기 때문에 일승의 육상으로써 융섭하니, 즉 모든 계위를 갖추어 부처의 경지(佛果)에 이른다."[3]라고

---

1 『탐현기』 권3 「노사나불품석盧舍那佛品釋」(T35, 166b)에서 취의한 것이다.
2 승진분勝進分 : 한 계위를 자분과 승진분으로 나눈다. 이 가운데 자분은 자체의 경계이고, 승진분은 다음 단계로 나아가는 직전의 경계이다.
3 『탐현기』 권3 「노사나불품석」(T35, 166b).

하였다.

初約位者。寄終教三乘十住等五位。明此成佛。故本疏云。以六相方便。卽十信終心勝進分後。入十解初位卽成佛。以此是三乘終敎不退之位故。以一乘六相融攝。卽具諸位。至佛果也。

생각하건대 초발심주가 곧 총상이며 제2주 등은 별상이다. 제2주 등은 똑같이 발심의 의미를 띠고 있기 때문에 동상이라고 이름한다. 제2주 등은 각각 서로 상대하고 있으므로 이상異相이라고 이름한다. 제2주 등에 의해 총상으로서의 발심의가 성립하므로 성상이라고 이름한다. 제2주 등은 각각 자신의 법에 머물러서 항상 짓지 않으므로 괴상이라고 한다. 따라서 별상으로서의 제2주 등이 총상인 발심의 계위로 수렴되므로 바로 성불하는 것이다.

그러므로 『십지경론』 제2권에 "믿음의 계위(信地)에 있는 보살과 불가사의 불법에 이르기까지 더불어 동일한 연기의 장에 존재하기 때문에 육상의 총·별 등 의미로써 그것을 총괄하는 것이다."[4]라고 설해져 있다. 『오교장』에서 "원인과 결과는 동시이며, 서로 포용하고 즉응하여 각각이 일체를 포섭하여 서로 중심(主)이 되고, 주변(伴)이 됨을 명확히 알 수 있다. 깊이 잘 생각하여 이와 같은 것에 의심이 없어야 한다."[5]라고 하였다. 믿음의 계위(信地)라 함은 믿음과 실천의 단계를 말한다. 이것은 10지 전의 삼현위三賢位이다.【『소疏』 제9권의 두 가지 해석 중에 한 가지 해석일 뿐이다.】[6]

4 『오교장』의 의리분제義理分齊 중 「십현연기무애의十玄緣起無礙義」(T45, 505c)에서 인용하였다. 『오교장』에서 『십지경론』으로부터 취의한 문장이다.

5 『오교장』에서 인용하였다.(T45, 505c9)

6 『탐현기』 권9 「십지품十地品」(T35, 281a)에서는 '신행지信行地'를 10지 이전으로 해석하기도 하고, 10지 이후를 포함하는 것으로 해석하기도 한다. 전통적인 해석은 10지 이전이다. 법상法上의 『십지론의소』 권1(T85, 761c) 참조.

意。初發心住卽是總相。第二住等是別相也。第二住等。同帶發心義故。名爲同相。第二住等。然各互無。[1] 卽名異相。依第二住等。成總發心故。名成相。第二住等。各住自法。常不作故。卽名壞相。故別第二住等。攝總發心位。卽成佛也。故地論二云。以信地菩薩。乃至與不思議佛法。[2] 爲一緣起。以六相總別等義。而用括之。章云。明知因果俱時。相容卽。[3] 各攝一切互爲主伴。深須思之。此事不疑。言信地者。卽信行地。是地前三賢位。【疏第九卷。有二釋中。一釋耳也。】

1) ㉯ '無'는 '望'의 오사誤寫로 보인다. 2) ㉯ '不思議佛法'은 『오교장』에 '不可思議佛法'으로 되어 있다. 『십지경론』(T26, 124c)에 따르면 '不思議佛法'은 '출세간도품'이다. 3) ㉯ '卽'은 『오교장』에 '相卽'으로 되어 있다.

문 어째서 믿음의 계위에 의거하여 성취한다고 말하지 않았는가?

답 『소疏』 제4권에서 "종교에 입각하면 이 믿음은 단지 10주위十住位의 방편으로서 자체적인 별도의 계위는 없다. 그러므로 『본업경本業經』에서 '아직 주위住位에 오르기 전에 이 열 가지 마음이 있다'[7]라고 한다. 또 『인왕경仁王經』에서 단지 삼현과 10성十聖을 말할 뿐,[8] (10신을 포함한) 사현四賢을 말하지는 않는다. 또 이 『화엄경』의 뒤 사위에서는 모두 삼매에 들어가서 나온 뒤에 열 가지 명칭을 열거하고, 열 가지 의의 등을 변설하였다. 오직 믿음의 단계에서는 이와 같은 것이 없기 때문에 알 수 있다."[9]라고 하였다.

問。何不言依信位成。答。疏第四云。若約終敎。此信但是十住位之方便。自無別位故。本業經云。未上位[1]前有此十心。又仁王但言。三賢十聖。不言四也。又此經中。後四位中。皆有入定。出已列十名。辨十義等。唯信中

7 『본업경』(T24, 1011c).
8 『인왕경』(T8, 827b; 828a~b)에 보인다.
9 『탐현기』 권4 「보살명난품석菩薩明難品釋」(T35, 176a).

無此。故得知也。

1) ㉰ '位'는 『경經』과 『탐현기』에 '住'로 되어 있다. 이 문장은 뒤에 다시 인용되는데, 그때는 '住'로 되어 있다.

1. 초발심성불의 의미

문 '초발심위에서 성불한다'라는 것은, 다섯 계위가 서로 포함하여 성립하는 것인가, 여섯 계위가 서로 포함하여 성립하는 것인가?

답 여섯 계위를 열어 서로 포함하여 성립한다. 10신이 초주에 포함되고, 다섯 계위가 서로 포함하여 성립한다. '여섯 계위를 열어 서로 포함하여 성립한다'라는 것은, 『오교장』 하권에서 "첫째, 계위에 맞추어 드러내는 것이다. 즉 처음 10신으로부터 부처의 계위에 이르기까지 여섯 계위가 같지 않으나, 한 계위를 얻음에 따라 일체의 계위를 얻는다. 왜냐하면 여섯 계위의 양상에 의해 취하기 때문이며, 중심과 주변의 관계이기 때문이며, 상입相入하기 때문이며, 상즉相卽하기 때문이며, 원융圓融하기 때문이다."[10]라고 하였다.

問。初發心位成佛者。若五位相攝成。若六位相攝成。答。開六位相攝成。十信攝初住。五位相攝成。開六位相攝成者。五敎下卷云。一約寄位顯。謂始從十信。乃至佛果。六位不同。隨得一位。得一切位。何以故。由以六位相取[1)]故。主伴故。相入故。相卽故。圓融故。

1) ㉰ '由以六位相取'는 『오교장』에 '由以六相收'로 되어 있다. '位'는 없고, '收'는 갑본과 을본에 '取'로 되어 있다.

생각하건대 초발심의 계위가 중심이 될 때 나머지 전후의 계위는 주변

10 『오교장』의 소전차별所詮差別 중 「제3 행위차별行位差別」(T45, 489b).

이 되고, 나아가 부처의 계위가 중심이 될 때는 나머지 앞에 있는 계위들은 주변이 된다. 상입은 작용에 근거를 두고, 상즉은 본체에 근거를 둔다. 원융은 본체와 작용에 걸림이 없는 것이다. 모든 계위가 서로 포섭한다고 설하는 것은 『소疏』 제5권에서 세 가지로 설명된다.

"첫째, 다라니문의 연기가 서로 포섭하기 때문이다. 둘째, 보현보살의 보리심이 여섯 계위 전체에 걸쳐 편만하기 때문이다. 셋째, 존재의 본성(法性)에 시작과 끝이 없기 때문이다."[11]

이 세 가지는 총상이다.[12] 하권의 다섯 가지는 별상이다.[13] 총상과 별상을 합하면 여덟 가지가 된다.

'다라니'는 총지總持이다. 계위와 계위가 상호 포함하기 때문에 총지라고 이름하였다. 보현의 60가지 실천[14]이 여섯 계위의 실천행이다. 앞에서 기술한 바와 같다. 그러므로 '여섯 계위 전체를 갖춘다'라고 말한 것이다.

생각하건대 비록 일승 보현의 실천에 대해 하나의 실천이 다름 아닌 일체의 실천 등이라 말하더라도, 종교의 계위에 맞추어 보면 한 계위가 일체의 계위 등이 된다. 즉 이 실천은 신만信滿의 실천이 성취된 것에 맞추면 실천의 성불(行成佛)이 되고, 10주 등의 계위가 성립하는 것에 맞추면 계위의 성불(位成佛)이 된다. 이것이 핵심이다.

意。初發心位爲主時。餘前後位爲伴。乃至佛果爲主時。餘前前位爲伴。相

---

11 『탐현기』 권5 「초발심공덕품석初發心功德品釋」(T35, 206b).

12 『탐현기』에서는 '초발심시변성정각'으로 시작하는 「범행품」의 첫 문에 대한 설명으로 해석한다.

13 하권의 다섯 가지는 위에서 설한 내용으로, "① 여섯 계위의 양상에 의해 취하기 때문이며, ② 중심과 주변의 관계이기 때문이며, ③ 상입하기 때문이며, ④ 상즉하기 때문이며, ⑤ 원융하기 때문이다."를 가리킨다.

14 60가지 실천 : 『경』 「보현보살행품」의 60가지 실천문을 가리킨다. 『공목장』 「보현행품보현장」(T45, 580b) 참조.

入約用。相卽約體。圓融者體用無礙。說此諸位相攝。疏第五卷在三故也。一由陀羅尼門緣起相攝故。二由普賢菩提心遍該六位故。三由法性無始終故。此三故是總。下卷五故是別。總別合八故。陀羅尼者。是總持。位位互相攝故。名爲總持。普賢六十行。是卽六位行。如前記之。故云該六位。意。雖一乘普賢行。一行卽一切行等。寄終敎位地見之。一位卽一切位等。卽此行寄信滿行成。名行成佛。寄住等位成。名位成佛。是要節[1)]耳。

1) ㉮ '要節'은 문창당본에는 '節要'로 되어 있고, 각 자에 협주로 '下', '上'을 넣어 바꿈 표기가 되어 있다.

문 지금 초발심위를 부처라고 이름하는 것은, 의거하는 원리(理)가 평등하기 때문에 초발심이 다름 아닌 부처라고 말하는 것인가?

답 『소疏』 5권에서 "(초발심위가) 다름 아닌 부처라는 것은, 어떤 사람이 해석하길, 혹은 원인 가운데 결과를 설하는 것이라고 한다. 혹은 이해(解)[15]가 부처의 경계와 같다고 하며, 혹은 원리가 평등함에 근거한 것이라고 한다.[16] 삼승교에 근거하면 위와 같이 설할 수 있다. 지금 상하의 문을 살펴보니, 일승원교에 근거하면 처음과 끝이 서로 포함하고 원만하게 융합하고 걸림이 없어 처음을 얻음이 곧 끝(을 얻음)이고, 끝을 궁구하는 것이 바로 시작을 추구하는 것이다."[17]라고 하였다.【또한 앞에서 세 가지를

15 이해(解) : 이 '解'에 대해서 '해의 계위'라고 본 해석이 있다.(해주 옮김, 『법계도기총수록』, 동국대출판부, 2014, p.155) 본 해석에서는 '보살의 이해' 정도로 보았다.

16 이 문장을 '원리에 근거하여 평등함을 설한다'라고도 볼 수 있다.(해주 옮김, 『법계도기총수록』, 동국대출판부, 2014, p.155) 그런데 '이평등理平等'이라는 용어는 『탐현기』에 여섯 번 사용되며, 그중에 두 번은 '원리의 평등'으로 해석되는 구문이다. 본 해석은 '초발심 보살이 부처이다'라는 것은 이미 '동일함'이고, 그 동일함이 '원리가 평등함에 근거한다'라고 해석하는 것이 자연스럽다고 보았기 때문이다. 아울러 사카모토 유키오(坂本幸男)역, 『국역일체경』 경소부 7(東京; 大東出版社) 해당 부분의 독법에 따랐음을 밝힌다.

17 『탐현기』 권5 「초발심공덕품석初發心功德品釋」(T35, 206a~b). '窮과' '原'을 둘 다 동사로 풀었다. 그러나 '是終'과 '原始'를 대구로 풀이하는 방법도 있을 것이다.

설했기 때문이다.】[18] 그러므로 원리와 지혜(理智), 실천과 계위(行位) 등이 총체적으로 원만하게 융합하고 걸림이 없음을 알 수 있다.

問。今初發心位名佛者。所依理平等故。言初發心卽佛。答。疏五云。卽是佛者。有人釋。或云因中說果。或云解同佛境。或云約理平等。若約三乘教。亦得如上說。今尋上下文。約一乘圓教。始終相攝。圓融無礙。得始卽是[1]終。窮終方原始。【乃說上三故。】故知理智行位等。總圓融無礙。

1) ㉮ '是'는 『총수록』(H6, 783c)의 『탐현기』 인용 부분에는 '得'으로 되어 있다. 또한 『총수록』보다 앞서는 균여均如의 저술 『석화엄지귀장원통초』(H4, 150b)의 『탐현기』 인용문도 마찬가지이다. 참고로 『오교장』(T45, 505b)에도 '得'으로 되어 있다.

문 지금 초발심에 전후 여섯 계위를 전부 포함하여 부처를 이룬다는 것은, 포함되는 대상(所攝)을 따라서 부처라 이름한 것인가, 포함하는 주체(能攝)를 곧 부처라고 이름한 것인가?

답 『요기要記』[19]와 같다.

問。今初發心該攝前後位成佛者。隨所攝名佛。若能攝卽名佛。答。如要記也。

18 앞에서 설한 "첫째, 다라니문의 연기가 서로 포섭하기 때문이다. 둘째, 보현보살의 보리심이 여섯 계위 전체에 걸쳐 편만하기 때문이다. 셋째, 존재의 본성(法性)에 시작과 끝이 없기 때문이다."를 가리킨다.

19 『요기要記』: 『성불묘의』에 두 번 언급된다. 이는 특정 문단을 지칭하는 것일 수 있고, 문헌 명칭일 수도 있다. 본 서에서는 '문헌 명칭'으로 보았다. 가령 '如要記說'이라고 하는 경우 '說' 자가 있기 때문에 이 경우 『요기』로 보는 것이 자연스럽다고 판단하였다. 다만 어떤 문헌을 가리키는지 알 수 없다.

2. 초발심성불의 일곱 가지 경증 및 교증

1) 첫째에서 넷째까지의 증문

문 이 계위에서 성불한다고 주장하였는데, 혹시 전거가 되는 문장이 있는가?

답 전거가 되는 문장은 하나가 아니다. 『오교장』에 일곱 가지 문장이 있다.[20] 처음의 세 문장과 다섯 번째 문장은, 즉 공통으로 전거가 되는 것이고, 나머지 세 문장은 개별적으로 초발심위에서 부처가 된다는 것을 증명하는 것이다.

'일곱 가지 문장'이라는 것은, (첫째,) '하나의 지에서 모든 지를 포섭한다'라는 것[21]이다. 둘째, '하나가 곧 많음이고, 많음이 곧 하나임을 아는 것'이다.[22] 셋째, 『경』 31권에서 "불가언설만큼의 불가설不可說 법이 일체 불가설의 시간 동안 충만하며, 불가언설만큼의 제 겁劫 가운데 불가설불가설의 법을 설함이 가히 다함이 없다."[23]라고 말하는 것이다.【『신경』 45권과

---

20 『오교장』의 의리분제義理分齊 「제3 십현연기무애의十玄緣起無礙義」 가운데 '제3 제법상즉자재문諸法相卽自在門'(T45, 505b~c)에 나온다.

21 "한 지에서 모든 지의 공덕을 널리 포섭한다. 그러므로 하나가 곧 일체를 얻는다.(在於一地。普攝一切諸地功德也。是故得一。即得一切。)"라는 첫 문장(T45, 505b12)은 60권본 『화엄경』(T9, 395b)에 나온다.

22 『오교장』(T45, 505b).

23 『오교장』(T45, 505c). 『화엄경』은 「심왕보살문아승지품心王菩薩問阿僧祇品」(T9, 586c)의 "불가언설불가설의 시간이 일체불가설의 시간에 충만하며, 불가언설의 모든 겁 가운데 불가설불가진의 시간을 설한다.(不可言說不可說。充滿一切不可說。不可言說諸劫中。說不可說不可盡)"로 견등이 『경』을 직접 확인하였다. 그런데 60권본 『화엄경』(T9, 586c)의 현존본은 31권이 아닌 29권이다. 따라서 견등이 보았던 60경본 『화엄경』의 분권이 현재의 분권과 달랐던 것으로 추정된다. 한편 경문과 비교했을 때 『성불묘의』의 '說不可說不可說不可盡' 가운데 '不可說' 3자는 연문衍文으로 볼 수도 있고, 또는 견등이 의도적으로 반복한 것으로 볼 수도 있다.

동일하다.】 넷째, 『경』 제10권【『신경』 제17권】[24]에서 "일체 중생심은 다 분별하여 알 수 있다.【중생의 마음과 행위는 헤아려 알 수 있다.】 일체 국토의 미진도 오히려 그 수를 셀 수 있다.【국토의 미진 역시 그렇다.】"라고 하였다.

問。立此位成佛。若有所依文。答。證文非一。五教在七文。初三文及第五文。卽是通證。餘三文。別證初發心位成佛。言七文者。在於一地等。二知一卽多多卽一。三經三十一卷云。不可言說不可說。充滿一切說。不可言說諸劫中。說不可說不可說不可盡。【新四十五同。】四經第十云。【新十七。】一切衆生心。悉可分別知。【衆生心行可數知。】一切刹微塵。尙可算其數【國土微塵亦復然。】

2) 다섯째 증문

다섯째, 『십지경론』에서 "믿음의 계위의 보살과……(중략)……사려분별을 초월한 불법이 동일한 연기의 장에 있으므로 육상의 총상·별상 등의 뜻으로써 그것을 총괄한다."[25]라고 하였다. 이것은 뜻을 취한 문장이다. 그 바른 문장을 지시한다면, 어떤 사람은 "『십지경론』 제3권의 실천을 헤아려 비교하는 문장이다. 그러므로 『십지경론』 문장에서 '『경』에서 말하기를, 믿음을 (성취한) 자는 제불여래가 본래 행위하여 들어가는 곳……(중략)……사려분별을 초월한 불법, 가운데도 없고, 끝도 없는 여래 경계의 일어남, 한량없는 실천의 문으로 모든 여래 경계에 들어감을 믿는 것이다'라고 했다."[26]라고 하였다.

---

24 60권본 『화엄경』(T9, 458b) 9권. 80권본 『화엄경』(T10, 95a)은 17권이다. 역시 60권본 『화엄경』의 권수가 다르다.

25 『십지경론』(T26, 124c~125a)에서 취의한 것이나, 원문은 『오교장』(T45, 505c)에서 인용한 것이다.

26 이 문장은 『십지경론』(T26,141b)에 있으나, 실은 주료(壽靈), 『오교장지사』(T72, 245a)의 '有人'으로부터 취의한 것이다.

『지사指事』에서 비판하여 말하기를, "이것은 오류와 과실이 심하다. 왜냐하면 저 실천을 헤아려 비교하는 장에서는 육상을 설하지 않았기 때문이다. 또 거기에서는 단지 믿음의 실천행만을 이야기하고, 믿음의 계위에 대해서는 설하지 않았기 때문이다. 또한 이 문장을 경증으로 인용하여 초발심위에서 불과위에 도달하는 의미를 증명한다 해도 초지 위에서 불과를 증득하는 의미는 되지 않는다. 그러므로 심히 그르다."[27]라고 하였다. 어떤 사람은 "제1권에서 열 가지 들어감(十入)을 설하는 문장이다. 『오교장』에 인용되었기 때문이다. 저 문장에서는 일체 보살의 사려분별을 초월한 불법과……(중략)……구체적으로 설했다."라고 하였다. 즉 생각하자면,[28] 지전의 신지信地 보살부터 불과로서의 사려분별을 초월한 불법은 동일한 연기의 장에 있고, 육상의 방법으로 하면 원만하게 융합하고 상즉하기 때문에 하나하나의 계위 가운데 각각 여섯 계위를 포함하고, 하나하나의 계위가 가득 찬 경지에서 모두 불과에 이른다.

五。十地論云。以信地菩薩。乃至與不思議佛法。爲一緣起。以六相總別等義。而用括之。此得意文。指其正文。有云。第三卷行交[1)]量文。故彼文云。經曰。信者信諸佛如來本所[2)]行入。乃至不思議佛法。無中無邊如來境界起無量行門。諸如來境界入。指事破云。是甚謬失。所以者何。彼行交量中不說六相故。又彼但說信行。不說信地故。又引此證。爲證初發心位到佛果位義。非[3)]初地位證得佛果義。是故甚非也。有云。第一卷說十入文。是章所引故。彼文云。一切菩薩不思議佛法乃至廣說。卽案云。地前信地菩薩及佛果不思議佛法。爲一緣起。以六相方便圓融相卽故。一一位中各攝六位。一一位滿。皆到佛果。

27 주료(壽靈), 『오교장지사』(T72, 245a)에서 교차 인용하고 있다.
28 이 문장은 『오교장지사』(T72, 245a)의 견해이다.

1) ㉻ '交'는 '校'가 되어야 한다. 이하 같다. ㉮ 『오교장지사』에는 '挍'로 되어 있으며, 『십지경론』에는 '校'·'挍'·'較'의 세 가지 예가 보인다. 2) ㉮ '所'는 문창당본에 '取'와 같이 필사되어 있다. 3) ㉮ '非'는 『오교장지사』에 '非證'으로 되어 있다.

3) 여섯째에서 일곱째 증문

여섯째, '초발심 보살이 다름 아닌 부처이기 때문에'[29]라는 등이다. 일곱째, 『경』 제9권【『신경』 7권】에서 "이와 같이 관찰하는 자는 적은 방편으로 빨리 일체 제불공덕을 얻을 수 있으며, 늘 둘이 아닌 법의 모습을 기쁘게 관찰하니, 이런 것이 여기에 있다.【만약 모든 보살이 능히 이와 같은 관찰과 실천에 상응하면, 모든 법에 상대적 견해를 내지 않아 일체 불법이 빨리 앞에 나타남을 얻을 수 있다.】 처음 발심할 때 즉시 정각을 성취하여【아뇩보리를 바로 얻어】 일체법의 진실한 성품을 알며【마음에 즉한 자성을】, 지혜의 몸을 만족하니【지혜의 몸을 성취하니】, 다른 사람에 의해서 깨닫는 것이 아니다."[30]라고 하였다.

六初發心菩薩卽是佛故等。七經第九卷云。【新十七。】 如是觀者。以小[1)]方便。疾得一切諸佛功德, 常樂觀察無二法相。斯有是處。【若諸菩薩。能爲如是觀行相應。於諸法中。不生二解。一切佛法疾得現前。】 初發心時。便成正覺。【卽得阿耨菩提。】 知一切法眞實之性。【卽心自性。】 具足慧身。【成就慧身。】 不由他悟。

1) ㉮ '小'는 『경』에는 '少'로 되어 있다.

문 이와 같이 관찰한다는 것은 어떤 관찰들을 말하는가?

답 바로 위의 문장에서 "대자비의 마음을 갖추어 자라게 하고 중생을 다 분별하면서도 중생을 버리지 않으며, 적멸도 버리지 않으며, 위없이

29 『화엄경』 권9 「초발심보살공덕품初發心菩薩功德品」(T9, 452c).

30 60권본 『화엄경』 권8(T9, 449c). 괄호 안은 80권본 『화엄경』 권16(T10, 89a)의 문장이다.

훌륭한 업을 행하여도 과보를 바라지 않는다. 일체법을 허깨비 같고, 꿈 같고, 번갯불 같고, 메아리 같고, 임시로 만든 것처럼 관찰한다."[31]라고 말하였다. 『소疏』 5권에서 "정문正問에 세 가지가 있다. 첫째는 범행을 수행하는 것, 둘째는 계위를 성취하는 것, 셋째는 불과를 얻는 것을 물었다."[32]라고 하였다. 즉 『경』에서 "어떤 방편으로 범행을 수습하여 보살십주도의 경지를 만족하여 무상無上의 평등한 깨달음에 빨리 성취하는가?"[33]라고 하였다. "셋째 가운데 둘이 있다. 처음은 법이고, 다음은 비유이다.[34] 그리고 세 번째 질문에 대한 대답 가운데 둘이 있다. 첫째는 앞의 둘을 내 보임(牒)이고, 둘째는 뒤를 일으킴이다. 뒤를 일으킴에 대해서는 두 가지로 적은 원인으로 큰 결과를 얻음을 나타내었다. 그 가운데 각기 둘이 있다. 처음은 드러냄(標)이고, 다음은 해석(釋)이다. 처음 드러냄 가운데 '적은 방편'은 원인이고, '빨리 얻음'이라는 등은 결과이다. 어떻게 해서 적은 원인으로 큰 결과를 빨리 얻을 수 있는가를 해석하여 항상 자비와 지혜, 공과 유가 똑같아서 상대적인 법이 없음을 기쁘게 관찰하므로 빨리 얻는다고 풀이하였다. 그러므로 '이런 것이 여기에 있다'라고 한 것이다."[35]라고 하였다. 나머지는 『광기廣記』[36]에 인용된 바와 같다.

---

31 『화엄경』(T9, 449c) '소방편少方便'을 설하는 『경』의 문장 바로 앞 단락의 문장이다.

32 『탐현기』 「범행품석梵行品釋」(T35, 201b).

33 『경』(T9, 449a).

34 여기서부터 다시 『탐현기』(T35, 202b~c)에서 인용하였다. 위 정문正問 가운데 두 번째 계위를 성취하는 것을 묻는 것에 대해서 답하는 것으로, 여기에 세 가지 답이 있으며, 세 번째 답 가운데 다시 두 가지로 나누어 설명하는 부분이다. 이 가운데 '법'은 답 처음 문장 가운데 "중생을 다 분별하면서도 중생을 버리지 않으며, 적멸도 버리지 않으며, 위없이 훌륭한 업을 행하여도, 과보를 바라지 않는다.(悉分別衆生而不捨衆生。亦不捨寂滅。行無上業。不求果報)"(T9, 449c)까지이고, '비유'는 그 다음 문장을 가리킨다.

35 여기까지는 양중 해석 가운데 첫 번째 해석이다. 『경』 「범행품」 끝부분의 '善薩摩訶薩如是觀者'부터 '斯有是處'(T9, 449c)까지의 문장을 가리킨다.

36 『광기廣記』: 『탐현기』를 지칭한다. '나머지'는 적은 원인으로 불과를 얻는 것에 대한 두 가지 해석 가운데 두 번째를 가리킨다. 즉 「범행품」 경문 마지막 부분에 나오는 유명한 문구 '초발심시변성정각初發心時便成正覺'이다.

問。如是觀者。何等觀。答。次上文云。具足長養大慈悲心。悉分別衆生而不捨衆生。亦不捨寂滅。行無上業。不求果報。觀一切法。如幻如夢如電如響如化。疏五云。正問有三。初問修梵行。二成位。三得果。卽經云。云何方何[1]修習梵行。具足菩薩十住道地。速成無上平等菩提。第三內二。初法。後喩。乃至答第三問中二。初牒前。二起後。起後中兩重。顯少因。得大果。於中各二。先標。後釋。初標中。以少方便是因。疾得等是果。釋中。何以小因而疾得大果。釋以常樂觀悲智空有。等無二法故。是故疾得。云斯有是處也。餘如廣記引。

1) 원 '何'는 아마도 '得'일 것이다. 역 『경』에는 '便'으로 되어 있다. 『경』을 따른다.

제2장 실천에 의한 성불

둘째는 실천에 의한 성불이다. 『소』 제3권에서 "실천에 입각하면 전체적으로 계위에 의거하지 않는다. 자분自分과 승진분勝進分의 궁극에 이르면 곧 부처의 경지(佛果)에 이른다. 운운."[37]라고 하였다. 『오교장』 하권에서는 "믿음이 성취되기 때문에 실천의 부처이며, 계위의 부처가 아니다. 운운."[38]라고 하였다.

第二行成佛。疏第三云。[1] 約行。總不依位。自分勝進究竟卽至佛果【云云】。章下卷云。由信成故。是行佛非位佛【云云】。

1) 역 문창당본의 세주에 따르면 '云' 뒤에 '二'가 있는 이본이 있다.

37 『탐현기』「노사나불품석」(T35, 166b).
38 『오교장』 소전차별所詮差別 중 「제3 행위차별行位差別」(T45, 490b).

1. 실천에 의한 성불의 두 가지 뜻

1) 일승 그대로의 공덕

문 계위에 의거하지 않는다면, 여러 문장에서 무엇 때문에 '열 가지 믿음이 가득 참에 맞추어 나머지 뒤의 계위를 포함하여 곧 성불한다'라고 하는가?

답 대개 실천에 의한 성불은 두 가지 뜻으로 설명할 수 있다. 첫째는 일승의 체體 그대로의 공덕에 근거한다. 둘째는 문門에 맞추어 주는 방법에 근거한다. 그러므로 『소疏』 4권에서 "원교에 입각하면 두 가지 의미가 있다. 만약 보현 자체의 법에 의거하면 일체는 전부 계위가 없다. 법에 맞추는 것에 근거하면, 즉 종교의 차원과 동일하다. 그러므로 믿음이 가득 차(信滿) 계위에 들어가는 때에 일체 모든 계위를 함께 포함한다. 이 가운데 모두 갖추어지지 않음이 없다. 이것은 실천에 의해 계위를 포섭하기 때문이다."[39]라고 하였다. 『소疏』 제3권의 문장은 첫 번째 의미에 근거한 설이며, 나머지 문장은 두 번째 의미에 근거한 것이다.

問。若不依位。何諸文。言寄十信滿攝後後位。卽成佛耶。答。凡行成佛可有二義。一約一乘當體德。二約寄門。故疏四云。若約圓教有二義。若依普賢自法。一切皆無位。若約寄法。[1] 則同終教。然信滿入位之際。通攝一切[2]諸位。皆在此中無不具足。此則約行攝位故也。疏第三文。約初義說。餘文。約後義。

1) ㉮ 문창당본 세주에 따르면 '法'은 이본에 '位'로 되어 있다. 2) 문창당본 세주에 따르면 '一切' 다음에 '後'가 있는 이본이 있다. 『탐현기』에는 '後'가 있다.

39 『탐현기』 권4 「보살명난품석」(T35, 176a).

첫 번째, '보현의 체 그대로의 공덕'이라 함은, 『소疏』 4권에서 "믿음이 가득 참으로써 이 현수의 계위를 성취하기 때문에 보현보살의 광대한 삼업과 똑같이 원인과 결과를 전부 아우르고, 모든 곳에 편만하며, 언제나 다하도록 항상 가없는 법계의 큰 작용을 짓는다. 이것은 항상 성취함이 되며, 양상 그대로 논하는 것으로서 모든 계위에 의거하지 않는다. 지금은 믿음의 문 가운데 드러냄을 기준한 것이니, 즉 믿음으로 수렴함에 속하는 것이다."[40]라고 한 것이다.

就初義。普賢當體德者。疏四云。以信滿成此賢首位。故同普賢等廣大三業。該因及果。遍一切處。盡一切時。常作無邊法界大用。此爲恒成。[1)] 當相而論。不依諸位。今約信門之中顯現。則屬信收。[2)]

1) ㉾ '恒成'은 『탐현기』에 '恒式'으로 되어 있다. 율령에서 임시적인 것을 정례화한 법령을 의미한다. 2) ㉾ '收'는 『탐현기』에 '攝', 갑본에는 '收'로 되어 있다.

(1) 보현의 60가지 실천

또 위의 문에서 "혹은 오직 보현의 체 그대로의 덕에 입각해서 변설했다. 「보현행품」에서 설한 바와 같다."[41]라고 한 것이다. 생각해 보면 「보현품」에는 60가지 실천이 있다. 이것은 즉 하나의 실천이 일체의 실천이고, 일체의 실천이 하나의 실천이어서 겹겹이 다함이 없기 때문에 저 위지位地의 차근차근 올라감에 의거하지 않는다. 그러므로 『소疏』 16권에서 "둘째, 보현행을 변설하는 가운데 먼저 치료 대상(所治)이 광대하여 백천 가지의 장애가 있음과 치료하는 주체(能治)가 광대하여 60가지 실천이 있음을 밝혔다. 또 장애되는 법계가 인다라망처럼 중중으로 되어 있으며, 장

40 『탐현기』 권4 「현수보살품석」(T35, 188c).
41 『탐현기』 권4 「현수보살품석」(T35, 187a).

애함과 장애됨이 같게 하는 것이 또한 모두 다함이 없다."[42]라고 한 것이다.

又上文云。或唯約普賢當體德辨。如普賢行品說。案普賢品有六十行。此即一行卽一切行。一切行卽一行。重重無盡故。不依彼位地漸次。故疏十六云。第二辨普賢行中。先明所治廣大。有百千障。能治廣大。有六十行。又以所障法界。如帝網重重。令能障同所。[1)]亦皆無盡。

1) ㊕ '所'는 『탐현기』와 같으나, 대곡대원록본大谷大元錄本에는 '所障'(『국역일체경』 해당 부분 참조)으로 되어 있다. 『간정기』 권13 「보현행품석普賢行品釋」(X3, 827a)에도 이 문장이 인용되어 있으며, 역시 '所障'으로 되어 있다.

(2) 자분과 승진분

'자분·승진분'이라 말하는 것은, 『소疏』 제2권에서 "그러나 이 부분에는 통틀어 칠중七重의 설이 있다. 첫째는 한 실천에 생生과 숙熟이 나뉨에 입각한다. 둘째는 두 가지 실천에 입각한다. 보시행이 성취된 이후에 계를 닦는 것 등과 같다. 셋째는 두 가지 이익에 입각하여 나눈다. 넷째는 실천과 계위에 입각하여 계위를 얻음으로써 승진분이 된다. 다섯째는 비교된 경위와 증득된 경위에 입각하여 나눈다. 여섯째는 두 가지 계위에 입각한다. 즉 앞의 계위를 이미 성취하여 자분이 되고, 뒤의 계위로 더 나아가므로 승진분이 된다. 일곱째 원인과 결과에 대해서이다. 원인은 자분을 성취하고, 결과에 들어가 승진분이 된다."[43]라고 하였다. 지금 이 일곱 번째는 보현의 원인圓因에 해당하니, 성기性起의 현묘한 결과를 이루어 나아가기 때문이다.[44] 그러므로 『소疏』의 문장에서 "원인과 결과를 다 아우른

42 『탐현기』 권16 「보현보살행품석」(T35, 403c~404a).

43 『탐현기』 권2 「세간정안품석世間淨眼品釋」(T35, 133b).

44 교넨(凝然), 『오교장통로기』(T72, 528a)에서 '成佛義云'이라고 하여 이 부분을 인용한다.

다."[45]라고 말한 것이다.

言自分勝進分者。疏第二卷云。然此分通說有七重。一約一行生熟分。二約二行。如施行已成後,修戒等。三約二利以分。四就行位。以得位爲勝進。五約比[1)]證以分。六約二位。謂前位已成爲自分。趣向後位爲勝進。七就因果。因成自分。八[2)]果勝進。今此第七。當普賢圓因。成趣性起妙果故。故疏文言該因及果。

1) ㊇ '比'는 문창당본에 '此'로 되어 있다. 2) ㊀ '八'은 '入'으로 의심된다. ㊇ 『탐현기』(T35, 133b)에는 '入'으로 되어 있다.

2) 믿음이 가득 참

문 둘째 의미 중에서 지금 '믿음이 가득 참(信滿)'이라는 것은 핵심적인 요소이다. 이것은 10신에 공통되는 명칭인가, 아니면 제10신을 믿음이 가득 찬 것이라 이름하는가?

답 10신에 공통되는 명칭이다. 왜 그런가 하면, 아직 계위에 들어가기 전에는 차례대로 10신의 마음(十信心)을 수습하고, 또한 다시 1겁, 2겁, 3겁 가운데 열 가지 마음을 더욱더 수습하고, 초주위에 들어감을 만심滿心이라 이름한다. 그러므로 『소疏』 4권에서 "만약 종교에 입각하면, 이 믿음은 다만 10주위의 방편일 뿐으로 스스로는 별도의 계위가 없다. 그러므로 『본업경』에서 '아직 주住에 올라가기 전에 열 가지 마음의 명칭이 있다. 이른바 첫째 신심信心, 둘째 염심念心, 셋째 정진심精進心, 넷째 혜심慧心, 다섯째 정심定心, 여섯째 불퇴심不退心,[46] 일곱째 회향심廻向心, 여덟째 호심護心, 아홉째 계심戒心, 열째 원심願心이다. 이 마음을 더욱더 수행하기를 1

45 『탐현기』(T35, 188c).

46 『탐현기』(T35, 176a)에 따라 '心'을 추가하여 해석하였다.

겁, 2겁, 3겁에 이르러 이에 초주위 가운데 들어갈 수 있다. 마음과 마음에 열 가지로 증가함이 있어 백법명문百法明門[47]을 성취하는 것을 습종성習種性에 들어간다고 이름한다'[48]라고 하였다. 그러므로 계위가 없으며, 단지 방편으로서의 실천인 것을 알 수 있다."라고 하였다.[49]

問。就後義。今信滿者。要所[1)]也。通十信名。若第十信。名爲信滿。答。通十信名。何者。未入位前, 次第修習十信心。亦更一二三劫。增修十心。入初住位。名爲滿心。故疏四云。若約終敎。此信但是十住位之方便。自無別位。故本業經云。未上住前。有此十心名字。謂一信心。二念心。三精進心。四慧心。五定心。六不退。七廻向心。八護心。九戒心。十願心。增修是心。一劫二劫三劫。乃得入初住中。心[2)]有十增。成名百法明門。名入習種性中。故知無位。但是方便行也。

1) ㉯ '所'는 이본에 '無'로 되어 있다. ㉰ 문창당본에는 '所'의 우측에 '無亻'로 되어 있다. 이본에 '無'로 되어 있다는 의미이다. 원문이 바른 것으로 보인다. 2) ㉰ '心'은 『탐현기』와 『경』에 '心心'으로 되어 있다.

문 '그 1겁, 2겁, 3겁'은 만 겁 안의 겁인가, 아니면 만 겁 바깥의 겁인가?

답 만 겁 안의 겁이다. 그러므로 『기신론소』에서 "'『본업경』에서 말하는 바와 같이 이것은 신상 보살로 만 겁 동안 열 가지 계법을 실천하여 마땅히 10신의 마음에 들어가 초주위에 든다'[50]라고 하였다. 해석하여 말하면, 이 중에 '초주위에 들어간다'라는 것은, 즉 십주초발심주위이다. 이 계위에 이르러 마침내 불퇴의 신심을 얻기 때문이다. 그러므로 또한 '10신심에 들어감'이라고 이름하는 것으로, 10해 이전의 10신을 말하는 것이 아

47 백법명문百法明門 : 열 가지 마음에 각기 열 가지가 있어 모두 백 가지가 된다.
48 『본업경』(T24, 1011c).
49 『탐현기』 권4 「보살명난품석菩薩明難品釋」(T35, 176a).
50 『본업경』(T24, 1021b).

니다.”[51]라고 하였다. 생각하건대 이미 ‘만 겁에 초주위에 들었다’라고 하고, ‘만여’라고는 하지 않았다. 그러므로 만 겁 내의 겁임을 알 수 있다.

問。其一二三劫者。萬劫內劫。若外劫耶。答。萬劫內劫。故起信論疏云。如本業經云。是信相菩薩。於十千劫。行十戒法。當入十信心。入初住位。釋云。此中言入初住位者。謂十住初發心住位也。以至此位。方得不退信心。是故亦名入十信心。非謂十解以前之十信也。意。既言十千劫入初住位。不言十千餘。故知內劫。

2. 10신 만심과 초발심주의 차이

문 10신이 가득 찬 마음과 초발심주는 어떻게 다른가?

답 차이가 없다. 『기신론소』에서 “10해 이전의 10신을 말하는 것이 아니다.”[52]라는 등을 말하였다. 또한 『소疏』 제4권에서 “이것은 믿음의 끝에 입각한 것이고, 저것은 초주에 나아간 것이다. 그러므로 차이가 없다.”[53]라고 하였다.

問。十信滿心。初發心住。有何差別。答。此無差別。故起信論疏云。非謂十解以前十信【云云】。又疏第四云。此約信終。彼就住初。故無二也。

문 만약 그렇다면, 10신의 마지막 마음에서 성불한다는 것은 계위의 성불이 되어야 할 터인데, 어째서 실천의 성불이라고 했는가?

---

51 법장, 『대승기신론의기』(T44, 278b)를 인용하였다. 참고로 『의기』의 이 부분은 원효, 『기신론소』(T44, 220a)의 문장을 답습하였다.

52 『대승기신론의기』(T44, 278b).

53 『탐현기』(T35, 187a).

답 추구하는 의도가 다를 뿐 본체는 다르지 않다. 생각하건대 물러나지 않는 계위階位를 곧 위位라고 이름한 것이다. 신심의 실천이라는 의미를 행行이라고 이름한다.

問。若爾。十信終心成佛。卽位成佛。何名行成佛。答。此義望異。彼體不異。意。不退階位。卽名爲位。信心行義。名爲行也。

3. 종교삼승과 일승성불의 차이

문[54] 종교삼승에서 10신 만심滿心에 팔상성불을 나타내는 것과 일승의 신만성불은 어떤 차이가 있는가?

답 삼승은 이 계위에서 성불을 보일 때, 그 뒤의 여러 위에서는 모두 자재하지 못하다. 아직 성불을 얻지 못했기 때문이며, 단지 계위에 올라 잠시 교화를 일으킬 뿐이기 때문이다. 일승은 그렇지 않다. 초발심위 가운데서 이러한 작용을 일으켰을 때, 뒤의 여러 계위에서도 나란히 동시에 일어나 모두 부처를 이룰 수 있기 때문이며, 진실한 실천이기 때문이며, 여섯 계위를 모두 아우르기 때문이다.

問。終教三乘。十信滿心。現八相成佛。與此一乘信滿成佛。有何差別。答。彼於此位。示成佛時。於後諸位。皆不自在。以未得故。但是當[1]位。蹔起化故。此則不爾。於初位中。起此用時。於後諸位。並同時起。皆已得故。是實行故。該六位故。

1) ㉧ '當'은 문창당본에는 '常' 옆에 같은 크기로 '當'으로 수정해 놓았다.

54 이하 네 문답은 『오교장』(T45, 490a)의 문답을 인용한 것이다.

문 일승과 삼승의 뜻이 이렇게 다르다. 어째서 동일하게 믿음이 가득 찬 승진분상에서 이러한 작용을 일으킨다고 하는가?

답 방편으로 이러한 일승의 신만성불을 드러내고, 그것을 쉽게 믿고 받아 지니게 하기 위해서 먼저 삼승교에서 이와 같이 말한 것이다.

問。一乘三乘。義如是別。何同信滿勝進分上。起此用耶。答。爲欲方便。顯此一乘信滿成佛。令易信受。故於彼[1)]教。先作是說。

1) ㉾ '彼'는 문창당본에는 '被'로 되어 있으나, 두주에 '彼乎'로 수정되어 있다. 아래도 마찬가지이다.

4. 일승문에서 성불의 의미

문 일승문에서는 이미 하나의 계위 가운데 모든 계위가 있고, 또 믿음이 가득 찬 마음에서 바로 부처의 지위를 얻는다면, 어째서 다시 뒤의 여러 계위를 또 설해야만 하는가?

답 뒤에서 여러 계위를 설하는 것은, 곧 처음 가운데 일체이다. 처음이 그런 것처럼 뒤의 계위도 역시 마찬가지이다.[55]

問。就一乘門。旣一位中有一切位。及信滿心。卽得佛者。何須更說後位諸[1)]耶。答。後說諸位。卽是初中之一切也。如初。後亦爾。

1) ㉿ '位諸'는 필사할 때 뒤바뀐 듯하다. ㉾『오교장』에는 '諸位'로 되어 있다.

문 만약 처음이 곧 뒤를 갖추고 있으므로 처음을 얻는 것이 곧 뒤를 얻는다는 것이라면, 또한 뒤도 처음을 갖출 수 있다는 말이 된다. 그렇다면

55 뒤의 계위라고 해도 이미 처음 속에 들어 있는 것이며, 뒤의 계위 속에도 처음이 들어 있다는 뜻이다.

뒤를 얻지 못하는 이상 처음도 얻지 못한 것이 아닌가?

답 실은 그렇다. 다만 처음을 얻고도 뒤를 얻지 못하지는 않는다. 그래서 뒤의 계위를 얻었다면 분명히 첫 계위도 얻은 것이다.[56]

問。若卽[1)]具後。得初卽得後者。亦可後亦具初。卽[2)]不得後。應亦不得初耶。答。實爾。但以得初時。無不得後故。是故以得後位。必得初位。

1) 역 '卽'은 『오교장』(T45, 490a)에 '初卽'으로 되어 있다. 2) 역 '卽'은 『오교장』(T45, 490a)에 '旣'로 되어 있다.

문 어떻게 첫 계위를 얻는 것이 뒤의 계위도 다 얻게 되는 것인가?

답 일승 그대로의 공덕으로 말하면, 하나의 실천 가운데 법계의 실천을 아우르며, 모든 실천을 수행하는 것이 역시 한 실천을 아우르는 것이다. 이것이 하나가 곧 많음 등이 되는 실천이다. 종교 계위의 양상에 맞추어 보자면, 한 계위를 얻음에 따라서 저 일체의 계위를 일시에 모두 얻어 자재하고 걸림이 없다.[57]

問。何得初位。後皆得耶。答。一乘當德。修一行中。該法界行。修一切行。亦該一行。此一卽多等行。寄終教位相。見之。隨得一位。彼一切位。一時皆得自在無礙。

문 무엇 때문에 일승의 실천은 저 하나의 실천 가운데 모든 실천을 수행하며, 또한 모든 실천 가운데 하나의 실천을 수행하는가?

56 『오교장』(T45, 490a)에는 "그러므로 아직 뒤를 얻음이 없으면 처음도 얻을 수 없다.(故無有未得後。而不得初也。)"로 부정형으로 문장이 구성되어 있다. 견등은 의도적으로 긍정형으로 고쳤다.

57 이 뜻은 종교에서 말하는 불퇴위의 명칭을 빌려서 이야기하면, 실은 일승에서는 하나의 명칭에 모든 계위를 통틀어 갖춘다는 의미이다.

답 일체법이 허깨비와 같고, 꿈과 같고, 번개와 같고, 메아리와 같으며, 임시로 만든 것과 같다고 관찰하기 때문에 하나의 실천이 그대로 모든 실천 등이 된다. 그러므로 「범행품」에서 "일체법이 허깨비와 같으며……(중략)……임시로 만든 것과 같다고 관찰한다. 이와 같이 관찰하는 자는 적은 방편으로 빨리 일체제불의 공덕을 얻으며……(중략)……처음 발심하는 때에 바로 정각을 성취한다."[58]라는 등으로 말하였다.

問。何一乘行。被一行中。修一切行。一切行中。亦修一行。答。觀一切法。如幻。如夢。如電。如響。如化等故。一行卽一切行等。故梵行品云。觀一切法如幻。乃至如化。如是觀者。以小方便。疾得一切諸佛功德。乃至初發心時便成正覺等。

생각하건대 우선 첫 번째(如幻)와 두 번째 비유(如夢)에 근거하면, 환술사가 부리는 환술의 힘으로 허깨비 같은 천(巾) 하나로써 큰 산 및 크고 작은 축생 등 갖가지 형태를 만든다. 이 하나의 큰 산은 전부 하나의 천으로 이루어진 것이며, 크고 작은 축생 역시 마찬가지다. 본체가 이미 둘이 아니니, 저 모습이 무엇이 다르겠는가. 그러므로 하나의 작은 축생을 들든, 큰 산을 들든 전체 모두가 다 이와 같이 이해되는 것이다.

무명을 만드는 환술사[59]가 부리는 환술력에 의해 허깨비 같은 하나의

---

58 『화엄경』(T9, 449c).

59 무명을 만드는 환술사(無明幻師) : 『탐현기』 권15 「십인품석十忍品釋」(T35, 384c)의 설명에 따르면, "환술사의 환술은 능히 인연을 일으킴에 비유하니, 무명 등과 같다.(幻師及術。喩能起因緣。如無明等)"라고 한다. 한편 '무명환사'라는 표현은 지의의 저술에 자주 보인다. 지의는 『법화경현의』(T34, 723b)에서 "무명의 환술을 무너뜨리면, 중도의 환술이 성립한다. 그러므로 『경』에서 여래가 대환술사라고 하였다.(無明幻破。中道幻成。故經言。如來是大幻師。)"라고 하여 환술사의 힘을 긍정적으로 보는 측면에 대해서 설명한다.

법계로 여러 의타기성의 갖가지 형태를 만드니,[60] 하나의 티끌 전체가 하나의 법계이므로 큰 산 등을 이룬다. 그러므로 하나의 티끌이 허깨비와 같아 큰 산 등의 모든 법이 다 포함된다고 관찰한다. 그러므로 한 법을 들면 법계의 모든 법이 모두 다 들리게 된다. 그러므로 하나의 실천이 반드시 모든 실천이며, 모든 실천이 곧 하나의 실천이 된다.

意。且約初二喩。幻師述[1)]力。幻一巾。而作大山。及大小畜等。種種形類。此一大山。全一巾成。大小畜亦然。體旣無二。彼相何異。故擧一小畜大山。擧體皆悉所取如此。無明幻師述力。幻一法界。作諸依他種種形類。一塵全是一法界。成大山等。然故觀一塵爲如幻。大山等諸法。皆悉所攝。故隨擧一法。法界諸法。皆悉所擧。故一行必一切行。一切行卽是一行。

1) ㉻ '述'은 '術'이 되어야 할 것이다.

그러므로 「십인품」【30권】에서 "이 보살이 모든 법은 다 허깨비와 같음을 깊이 알아 들어가 연기법을 관찰하니 하나의 존재 가운데에 많은 존재를 이해하며, 많은 존재 가운데 하나의 존재를 명료히 이해한다."[61]라는 등을 말하였다. 또 『경』에서 "혹은 잠깐(須臾)의 시간을 나타내어 백 년을 짓고, 환력의 자재로움으로 세간을 기쁘게 한다."[62]라고 말하였다.

'꿈과 같다'라는 비유는, 사람이, 꿈속에서 소년이 노인이 되어 머무르

60 『탐현기』 권15 「십인품석」(T35, 384c)에 따르면 환술로 만들어진 토끼의 모습은 의타기성에 비유된다.

61 『화엄경』 권28(T9, 580c).

62 『화엄경』(T9, 439b)에 "주야가 잠깐 사이임을 시현하며, 혹은 잠깐 사이에 백 년을 나타낸다. 저것에는 탐욕·성냄·어리석음이 있어 환술사의 힘으로 자재롭게 세간을 기쁘게 한다.(示現晝夜須臾頃。或現須臾作百年。彼有貪欲瞋恚癡。幻力自在悅世間。)"로 되어 있다. 경문 가운데서 2구와 4구만을 끌어다 쓰는 인용 패턴은 『탐현기』(T35, 385b)와 『지귀』(T45, 595a)에서 볼 수 있다.

는 것을 보는 바와 같다. 그러나 깨어나는 것은 찰나이다. 꿈과 같이 제법 역시 그러하다. 그러므로 『경』에서 "꿈을 꿀 때는, 즉 한 해가 지나가지만, 깨어나면 곧 잠깐의 시간일 뿐이다. 그러므로 시간은 비록 무량하다지만 한 찰나에 포섭된다."[63]라고 설하였다. 그러므로 일념의 실천이 곧 무량겁의 실천임을 알 수 있다.[64] 시간에 입각하면 이미 그러하며, 나머지 공간 등에서도 역시 그러하다. 일승의 현묘한 뜻은 오직 여기에 의미를 둔다. 그러므로 첫 계위를 얻었을 때 나머지 계위 역시 동시에 모두 얻을 수 있는 것이다.

故十忍品云【三十】。此菩薩深入諸法。皆悉如幻。觀緣起法。於一法中。解衆多法。衆多法中。解了一法【云云】。又經云。或現須臾作百年。幻力自在悅世間。如夢喩者。如人夢中。見少年至老者住。然覺是刹那。如夢諸法亦復如是。故經云。處夢謂經年。覺[1)]乃須臾□。[2)] 故時雖無量攝在一刹那。故知一念行卽無量劫行。約時已然。餘處等亦然。一乘妙義。唯此留意。故得初位時。同時皆得。

---

1) ㉮ '覺'은 『섭대승론석』·『탐현기』(T35, 386c) 등에 '寤'로 되어 있다. 한편 『성불묘의』를 인용하는 게이가(景雅)의 『금사자장감문金師子章勘文』(T73, 715c)에는 '覺'으로 되어 있다. 참고로 징관의 『화엄경소』(T35, 517b)에는 '覺'으로 되어 있다. 2) ㉯ □는 '頃'으로 의심된다. ㉮ 『섭대승론석』과 『탐현기』에 '頃'으로 되어 있다. 문창당본에는 '項'으로 되어 있는데, 『탐현기』 갑본에도 같다. 번역은 '頃'을 따랐다. 한편 게이가의 『금사자장감문』(T73, 715c)에는 '頃'으로 되어 있다.

---

63 본 게송은 무성, 『섭대승론석』(T31, 419a)에서 '여유송언如有頌言'으로 소개되었다. 이 게송은 『성불묘의』 이전의 저술로서는 법장의 『탐현기』·『의기』(T44, 259b)와 태현의 『대승기신론내의약탐기』(T44, 415a)에 인용된다.

64 게이가(景雅), 『금사자장감문金師子章勘文』(T73, 715c)에서는 이 부분을 인용하고 나서 『성불묘의』에서 법장과 징관의 해석을 의지해서 이와 같은 해석을 했다고 평가한다. 그러나 『성불묘의』에 징관의 영향은 보이지 않는다.

문[65] 만약 첫 계위를 얻었을 때 모든 계위를 얻는다면, 무엇 때문에 여러 경론에서 여러 계위의 단계와 순서를 설했는가?

답 이 경 가운데 여러 위를 설정할 때 두 가지 선교 방편이 있다. 첫째는 차별의 양상을 교문에 나아가 설하는 입장이다. 교문에 나아가 계위의 전후를 나누고 삼승에 맞추는 것이니, 이것은 삼승을 끌어들이는 방편이기 때문이다. 이것은 동교이다. 둘째는 본체를 진실 존재에 즉하여 설하는 입장이다. 이 입장에서는 계위의 전후가 서로 포섭하고 원만하게 융합하며 자재하여 삼승과는 다르다. 이것은 별교이다. 다만 교문을 움직이지 않고 항상 상즉하며, 상즉을 무너뜨리지 않은 채 항상 전후가 있다. 그러므로 두 가지 뜻이 융합되고 통해 있어 서로 어긋남이 없다.

問。若得初位得一切位。何諸經論說諸位階降次第。答。以此經中。安立諸位。有二善巧。一約相就門。分位前後。寄同三乘。引彼便故。[1] 是同教也。二約體就法。前後相入。圓融自在。異彼三乘。是別教也。但以不移門。而恒相卽。不壞相卽。而恒前後。是故二義融通。不相違也。

1) ㉰ '便故'는『오교장』에 '方便'으로 되어 있으나 갑본과 을본에는 '便故'로 되어 있다.

5. 별교 자체의 성불론

문 만약 이 믿음 등의 첫 교문이 곧 일체라면, 무엇 때문에 신위의 초심에 바로 증득함이 없이 가득 찬 마음 등을 설하는가?

답 별교 자체의 입장에서는 계위에 의거하여 성립하는 것이 없다. 지금은 삼승종교의 계위에 맞추어 설한 것이다. 저 삼승교 가운데서는 믿음

65 이하 세 문답은『오교장』(T45, 490a)으로부터 인용하였다.

이 가득 찬 불퇴의 계위에 이르러 드디어 보살의 계위에 들어가기 때문이다. 지금은 저 얻어 들어가는 계위에 맞추어 일시에 이 일체 전후 모든 계위의 실천과 양상을 얻는 것이다. 그러므로 믿음의 첫 마음(信初心)에서는 증득함을 설하지 않는다. 아직 불퇴를 얻지 못했다면 계위의 양상을 이루지 못하고, 단지 실천할 뿐이기 때문이다.

問。若此信等。初門卽一切者。何不[1)]信位初心卽得。而說滿心等耶。答。若自別教。則不依位成。今寄三乘終教位說。以彼教中信滿不退方得入位。今卽寄彼。得入位處。一時得此一切前後諸位行相。是故不於信初心說。以未得不退。不[2)]成位相。但是行故。

1) 역 '不'은 『오교장』에 '不說'로 되어 있으나 갑본과 을본에는 '不'로 되어 있다. 2) 역 '不'은 『오교장』(T45, 490b)에 '未'로 되어 있으나 갑본과 을본에는 '不'로 되어 있다.

문 믿음이 가득 찬 불퇴의 계위에서 처음으로 보살의 위에 들어가기 때문에 가득 찬 마음이라고 설했다면, 10주의 계위에서 성불한다(住位成佛)고 해야 할 터인데, 무엇 때문에 신만성불이라고 하는가?

답 믿음이 성취되기 때문이다. 이것은 실천의 부처(行佛)이지 계위의 부처(位佛)가 아니기 때문이다.【이상은 『오교장』 하권의 문장이다.】[66]

問。信滿不退。方入位故。說滿心者。應住位成佛。何名信滿。答。由信成故。是行佛。非位佛也。【上。下卷文。】

66 『오교장』 소전차별의 가운데 「행위차별」(T45, 490b)을 가리킨다.

6. 실천에 의한 성불론의 증문

문 어떤 문장으로써 이와 같은 성불론을 내세우는가?

답 초발심 보살의 저 일념 공덕 등【운운】은 이 문장에 의거하여 세워졌다. 그러므로 『현수품소』에서 말하기를, "이것은 『기신론』의 세 가지 발심 가운데 최초 믿음이 성취한 후의 발심에 해당한다. 그렇기 때문에 '처음(初)'이라고 한 것이다. 또 같은 아래의 문장인 초발심주 및 「발심공덕품」에서도 마찬가지이다. 이것은 믿음의 끝(信終)에 입각한 것이다. 그러므로 저 보살이 초주에 나아가는 것으로 둘이 아니다."[67]라고 하였다. 또 『소疏』 18권에서 말하기를, "만약 실천으로써 계위를 포함하면, 즉 10신이 가득 찬 마음에서 성불한다. 「현수품」에서 설하는 것과 같다. 이 한 길만큼은 이 원교가 아니고서는 다른 곳에서는 전혀 있을 수 없다. 이것이야말로 바로 일승의 종지에 대한 단 하나의 예이다."[68]라고 하였다.

『기신론소』에서 "믿음이 성취된 발심(信成就發心)이라는 것은, 계위가 10주에 있으면서 10신을 겸한다. 10신의 계위 가운데 수습하여 신심이 성취된 후에 결정심決定心을 발하여 곧 10주에 들어가기 때문에 발심주라고 한다. 즉 10신의 실천이 가득 찬 것을 믿음의 성취라고 이름하며, 10주의 처음으로 진입하기 때문에 발심이라고 한다."[69]라고 하였다.

問。依何等文。立此成佛。答。初發心菩薩。彼一念功德等【云云】。依此文立。故賢首品疏云。此是起信論三種發心中。當最初信成就發心。故云初也。同下文初發心住及發心功德品。此約信終。彼就住初。故無二也。又疏十八云。若以行攝位。卽十信滿心成佛。如賢首品說。此之一轍。非此圓敎。餘

67 『탐현기』(T35, 187a).
68 『탐현기』 권18 「입법계품석」(T35, 461a).
69 법장, 『기신론의기』(T44, 278a).

處總無。正是一乘宗之例。起信論疏云。信成就發心者。信[1]在十住。兼取十信。十信位中修習。信心成就。發決定心。卽入十住初心。名發心住。卽十信行滿。名信成就。進入十住[2]之初。故云發心。

1) 역 '信'은 『의기』에 '位'로 되어 있다. 2) 역 '十住'는 『의기』에 '十住十住'로 되어 있다.

문 무엇 때문에 이 품의 발심이 믿음의 끝에 근거한 설이 되는가?

답 「현수품」에서 10신의 실천을 설하였다. 그러므로 믿음이 가득 참에 근거한 설이 된다.

問。何此品發心。約信終說。答。賢首品說十信行。故約信滿說。

7. 신만 보살의 공덕

문 무엇 때문에 이 믿음이 가득 찬 보살의 실천과 공덕이 깊고 넓으며 가이없다고 말하는가?

답 『소疏』에서 "네 가지 어려움이 있기 때문이다. 비록 초심이지만, 지금 이 공덕은 광대무변하다. 첫째, 처하는 곳의 어려움이다. 즉 생사 고뇌처에서 능히 발심하여 공덕을 생함이 넓다. 둘째, 시기의 어려움이다. 즉 오래전에 이미 발심하고 오로지 움직이지 않는 것은 어려움이라고 하기에 부족하다. 지금은 이것과 반대이기 때문에 공덕을 생함이 많다.[70] 셋째, 경계의 어려움이다. 능히 이 무한한 보리를 구하여 마음으로 경계를 따르기 때문에 광대하다. 넷째, 마음의 어려움이다. 발심하여 나아가고

70 『탐현기』(『국역일체경』, 경소부 7) 73쪽 주 12에서 삼승교의 10신은 만 겁 등 오랜 시간이 지난 다음에 발심하지만 그것은 오히려 쉽고, 일승의 초발심이 어렵다는 뜻으로 설명한다.

후퇴함이 정해지지 않는다면 공덕을 생함이 넓지 않다. 지금은 즉 이것과 반대이기에 광대하다."[71]라고 하였다.

問。何此信滿菩薩。行德深廣無邊。答。疏云。有四種難。故雖是初心。今[1)]此功德，廣大無邊。一處難。謂於生死苦惱之處。而能發心。此生德廣也。二時難。謂久已發心。一向不動。未足爲難。今則反此。故生德多也。三境難。謂能求此無限菩提。以心從境。故廣大也。四心難。謂若發心。進退不定。生德不廣。今則久。[2)] 此廣大也。

1) ㊀ '今'은 『탐현기』에 '令'으로 되어 있다. 2) ㊀ '久'는 『탐현기』에 '反'으로 되어 있다. 문창당본에 '久' 옆에 '反玄記'라고 되어 있다.

8. 일승성불에 걸리는 시간

『향상문답香象問答』에서 다음과 같이 말하였다.

문 『입법계품초』의 문장에서 "첫 보리심 법문 가운데 믿음의 법문을 얻고 만 겁에 이르러 성불한다고 한 것은, 실천의 부처이지 계위의 부처가 아니다."[72]라고 하였는데, 이것은 일승의 입장에서 실천의 부처가 성취될 때 만 겁이 걸린다는 말인가, 삼승의 입장에서 실천의 부처가 성취될 때를 말하는가?

답 여러 삼승교의 입장에서 만 겁 가운데 10신의 실천이 가득 찼을 때 다시 일승의 실천의 부처가 완성된 곳임을 시현하는 것뿐이다. 이것은 삼승의 만불滿佛이 아닐 뿐 아니라, 일승 실천으로의 부처가 완성된 것도 아니다. 다만 만 겁은 변함이 없다. 이 만 겁으로부터 불가설불가설 겁에 비로소 실천의 부처가 가득 차서 완성된다. 이와 같이 8만 겁 등 내지 1겁,

71 『탐현기』「현수보살품석」(T35, 186c).

72 지엄의 『입법계품초』로 보이지만 현재 남아 있지 않다.

2겁에 이른다는 등의 의미는 예로써 알 수 있을 것이다. 생각해 보라.[73]【이상은 『문답』의 내용이다.】

香象問答云。問。抄[1)]文[2)]云。約[3)]菩提心法門中。得信法門。至十千劫成佛者。行佛非位佛等者。此約一乘行佛成時道。[4)] 逕十千耶。爲三乘行佛成時道耶。答。諸三乘教中。十千劫中。十信行滿。更示現一乘行佛滿之處耳。非三乘滿佛。亦非一乘行佛滿。[5)] 但十千劫不動。此十千劫。不可說不可說劫。方行佛滿成。如是八萬劫等。乃至一劫二劫到等之義。例可知。思[6)]也。【已上問答。】[7)]

1) ㉻ '抄'는 『화엄경문답』에 '鈔'로 되어 있다. 문창당본에는 '杪'로 되어 있는데, 두주에 '初歟'라고 되어 있다. 2) ㉻ '文'은 『화엄경문답』에 '又'로 되어 있으나, 대교본에 '文'으로 되어 있다. 3) ㉯ '約'은 '初'로 의심된다. ㉻ 『화엄경문답』에 '初'로 되어 있다. 4) ㉯ '道'는 '節'로 의심된다. ㉻ 『화엄경문답』에 '節'로 되어 있다. 문창당본에 '節歟'라는 두주가 있다. 5) ㉻ '佛滿'은 『화엄경문답』에 '滿佛'로 되어 있으나, 갑본에는 '佛滿'으로 되어 있다. 6) ㉯ '知思'는 도치된 듯하다. ㉻ 『화엄경문답』에도 '知思'로 되어 있으나, 교감본에 '思知'로 되어 있다. 문창당본에는 '思知歟'라는 두주가 있다. 7) ㉻ 문창당본에 의해 추가하였다.

제3장 원리적 성불

셋째는 원리적 성불이다. 『소疏』 제3권에서 "셋째는 원리(理)에 근거하니, 즉 일체중생이 함께 이미 성취하여 마쳤으며, 다시 새로이 성취하지

73 『화엄경문답』(T45, 612a). '향상香象'은 일본에서 전해지는 법장의 아호雅號이다. 지금은 의상의 강의록으로 판명된 『화엄경문답』이 당시에는 법장의 저술로 인식되었음을 알 수 있다. 이에 대한 최근 연구서로 『화엄경문답을 둘러싼 제 문제』(금강대학교 불교문화연구소 편, 씨아이알, 2012) 참조. 원문에서 보듯이 '滿佛'과 '佛滿'이 섞여 있다. 둘 다 '滿佛'이 되어야 할 것이다.

않는다. 나머지 양상이 모두 다했기 때문이다."[74]라고 하였다. 생각하건대 일체중생은 모두 진여(眞)를 본체로 삼는다. 그 체성 그대로 차별상을 논하지만,[75] 그 양상은 모두 사라져 일미로서 평등하다. 그러므로 총체적인 부처가 먼저이다.

第三理成佛。疏第三卷云。三約理則一切衆生。並已成竟。更不新成。以餘相皆盡故。意云。一切衆生。皆眞爲體。隨其體性。論差別相。其相皆盡。一味平等。故先總佛。

1. 부처의 정의

문 부처는 깨달은 자이고, 중생은 계위에 미혹되었다. 어째서 일미一味이며, 진여를 본체로 삼기 때문에 모두 총체적으로 부처라 하는가?

답 단 하나의 진리를 본체로 삼는다면 중생은 저 진리 위의 양상으로 역시 전혀 차별이 없는 것이다. 그러므로 일체중생은 깨달은 자이고, 불신佛身에서 나타난 것이다. 저 부처가 변해 나타나는 중생은 능히 나타난 불신과 동일하기 때문이다. 그러므로 중생은 성불하지 못함이 없는 것이다.

問。佛者。是覺者。衆生迷位。何以一味。眞爲體故。皆總是佛。答。以一眞理爲體。衆生彼上相。亦都無差別。是故一切衆生覺者。佛身所現。彼所現衆生。同能現佛身故。故衆生無不成佛。

---

74 『탐현기』(T35, 166b).

75 그 체성 그대로 차별상을 논하지만(隨其體性。論差別相。) : 이것은 화엄종의 주장과는 달리 이해될 수 있는 문장이다. 뒤의 문답에서 알 수 있듯이 여기서 견등의 의도는 진여로서의 체성이 내재된 중생들이 그대로 크기도 하고, 작기도 하고, 무겁기도 하고, 가볍기도 한 양상을 논하는 것으로 생각된다. '隨'가 '依'가 된다면 의미가 분명해질 것으로 보인다.

2. 원리적 성불의 근거

문 이 일승의 성불은 오직 원리(理)에 근거한 설인가, 아니면 현상(事)에도 공통되는가?

답 원리와 현상에 공통되는 설이다. 생각하건대 부처의 소의所依가 되는 도리를 원리라고 하며, 능의能依가 되는 지혜(智) 등 여러 공덕은 다 현상이라 이름한다. 이 원리와 현상을 합한 것을 불신佛身이라고 한다. 이러한 불신이 나타난 바이기 때문에 능의와 소의가 같으며, 원리와 현상을 모두 갖춘 것이다.

問。此一乘成佛。唯約理說。若通事說。答。通理事說。意。佛所依理。名爲理也。能依智等諸功德。皆名事。此理事合名爲佛身。此佛身所現故。能同所。而具足理事。

3. 원리적 성불과 발심 수행의 관계

문 만약 그렇다면 일체중생이 발심 수행하여 성취하는가?

답 발심 수행하여 성취한다. 우선 석가불에 근거하면, 석가의 초발심에 일체중생을 포섭하여 모두 발심하여 마친다. 또한 저 무수대겁의 난행과 고행의 수행문을 포섭하여 모두 수행하여 마친다. 보리수 아래의 성불하는 법문을 포섭하여 모두 성불을 마친다. 그리고 열반에 이르러서도 마찬가지이다. 한 부처가 그러한 것처럼, 시방삼세 모든 부처의 법문 또한 그러하다. 그러므로 앞서 또 앞서 성취하여 마치고, 뒤에 계속해서 새로이 또 새로이 성취하는 것이다. 이렇게 나타나는 부처와 같이, 나타내지는 중생이 단 하나의 뜻도 결여하지 않는다. 그러므로 모든 계위 역시 다 갖추는 것이다.

問。若爾。一切衆生發心修行成。答。發心修行成。且約釋迦佛。釋迦初發心。攝一切衆生。皆發心竟。亦攝彼無數大劫難行苦行修行門。皆修行竟。攝菩提樹下成佛門。皆成佛竟。乃至涅槃。亦復如是。如一佛爾。攝十方三世諸佛門亦然。故先先成竟。後後新新亦成。此如能現佛。所現衆生。無闕一義。故諸位。亦具足也。

문 부처의 법문으로 포섭하여 일체중생의 발심과 수행 등이 모두 끝났으며, 또한 이후 계속해서 발심하고 수행하며 성불에 이르는 것을 보는 것을 어떻게 알 수 있는가?

답 『경』 37권에서 "불자야, 여래의 몸 가운데서 일체중생이 보리심을 발하고 보살행을 닦아 등정각을 성취함을 다 보며, 나아가 일체중생의 적멸과 열반도 이와 같음을 본다."[76]라고 하였다. 또 32권에서 "일체제불은 일체중생을 조복調伏하고 교화하기 때문에 찰나찰나 가운데 등정각을 성취한다. 먼저 제불의 정법을 깨닫지 못한 것이 아니며, 또한 학지學地에 머물지 아니하고 정각을 성취하는 것이다."[77]라고 하였다.[78]

---

76 『화엄경』 권35 「보왕여래성기품寶王如來性起品」(T9, 627a).

77 『화엄경』 권30 「불부사의법품佛不思議法品」(T9, 594a).

78 이 문답은 『화엄경』을 인용하지만, 사상적 근거는 지엄의 『공목장』 권4(T45, 576b) 「아승지품시겁장阿僧祇品時劫章」에 있다. "일승의 뜻은, 즉 무한한 겁에 즉한다. 왜냐하면 일승에 의거하기 때문에 모든 중생들이 이미 성불해 마친 것이다. 또한 중생들이 새롭게 새롭게 성불하기 때문에 역시 배우는 계위에 머물지 않고 정각을 성취한다.(若一乘義。即無盡劫。何以故。爲依一乘。一切衆生。已成佛竟。復爲衆生新新成佛。亦不住學地。而成正覺。)" 이와 같이 성불을 새롭게 성취한다는 사상은 지엄의 같은 책, 「융회삼승결현명일승지묘취融會三乘決顯明一乘之妙趣」(T45, 586c)에서 무한성을 강조하기에 이른다. "일승법의 뜻은 일체중생과 무한의 동시에 성불하며, 뒤에도 무한히 모두 새롭게 새롭게 미혹을 끊어 배우는 계위에 머물지 않고 정각을 성취한다.(一乘法義。成佛共一切衆生。同時同時同時同時同時同時同時同時同時同時同時成佛。後後後後後後後後後後。皆新新斷惑。亦不住學地。而成正覺也。)" 특히 "배우는 계위에 머물지 않고 정각을 성취한다.(不住學地。而成正覺。)"라는 『화엄경』 문구에 대해서는 『수현기』에는 주석이 없고, 최만년의 『공목장』에서 주석하게 된다. 이것은 지엄이 만년에 화엄일승의

問。何知攝佛門,見一切衆生發心修行等皆竟。亦後後發心修行乃至成佛。答。經三十七云。佛子。如來身中。悉見一切衆生發菩提心。修菩薩行成等正覺。乃至見一切衆生,寂滅涅槃。亦復如是。又三十二卷云。一切諸佛調伏教化一切衆生。故於念念中。成等正覺。非不先覺諸佛正法。亦不住學地而成正覺。

『소疏』 제16권에서 첫 문장을 해석하면서 "아래는 인과를 드러내는 문을 밝혔다.【이것은 표문이다.】[79] 보리신이 중생과 같기 때문에 중생이 모두 그 가운데 나타난다. 저곳에서 나타나는 중생(所現)이 능히 나타내는 부처(能現)와 동일하기 때문이다. 그러므로 중생이 성불하지 않음이 없다. 원교의 경우라면, 즉 일체중생이 함께 모두 옛날부터 발심 또한 끝났으며, 수행 역시 끝났으며, 성불 역시 다 마쳤으며, 나아가 새로이 성취할 것 없이 원리와 현상을 완성한다. '내지열반乃至涅槃'[80]이라고 하는 것은 팔상八相[81]의 처음에서 끝을 거론하기 때문이다."[82]라고 하였다.

疏第十六解初文云。下明現因果門。【此標文也。】以菩提身等衆生故。是悉於中現。以彼所現同能現故。是故衆生無不成佛。若圓教。卽一切衆生。並悉舊來發心亦竟。修行亦竟。成佛亦竟。更無新成。具足理事。言乃至涅槃者。於八相中。擧初[1)]乃至末故。

원만성과 무한성을 강조하였기 때문으로 이해된다.

79 『탐현기』에 따르면 이 문장 안에 표방(標)·해석(釋)·맺음(結)이 있으며, 원문의 '標文也'는 뒤에 나오는 문구, 즉 『탐현기』의 '以菩提'부터 '不成佛'을 지시한다.

80 팔상八相 : 『화엄경』「보왕여래성기품」(T9, 626c)의 "그리고 일체중생이 적멸열반함을 본다.(乃至見一切衆生寂滅涅槃)"를 지시한다.

81 『화엄경』「보왕여래성기품」(T9, 626c)에서는 일체중생이 보리심을 발하고, 보살행을 실천하고, 정각을 얻고, 열반에 드는 것을 설하는데, 법장이 이것을 팔상으로 해석하였다.

82 『탐현기』「보왕여래성기품석」(T35, 413b~c)에서 발췌하여 인용하였다.

1) ㉮ '初'는 『탐현기』에는 없으나 대교본인 갑본에는 있다.

문 이 처음의 문장을 해석함에 몇 가지 원인이 있는가?

답 『경』에서는 열 가지 원인으로써 해석한다. 그러므로 『경』에서 말하기를, "모두 다 하나의 본성(一性)이니 본성이 없기(無性) 때문이며, 양상도 없고, (양상의) 다함도 없고, 태어남도 없고, 멸함도 없기 때문이며, 아我는 나라는 본성이 없기 때문이며, 중생은 중생이라는 본성이 없기 때문이며, 각覺은 깨달을 바가 없기 때문이며, 법계는 자성이 없기 때문이며, 허공계도 자성이 없기 때문이다."[83]라고 하였다. 『소疏』에서 "어째서 중생이 보리성과 동일한가? 요약하면 열 가지 원인으로써 이 의미를 해석하여 증명한다. 첫째, 중생이 보리에 의지하므로 자성이 없기 때문이다. 그러므로 보리와 동일하여 정각 등을 성취한다. 둘째, 자체로 염오된 모습이 없기 때문이다. 셋째, 다하는 바가 없기 때문이다. 넷째, 본래 태어남이 없기 때문이다. 다섯째, 새로이 멸함이 없기 때문이다. 위의 네 가지는 동일한 구이다. 여섯째, 나라는 본성은 자체로 공하기 때문이다. 일곱째, 뭇 조건에 의한 생겨남은 생겨남이 아니기 때문이다. 여덟째, 각지覺智를 일으킨다 하더라도 깨달을 바가 없기 때문이다. 아홉째, 의거할 바의 법계는 또한 본성이 없기 때문이다. 열째, 본성인 공의 세계에는 체성이랄 것이 없기 때문이다."[84]라고 하였다.

問。釋此初文。有幾因耶。答。經以十因釋。故經文云。皆悉一性。以無性故。無相無盡無生無滅故。我非我性故。衆生非衆生性故。覺無所覺故。法界無自性故。虛空界無自性故。疏云。何以衆生同菩提性。略以十因。釋成此義。

83 『화엄경』(T9, 627a).

84 『탐현기』「보왕여래성기품석寶王如來性起品釋」(T35, 413c~414a).

一以衆生。依於菩提。無自性故。是故同於菩提。成正覺等。二無自染相故。三無所盡故。四本來不生故。五亦無新滅故。上四同爲一句。六我性自空故。七衆緣之生。非是生故。八設起覺智。無所覺故。九所依法界。亦無性故。十本性空界。無體性故。

4. 모든 것에는 본성이 없다

문 어째서 이와 같이 동등하게 모든 것에 본성이 없음을 깨닫는가?

답 다음과 같이 『경』에서 결론을 맺으면서 "이와 같이 일체가 본성이 없고, 무진의 지혜임과 자연의 지혜임과 일체 여래가 무극대비無極大悲로 중생을 구제하고 있음을 동등하게 깨닫는다."[85]라고 하였다. 『소疏』에서 "아래의 총결 가운데 '다함없는 지혜(無盡智)'라는 것은, 비추는 작용이 무한하기 때문이다. '자연의 지혜(自然智)'라는 것은 특별한 능력(功用)을 기다리지 않기 때문이다. '무극대비'라는 것은 동체섭화同體攝化하기 때문이다."[86]라고 하였다. '동체섭화'라는 것은, 『기신론』에서 "중생의 외적 조건에는 두 가지가 있다. 첫째는 차별된 조건이며, 둘째는 평등한 조건이다. 평등한 조건이라는 것은 일체제불과 보살이 모두 일체중생을 구제하여 해탈하도록 서원하여 자연히 중생을 훈습하여 항상 버리지 않는 것이다. 그들은 보살과 중생의 본성이 같다(同體)고 인식하는 지혜의 힘이 있기 때문에 중생이 견문해야 하는 것에 따라 작용을 나타낸다. 이른바 중생은 삼매에 의거하여 평등을 얻어 모든 부처님을 보기 때문이다."[87]라고 하였다. 『소疏』에서 "'그 가운데서 중생을 제도할 수 있도록 서원한다'라는 것은 평등심이다. '자연' 등이라 함은 항상 작용함으로써 근기에 응해 주

---

85 『화엄경』(T9, 627a).
86 『탐현기』「보왕여래성기품석」(T35, 414a).
87 『기신론』(T32, 587a).

는 것이다. '동체同體의 지력智力으로'라는 것은 항상된 작용(常用)을 해설한 것이다. '견문해야 하는 것에 따른다'라는 것은, 그 작용의 양상(用相)을 드러낸 것이다. 둘째는 근기에 대해서 평등의 의미를 드러내는 것을 밝힌다. 즉 10주 이후 모든 보살 등은 삼매의 힘에 의해서 여러 부처님이 몸의 크기가 평등하고 피차 구분된 양상이 없음을 보기 때문에 평등견이라고 말하는 것이다."[88]라고 말하였다.

問。何如是等。覺一切無性。答。次經結云。如是等覺一切無性。無盡智。自然智。一切如來無極大悲。度脫衆生。疏云。下總結中。無盡智者。照用無限故。自然智者。不待功用故。無極大悲者。同體攝化故。同體攝化者。起信論云。衆生外緣有二種。一差別緣。二平等。1) 平等者。一切諸佛菩薩。皆願度脫一切衆生。自然熏習。恒常不捨。以同體智力故。隨應見聞。而現作業。所謂衆生依於三昧。乃得平等。見諸佛故。疏云。於中願度生者。平等心也。自然等者。常用應機。以同體智力者。釋成常用也。隨應等者。顯其用相。二明對機顯平等義。謂十住已去。諸菩薩等。依三昧力。悉見諸佛。身量平等。無有彼此分齊之相。故云平等見也。

1) ㉑ '平等'은 『기신론』에 '平等緣'으로 되어 있어 원문에 '緣'이 탈락되었음을 알 수 있다.

5. 구래성불과 현재불성불[89]

문 모든 중생이 다 성불하였다면 무엇 때문에 현재의 중생들은 바로 부처가 되지 못하는가?

답 그것은 권교의 관점일 뿐 원교의 근기에 대해 "옛날부터 성불하였

88 『대승기신론의기』(T44, 272c).
89 이하 세 문답은 『탐현기』(T35, 413c~414a)에서 취의한 것이다.

다.”라고 말하는 것과 같지 않다.

問。一切衆生皆成佛者。何現有衆生。不卽佛耶。答。此權所見。不同於圓敎機。舊來成佛。

문 근기의 보는 바가 어떻게 같지 않은가?

답 만약 인천위의 사람이라면 사람과 존재의 두 자아인 실체(實物)를 갖추었다고 보고, 소승교에서는 이 중생은 한 덩어리가 된 오온의 실법으로서 본래 사람이 없다고 본다. 대승초교에서는 오직 표상(識)이 나타난 바로서 허깨비처럼 있는 듯하여 있는 그대로, 즉 공이며, 사람도 없고 존재도 없다. 종교終敎에서는 모두가 여래장연기로써 본체 그대로 여여하여 항상된 덕을 갖춘다. 즉 이것이 바로 중생이기 때문에 『부증불감경』에서 “중생은 곧 법신이며, 법신이 곧 중생이다. 중생과 법신은 의미는 하나이나 명칭이 다르다.”[90]라고 말하였다. 해석해서 말하면, 이 종(종교)에서는 도리에 근거하기 때문에 중생이 곧 부처인 것이다. 돈교에서는 중생의 모습이 본래 다 없어져 이성만이 본래 드러난다. 뛰어나게 스스로 드러나니, 다시 기다릴 바가 없기 때문에 바로 부처가 된다거나 되지 못한다 등을 말할 수 없다. 유마의 침묵의 의미 등과 같다.【『소疏』의 문장이다.】[91] 그러므로 보는 바가 다르다.

問。何機所見不同。答。若於人天位者。具[1)]足人法二我實物。若小乘敎中。

---

90 『부증불감경』(T16, 467b), “그러므로 사리불이여, 중생계를 떠나지 않고 법신이 존재하며, 법신을 떠나지 않고 중생계가 존재한다. 따라서 중생계는 곧 법신이며, 법신은 곧 중생계이다. 사리불이여, 이 두 법은 의미는 하나이나 명칭이 다르다.(是故舍利弗。不離衆生界有法身。不離法身有衆生界。衆生界卽法身。法身卽衆生界。舍利弗。此二法者。義一名異。)”로부터 취의한 것이다.

91 『탐현기』「성기품석」(T35, 413c).

看此衆生。唯是一聚五蘊實法。本來無人。若大乘初教。唯識所現。如幻似。有當相卽空。無人無法。若約終教。並是如來藏緣起。擧體卽如。具恒沙德。乃是衆生故。不增不減經云。衆生卽法身。法身卽衆生。衆生法身。義一名異。解云。此宗約理。衆生卽是佛。若約頓教。衆生相本來盡。理性本來顯。廷[2)]然自露。更無所待故。不可說卽佛不卽[3)]等也。如淨名杜默之意等。【疏文】故所見異。

1) ㉮ '具'는 『탐현기』에 '看具'로 되어 있다. 2) ㉮ '廷'은 『탐현기』에 '挺'으로 되어 있다. 표원의 『화엄경문의요결문답』에는 '迸'으로 인용되어 있다. '挺然'은 '남들보다 뛰어난 모양'이므로 『탐현기』가 옳다. 3) ㉮ '不卽'은 『탐현기』에도 똑같이 되어 있지만, 『종경록』 등에는 '不卽佛'로 되어 있다. 의미상 『종경록』 등을 따른다.

당신은 지금 처음의 인천위 가운데서 저 중생을 관찰하고 있으니, 양상 그대로 공임도 오히려 얻을 수 없는데, 하물며 다시 원교의 양상을 볼 수 있겠는가? 그러므로 당신은 지금 중생이 존재함을 보는 것이고, 나는 저 설에 근거하지 않으므로 이러한 성불을 설하는 것이다. 다만 편견(情)을 깨뜨리면 법계는 원만하게 드러나니 일체중생이 성불하는 것을[92] 궁극적 교화라고 이름한다. 다른 교의 주장과 다르기 때문에 아래에서 결론을 맺으면서 '여래의 무극대비로 중생을 구제한다'[93]라고 말하는 것이다.

汝今就初人天位中。觀彼衆生。當相卽空。猶亦不得。況復得見圓教中事。是故汝見現有衆生。我不約彼。說此成佛。但令情見若破。法界圓現。一切衆生成佛者。名究竟教化。不同餘宗。故下結中。名如來無極大悲度脫衆生。

92 『탐현기』에서는 '모든 중생이 성불하지 못함이 없음을'이라고 이중부정을 통해 긍정을 나타냈다.

93 『경』(T9, 627a).

6. 법성융통문

문 해석과 결론의 문장에 준하면 원리에 근거하여 설한 것과 비슷한데, 무엇 때문에 드러냄(標) 가운데 발심 등 오위의 원인이 있고, 성불 등 팔상의 결과가 있는 것인가?[94]

답 이것은 법성이 융통하는 문으로써 해석한 것이다. 즉 현상은 원리를 따름으로써 이로써 융통하기 때문이며, 상즉상입을 얻을 수 있기 때문이다. 반면에 다른 교설 가운데서 생하지 않음(無生)을 관찰하는 것은 오직 이성만을 비추는 것이다. 이 원교 가운데는 모든 불보살법을 만족한다. 교설의 핵심에 의하여 생각하라.[95]

問。准釋結文。似約理說。何故標中。有發心等五位因。成佛等八相果。答。此是以法性融通門釋。謂事隨理。以融通故。得相卽相入故也。又餘教中觀無生。唯照理性。此圓教中。具足一切佛菩薩[1)]法。依宗思[2)]之。

1) ㉮ '薩'은 『탐현기』 갑본에 '提'로 되어 있다. 2) ㉮ '思'는 『탐현기』에 '准'으로 되어 있으나, 갑본에는 '思'로 되어 있다.

94 『탐현기』에서는 표방(標)·해석(釋)·맺음(結)으로 설명하는데, 위 설명까지는 '표방'이며, 해석과 맺음은 그 위의 문답에서 이미 인용하였다. 『성불묘의』에서 인용한 『탐현기』 해석과 맺음의 내용을 요약하면 다음과 같다. 우선 '해석'에서는 '동일한 진성'을 강조하면서 중생과 보리의 동일성을 열 가지 원인으로 약술하고 있다. 그리고 맺음에서는 무진지와 자연지와 무극대비의 작용을 논하고 있다.(T35, 415a) 질문은 이들 내용에 대해서 원리에 근거한 설명으로 볼 수 있다는 것이다. 그리고 '표방'에서 법장은 중생의 성불은 별교일승의 입장에서 보면 현상과 원리를 갖추고 있다고 말했는데, 이에 대해서 『탐현기』에서 문답을 통해 이와 같은 '해석'과 '맺음'의 설명을 볼 경우 '표방'은 원리에 입각한 것으로 볼 수 있다는 의문을 제시한 것이다.

95 **문**부터 여기까지는 『탐현기』 권16 「성기품석」(T35, 414a)으로부터 인용하였다.

7. 정각의 자재

『소疏』 제15권에서 경전을 해석하여 "일곱째, 정각의 자재에 두 가지 해석이 있다. 첫째는 문장에 따른 해석이다. 즉 모든 부처님[96]은 각각 스스로 교화할 대상을 조복시켜 교화하기 위해 각각 정각을 성취함을 보인다. 그러므로 '염념念念'이라고 한다. 단지 한 부처님만이 이미 각각 성취했음을 보인 것이 아니며, 먼저 깨닫지 못하여 지금 이에 처음으로 깨달은 것이 아니기 때문에 '먼저 깨닫지 못한 것이 아니다' 등이라고 한 것이다. 이것은 화신의 작용을 드러낸 것이다.

疏第十五解後[1)]經云。七正覺自在中有二釋。一隨文釋。謂一切各爲調化自所化故。各各示成正覺。故云念念。非是一佛。旣各示成。非先不覺。今乃始覺故。云非不先覺等。此是現化身用。

1) ㉾ '後'는 연자로 보인다.

둘째는 의미에 따른 해석이다. 한 부처가 이미 일체중생에 편만하고, 시방의 미진이 삼세에 두루하며, 염념·동시·전후에 다 같이 정각을 성취한다. 이것은 즉 실제의 성취이며, 화신이 아니다. 다만 성취하지 못하면 즉 그만이지만, 성취하면 즉 옛날부터 성취한 것이다. 그러므로 '먼저 깨닫지 못한 것이 아니다' 등이라 한 것이다. 삼세를 다하여 포섭하고, 과거에 성취하지 않음이 없기 때문에 '학지에 머물지 않는다' 등이라 한 것이다. 이것은 교설의 핵심에 준하여 생각할 수 있다."[97]라고 하였다.

96 『탐현기』를 따라 '佛' 자를 넣어 해석했다.
97 『탐현기』 권15 「부사의품석」(T35, 395a).

二就義釋。一佛卽遍一切衆生。周十方微塵。盡三世。念念同時前後。俱成正覺。此則實成非化。但以不成則已。成則舊來成。故云非不先覺等。以攝三世盡故。無過[1]不成。故云不住學地等。此[2]准宗思之。

1) ㉾ '過'에 교감이 필요하다. ㉽『탐현기』에는 '過去'로 되어 있다. 2) ㉽ '此'는『탐현기』에는 '此可'로 되어 있으나, 갑본에는 '此'로 되어 있다.

8. 세 가지 성불의 관계

1) 세 가지 성불의 포함 관계

문 이 세 가지 성불은 혹시 서로 통하는가, 아니면 각각 다른가?

답 원리적 성불은 위의 두 성불에 통하나, 위의 두 성불은 서로 통하지 못한다.

問。此三種成佛。若互通耶。若各別。答。理成佛可通上二。上二不通。

문 어떻게 원리적 성불이 위의 두 성불에 통하는가?

답 믿음이 가득 차면 모든 계위를 포함한다. 또한 원리와 현상 간의 융통에 근거하여 10주 등을 설하여 모든 계위를 포함하는 것 역시 그러하다. 그러므로『오교장』문장에서 "이 무진은 모두 다 첫 관문 가운데 있는 것이다. 그러므로 이『경』에서 '초발심 보살의 일념공덕해 등 내지 또 말하기를, 초발심에 이르러 곧 정각을 성취한다'라고 했다."[98]라고 하였다.

問。何理成佛。通上二成佛。答。信滿攝諸位。亦約理事融通。說住等攝諸

98『오교장』(T45, 505b).

位亦然。故章文云。然此無盡。皆悉在初門中也。故此經初發心菩薩一念功德海等。乃至又云。至[1]初發心時便成正覺。

1) ㉮ '至'는 연자로 의심된다. ㉯『오교장』에는 없다.

2) 일승성불과 삼승성불의 차이

문 위에서 일념에 즉 부처가 된다고 하였는데, 삼승 가운데 이미 이러한 의미가 있다. 이것과 어떻게 다른가?

답 삼승은 원리를 전제하여 일념에 곧 부처가 된다고 한 것이다. 지금 이 일승은 모든 교리와 의의, 원리와 현상, 원인과 결과 등 위의 모든 법문을 바로 증득하고 완전하게 갖춘다. 또한 모든 중생과 더불어 모두 함께 동시, 동시에 부처가 되고, 뒤에도 능히 새로이 또 새로이 미혹을 끊는다. 또한 학지學地에도 머물지 않으면서 정각을 성취하고 10불을 구족하여 끝없이 역방향과 순방향의 공덕을 드러낸다. 그러므로 인다라·미세·9세·10세 등에 이르러 모든 계위에 두루 통한다. 즉 10신의 마지막 마음 이후에 10해·10행·10회향·10지 및 불지 등 동시에 두루 성취하고 전후가 없으며 일체를 원만히 갖춘다. 그러므로 일념과 10만 겁은 다름이 없다.[99]

問。上言一念卽作佛者。三乘中已有此義。與此何別。答。三乘望理。爲一念卽作佛。今此一乘。卽得具足一切敎義理事因[1]果等。如上一切法門。及與一切衆生。皆悉同時同時[2]作佛。後能[3]新新斷惑。亦不住學地而成正覺。具足十佛。以顯無盡逆順德。故及因陀羅微網。[4] 九世十世等。遍通諸位。謂十信終心已去。十解十行十向十地。及佛地等。同時遍成。無有前後。具

99 『오교장』(T45, 506a)의 문답을 인용한 것이다.

足一切耳。然此一念與百千劫。無有異也。

1) ㉮ '因'은 문창당본에는 '同'으로 되어 있으며, 협주로 '內'로 고쳤으나 둘 다 틀렸다. 2) ㉯ '同時'는 연자로 의심된다. ㉮『오교장』에는 '同時'가 10회 반복되어 있다. 3) ㉮ '能'은『오교장』에 '皆'로 되어 있으나 교감본에는 '能'으로 되어 있다. 4) ㉯ '綱'은 '細'로 의심된다. ㉮ 문창당본에는 '細'로 되어 있다.

3) 세 가지 성불이 있는 이유

문 만약 그렇다면, 두 가지 성불을 세울 수 있다. 무엇 때문에 세 가지 성불을 세웠는가?

답 처음의 둘(실천의 성불, 계위의 성불)은 범위가 좁고, 뒤의 하나는 넓다. 그러므로 별도로 세운다. 무엇인가 하면, 원리적 성불은 믿음이 가득 차기 전의 범부에도 통하며, 처음의 둘은 신만 및 10주 등에 한정되기 때문에 넓고 좁음이 있다.

問。若爾。可立二成佛。何立三成佛。答。初二狹。後一寬。故別立也。何者。理成佛。亦通信滿以前一切凡位。初二限信滿及住等。故有此寬狹耳。

제2편 반드시 성불하는 사람을 분별하는 문(辨定得人門)

제1장 세 가지 성불을 얻는 사람들의 동이

그 가운데 두 가지가 있다. 첫째, 세 가지 성불을 얻는 사람에 동이가 있음을 밝힌다. 둘째, 빨리 성불하는 사람의 부류가 같지 않음을 밝힌다.

於中有二。一明三種成佛能得人別。二出疾成佛人類不同。

처음 세 가지의 성불로 능히 얻는 사람이 같기도 하고 다르기도 하다. 왜냐하면 한 개인의 실천을 믿음의 문에 맞추기 때문에 이것은 실천의 성불이다. 주住 등에 맞출 때는 다름 아닌 계위의 성불이다. 이것은 원리와 현상이 즉입卽入하는 부처이므로 원리적 성불이라 이름한다. 이 때문에 동일하다.

初中三成佛能得之人。或同或異。何者。且一人行。寄信門故。是行成佛。寄住等故。卽位成佛。此卽理事卽入佛故。名理成佛。是故同也。

그러므로 『소疏』 권4에서 "**문** 아직 이 노사나불이 어느 계위의 부처인지 알 수 없다. **답** 만약 믿음의 법을 설하면, 다름 아닌 신信 가운데 부처이며, 나머지 계위에서도 역시 그러하다. 이것에 준하여 알 수 있다."[100] 라고 하였다. 그러나 원리적 성불은 나머지 일체 범부 및 비정非情 등에도 통하므로 다르다.

故疏四云。問未知。此舍那佛。是何位中佛。答。若說信法。卽信中佛。餘位亦爾。准此知也。然理成佛。通餘一切凡夫及非情等。故是異也。

제2장 빨리 성불하는 부류

1. 총론

다음은 빨리 성불하는 부류에 대해서 밝힌다. 총 4인이 있다. 첫째는 세계성 등의 열 가지 세계신 가운데에 의거하며, 윤왕輪王의[101] 아들로서 현재의 몸 그대로 성불한다. 보장엄 동자 등과 같다. 둘째는 천자의 몸이 뛰어남에 의거하면, 삼악도로부터 벗어나 도솔천에 태어나서 현재의 몸 그대로 성불한다. 셋째는 염부제의 뛰어난 공덕신에 의거하면, 선재 등이 현재의 몸 그대로 보현행의 궁극에 달해 후에 태어나 부처를 본다. 넷째, 『법화경』에 의거하면, 용녀의 몸으로써 남방에 가서 성불하니, 뜻은

100 『탐현기』(T35, 167b).

101 윤왕輪王 : 보장엄 동자는 경전상에서는 염광성焰光城 가운데 애견선혜왕愛見善慧王의 둘째 아들이다. 여기서는 애견선혜왕을 윤왕으로 표현한 것이다. 사카모토 유키오의 『탐현기』 주석에 따르면, 이 왕은 백정보망륜왕白淨寶網輪王에 해당하는 복덕을 지니고 있다. 즉 철륜왕·동륜왕·은륜왕·금륜왕이 10지전의 위계인 것에 대해서 이 윤왕은 10지의 위에 해당한다.(『탐현기』 제3권 「노사나불품석」, 『국역일체경』, 366쪽, 주 12) 『화엄경』 「여래상해품如來相海品」에는 '백정보망전륜왕', '백정보망전륜성왕' 등으로 표현된다. 한편 『탐현기』 「불승야마천궁자재품석佛昇夜摩天宮自在品釋」(T35, 229b)과 「불소상광명공덕품석佛小相光明功德品釋」(T35, 402b)에 따르면, 만 명 이상의 자식이 있는 10지 보살의 계위에 속한다. 왕의 명칭을 사용하지 않고, 그와 동등한 위계를 표현하는 윤왕의 명칭으로 사용한 예이다.

미혹을 남긴 몸으로 빨리 성불을 얻는 것에 해당한다.【『공목장』 권4의 문장이다.】[102]

後明疾成佛類。總有四人。一依世界性等十世界身。輪王子現身成佛。如普莊嚴童子等。二者依天子身勝。從三惡道。出兜[1)]率天。現身成佛。三者依閻浮提勝功德身。如善財等。現身究竟普賢之行。後生卽見佛。四者依法華經。龍女之身。南方成佛。義當留惑之身。疾得成佛。【孔目第四文也。】

1) ㉯ '兜' 위에 '生'이 있는 것으로 보인다. ㉢『공목장』에 그렇게 되어 있다.

2. 『청구기』의 일생성불론 비판

『청구기青丘記』[103]에서 말했다.

'현신성불現身成佛' 등이라 함은 (다음과 같다.)

문 보장엄 동자는 두 부처의 세계를 지나 미진수겁 동안 수행하여 성불하였다. 무엇 때문에 일생성불이라고 하는가?

답 이 사람은 분단신[104] 그대로 성불하기 때문에 일생성불이다.

문 어떤 문장으로 증명할 수 있는가?

답 법장 스님이 "계위에 기준을 두면, 10신의 마지막 마음인 승진분 후에 10해에 들어가서 곧 성불과를 얻는다."[105]라고 하였다. 해석하면, "10

102 『공목장』(T45, 585c).

103 『청구기青丘記』: 신라 진숭珍崇의 『공목장기』로 추정된다. 『신라기新羅記』로도 인용된다. 최연식, 「진숭의 『공목장기』 일문逸文에 대한 연구」, 『천태학연구』 14집, 2002년 참조.

104 분단신分段身: 지엄의 『수현기』(T35, 49c)에서 '범부가 삼계에서 행위하여 얻은(彼凡時三界業所得)' 몸이며, 혜원의 『대승의장』(T44, 617a)에 따르면, '알 수 없는 때부터 완전하지 못한 행위의 과보(無始來有漏業果)'로 얻은 몸을 말한다. 현세에 사는 우리들은 분단신의 몸이다.

105 『탐현기』(T35, 166b).

신의 마지막 마음이 곧 성불이다."라는 등이니, 그렇기 때문에 일생성불임을 알 수 있다.

青丘記云十。[1] 現身成佛等者。問。普莊嚴童子。逕二佛世界。塵數劫修成佛。何故一生成佛。答。此人分段身。卽成佛故。一生成佛。問。以何文爲證。答藏師云。一約位。十信終心。勝進分後。入十解。卽成佛果等。解云。十信終心。卽成佛等。故知一生成佛。

1) ㉮ '十'은 문창당본 및 『대장경』 원문에는 작은 글씨로 되어 있다. 의미는 알 수 없다.

'도솔천자가 현재의 몸 그대로 성불한다'라는 것은, 이 사람은 과거에 경문을 들었기 때문에 삼악도에 떨어져서도 저 선근으로 몸이 소상광명小相光明을 입어 지옥으로부터 도솔천에 태어난다. 이 천신은 해행신이다. 그 몸 그대로 성불하기 때문에 일생성불이다. 또 선재동자는 일생 동안 선지식을 찾아다녀 만났으니, 그것이 다름 아닌 성불이다. '용녀의 몸이 남방에 가서 성불한다'라는 것은, 이 사람은 또한 화엄의 가르침에 의거하면 미혹을 남겨 용녀의 몸을 얻은 것이며, 곧 그 몸으로 성불하기 때문에 일생성불이라고 한 것이다.

兜率天子□[1]身成佛者。此人過去。由聞經故。隨[2]三惡道。而以彼善根。身承小相光明。從地獄。出生兜率天。此天身是解行身。此身卽成佛。故一生成佛。又善財童子。一生逕知識遇。卽成佛也。龍女之身。南方成佛者。此人亦依華嚴敎。則留惑得龍女身。卽是身成佛故。云一生成佛。

1) ㉯ '□'는 '現'으로 의심된다. ㉮ 문창당본에 '聖'의 흔적이 있지만, 『공목장』에 따라서 '現'으로 고친다. 2) ㉯ '隨'는 '墮'로 의심된다. ㉮ 문창당본과 교넨(凝然)의 『오교장통로기』(T72, 525a)에 '墮'로 되어 있다.

지금 이『청구기』의 뜻을 살펴보면, 보장엄 동자가 현재의 몸 그대로 성불하는 것이 분단으로서의 일생이라 하는 것은, 경문에 부합하지 않는 것 같다. 경문을 고찰하면, 한 기간에 현재의 몸으로 일승을 이해하기 때문이며, 이것은 즉 해행생解行生 가운데 실천의 양상이기 때문이다.『오교장』 하권에서 말하기를, "또한 저 경지에서는 한 찰나 가운데 헤아릴 수 없을 만큼의 중생을 교화하여 일시에 모두 이구삼매[106]의 일부가 나타나는[107] 경지까지 이른다. 나머지 찰나찰나 가운데에서도 모두 이와 같다. 이것은 삼생 가운데 해행위 안의 실천의 양상이다."[108]라고 하였다. 그러나 분단생은 견문 등의 생에 공통되므로 (『청구기』의 설은) 해행생이 아니다.

今案此記意。普莊嚴童子。現身成佛。是分段一生者。恣[1)]不順文。何者。案經文。一期現身解一乘故。此則解行生中行相故。五教下卷云。又彼能於一念中。化不可說不可說衆生。一時皆至離垢三昧前。餘念念中。皆亦如是。乃至是此[2)]前三生中。解行位內之行相也。分段生是通見聞等。故非此生也。

1) ㉯ '恣'는 '恐'으로 의심된다. ㉰ 문창단본에는 '恐歟'로 각주 처리되어 있다. 2) ㉰ '是此'는『오교장』에 '此是'로 되어 있다.

106 이구삼매 : 이에 대해서『탐현기』(T35, 401b~c)에서는 계위에 근거하여 두 가지로 해석한다. "첫째는 원인을 실천하는 마지막 단계에 입각한다. 즉 이때는 제10 법운지를 얻은 것과 같다. 두 가지 장애의 미세한 번뇌를 벗어났기 때문이다. 둘째는 결과를 얻는 처음에 입각한다. 이 문장과 같다. 현재 성불하려고 할 때 도솔천자가 천상에서 이구삼매에 머물러 능히 중생을 이익되게 하고, 번뇌를 벗어나게 하기 때문이다.(一約因終。如第十法雲地菩薩所得。離自二障微細垢故。二約果初。如此文是。將現成佛在此天上。住此三昧。能利衆生。令離垢故。)"

107 나타나는(前) : '현전現前'으로 해석한 선학의 견해들도 있다.(木村清孝,『화엄오교장』,『대승불전』 7, 중국·일본편, 中央公論社) 그러나 뒤의 도솔천자에 대해 설명하는『경문』(T9, 606b)에서는 "이구삼매의 일부분을 보지 못한 것(猶未能見。離垢三昧之少分。)"으로 표현한다.

108『오교장』(T45, 489c).

3. 보장엄 동자

1) 보장엄 동자의 명칭 해석

문 무엇 때문에 이 동자를 보장엄普莊嚴이라고 하는가?

답 덕이 법계에 두루하는 것이 '보普'이고, 보편적인 덕으로 서로 장식하는 것이 '꾸밈(嚴)'이다. 보편적인(普) 장식(嚴)이며, 보편적이라는 것은 곧 장식이어서 보엄普嚴의 동자이고, 보엄普嚴이 곧 동자이다.[109] 『신경』에서는 대위광 태자大威光太子라고 한다. 지금 이 『화엄경』(60권본) 가운데 태자(第一子)를 공덕승功德勝이라고 이름한다. 지금 이 동자는 제3 왕자이다.[110] 두 『소』(『수현기』·『탐현기』)에는 해석이 없으므로[111] 나머지 문장을 통해 생각해 보아야 할 것이다. 부왕과 태자는 복의 측면(福分)이다. 이 동자는 혜의 측면(慧分)이기 때문에 도의 근기가 된다.[112]

問。且何此童子。名普莊嚴。答。德周法界曰普。普德交飾爲嚴。普之嚴,普卽嚴。普嚴之童子。普嚴卽童子。新本名。大威光太子。今此本中。太子名功德勝。今此童子第三王子。二疏無釋。可勘餘文。父王及太子福分。此童子慧分故。爲道器。

---

109 『탐현기』(T35, 165c)로부터 취의한 것이다.

110 『경』에는 제2 왕자로 나온다. 『화엄경』(T9, 417a)에 "그 첫째 아들은 공덕승이라 이름하고, 차남은 보장엄 동자라 이름하였다.(其第一子名功德勝。次名普莊嚴童子。)"라고 되어 있다.

111 제1자인 공덕승에 대한 설명이 없다면 뜻이 통하지만, 문맥상으로는 불분명하다.

112 『탐현기』(T35, 165c)로부터 취의한 것이다.

2) 윤왕의 아들인 이유

문 왜 이 왕자를 세계성의 윤왕의 아들이라고 하는가?

답 『소疏』 제3권에서 "이 가운데 세계성이라 함은 세계를 쌓아 '성性'을 이루고, '성'을 쌓아 '해海'를 이루는 등이니, 위에서 인용한 『지도론』의 설과 같다.[113] 또한 이 아래 문장에 '세계해 가운데 세계성이 있다. 세계성 가운데 한 세계 등이 있다' 하니, 그러므로 '성'을 쌓음을 알 수 있다. 무엇 때문에 '성'이라 하는가? 여기에는 두 가지 뜻이 있다. 첫째는 앞의 여러 세계를 비추어 보아 여러 떠도는 부류를 포섭하여 '성'을 모아 성취함이다. 오랜 습관으로 성품이 형성되는 것 등과 같다. 둘째는 뒤의 '해' 등에 대비해서 원인의 뜻이 된다. 그러므로 역시 '성'이라고 이름할 수 있다."[114]라고 하였다.

問。何此王子。名世界性輪王之子。答。疏第三云。此中世界性者。謂積世界成性。積性成海等。如上所引智論說。又此下文。於世界海中。有世界性。世界性中。有一世界等。故知積性也。何故名性者。有二義。一望前諸界。攝諸流類。結成性。如久習成性等。二望後海等。有爲因義。故亦得名性。

3) 세계의 명칭이 '성性'으로 통일되지 않는 이유

문[115] '계'를 쌓아 '성'을 이룬다면, '계'도 역시 인의因義가 된다. 무엇 때문에 '성'이라 이름하지 않는가?

답 (계는) 융합하여 맺는 것이 아니기 때문에 첫 번째 의미가 없다.

---

113 『탐현기』(T35, 158a) 가운데 세계의 종류를 교판적으로 밝히는 부분을 지시한다.

114 『탐현기』(T35, 164c)로부터 인용한 것이다.

115 이하의 두 문답도 『탐현기』(T35, 164c)로부터 인용한 것이다.

問。積界成性。界亦因義。何不名性。答。無融結故。闕初義也。

문 열 가지 세계 가운데 '해'를 뒤의 세계에 대비하자면, 나머지 세계를 쌓아 이루는데 무엇 때문에 '성'이라 이름하지 않는가?

답 처음으로 쌓아 맺어 포섭하여 이미 '성'이라는 이름을 얻었고, 뒤에 다른 뜻을 열고 전변하여 별호를 세웠기 때문에 '성'이라 이름하지 않는다.

위에서 『지도론』을 인용하여 "종교에 의하면, 『지도론』에서 '삼천대천세계를 일수一數로 하고 숫자를 세어 항하수의 모래만큼에 이르기까지를 1세계성이라고 한다. 이 성性을 세어 또 항사에 이르기까지를 1세계해라고 한다. 이것을 세어서 또 항사에 이르기까지를 1세계종世界種이라 한다. 이것을 세어서 또 무량항사에 이르기까지를 1불세계가 교화할 영역이라고 한다'[116]라고 했다."라고 하였다.[117]

또 "삼천대천세계 밖에 따로 열 가지 세계가 있으니, 세계성世界性·세계해世界海·세계륜世界輪·세계원世界圓·세계분世界分·세계선世界旋·세계전世界轉·세계연화世界蓮華·세계수미世界須彌·세계상世界相이다. 이것들은 만 명의 아들(萬子) 이후의 윤왕 경계에 해당한다."[118]라고 하였다.

問。十世界中海。望於後。亦積成餘界。何不名性。答。初積結攝。已得性名。後開異義。轉立別號故。不名性也。上引智論云。若依終敎。如智論中。以三千大千世界。爲一數。數至恒沙爲。一世界性。數此性。復至恒沙。爲一世界海。數此復至恒沙。爲一世界種。數此復至無量恒沙。爲一佛世界所化分齊。又云。三千界外。別有十世界性海輪圓分旋轉蓮須相。此等當萬子已

---

116 『지도론』 권50(T25, 418c).
117 『탐현기』(T35, 158a).
118 『탐현기』(T35, 158b).

去。輪王境界。

4) 윤왕의 아들 수

문 무엇 때문에 이 보장엄 동자는 만 명의 아들 이후의 윤왕의 아들에 해당하는가?

답 이미 경문에 2만 5천 아들이라고 했다.[119] 그러므로 만 명의 아들 이후의 윤왕의 아들임을 알 수 있다. 『간정기』 3권에 두 가지 해석이 있다. "혹자는 말하기를, '왕자 5백 인'이라 함은 별본[120]에 '2만 5천 인'이라고 한다. 『영락경』을 고찰하니, 금륜왕은 천 명의 복이 있는 아들이 있고, 나아가 제10지 보살은 모두 2만의 아들이 있다.[121] 해석하면 제10지 보살은 시현하여 왕이 된다. 마땅히 '2만 5천'은 없다. 희견왕이 거느려도 아직 바라밀선안불波羅蜜善眼佛[122]이 있는 곳을 보지 못한 것을 보건대 오히려 제2지에도 이르지 못했으니, 아마도 2만 5천은 잘못된 것이리라. 둘째, 경전마다 교설이 다를 수 있기 때문에 이 도리에 역시 과실이 없다."[123]라고 하였다.

問。何如此普莊嚴童子。當萬子已去。輪王之子。答。已經文言二萬五千子。故知萬子已去輪王子。刊定記三。有二釋。一云。言王子五百人。別本云。二萬五千人者。案瓔珞經。金輪王千輻[1)]子。乃至第十地菩薩。皆二萬子。釋曰。第十地菩薩。亦[2)]現爲王。當無二萬五千。桉[3)]喜見統領。及未見波羅

---

119 『경』(T9, 417a).

120 『신경』(T10, 54c)에 "별본에 2만 5천 인이라고 한다.(別本云二萬五千人)"라는 협주가 있다.

121 각 왕과 계위에 대한 근거는 『영락경瓔珞經』(T24, 1016a)에 자세히 나와 있다.

122 『신경』(T10, 56b)에 따르면, 바라밀선안장엄왕波羅蜜善眼莊嚴王이다.

123 『간정기』(X3, 634a)에서 취의하였다.

蜜善眼佛前。猶未至第二地。恐二萬五千誤也。二云約教說異。理亦無失。

1) 역 '輻'은 『영락경』(T24, 1016a), 『간정기刊定記』 등에 '福'으로 되어 있다. 2) 역 '亦'은 『간정기』에 '示'로 되어 있다. 이를 따른다. 3) 역 '桉'은 문창당본에 '按'으로 되어 있다. '木'변은 '扌'변과 통용된다.

5) 회통

지금 말하자면, 뒤의 본 『소疏』를 따라 (『간정기』의) 첫 해석이 문에 어긋남을 회통한다. '경'이라 말함은 저 삼승에 근거한 것이다. 그러므로 『소』에서 말하였다.

문 『열반경』 가운데 일체 윤왕은 모두 천 명의 아들로 정해져[124] 증가하지도 줄어들지도 않는다. 무엇 때문에 이 가운데에서 이것과 같지 않는가?

답 저 왕은 사천하 가운데의 윤왕으로 삼승에 근거한다. 이 왕은 세계성의 윤왕이기 때문에 저것보다 넓고 자세하니, 백정보망 등이 항사 금륜왕의 복으로 감感하는 바와 같다. 이것은 일승에 근거한 설이므로 같지 않다.[125]

今云。後順本疏。會初釋違文。云經。彼約三乘故。疏云。問。涅槃中一切輪王。皆定千子。不增不減。何故。中[1)]乃不同耶。答。彼是王四天下之輪王。約三乘說。此是王世界性之輪王故。寬細[2)]於彼。如白淨梵[3)]網等。以恒沙金輪王福所感。此約一乘說不同也。

1) 원 '中' 위에 '此'가 탈락된 것으로 의심된다. 역 『탐현기』에 '此中'으로 되어 있다. 2) 원 '細'는 교감이 필요하다. 역 『탐현기』에 '細'로 되어 있다. 3) 원 '梵'은 '寶'로 의심된다. 역 『탐현기』에 '寶'로 되어 있고, 문창당본에 '寶歟'라는 두주가 있다.

124 남본 『열반경』(T12, 680b; 785a).

125 『탐현기』(T35, 165c).

이제 내가『경』을 고찰하건대 본『소』가 설하는 바에는 크게 도리가 있다. 무엇 때문인가? 부인의 수는『신경』과『진경』이 똑같이 3만 7천이라고 하였다.[126] 역시 동일하게 사람의 수명이 2소겁[127]이라고 하였다. 소겁이라는 것은 기基의『법화소』 2권에서 "다름 아닌 일, 월, 연 등을 겁으로 삼는다. 그러므로 '소小'라고 이름한다."[128]라고 하였다. 원효 화상의『겁의』[129]에서는 "'『대론』에서는 '시時, 절節, 세歲를 헤아릴 수 없는 것을 소겁이라고 한다'[130]라고 말하였다."라고 하였다. 이미 많은 시기 가운데 3만여 부인을 두었으니, 어째서 2만여의 아들이 없을 수 있겠는가. 그러므로 삼승인의 수명이 8만 세 시에 윤왕이 출세함과는 전혀 다름을 알 수 있다.

今私案。經本疏所說,太有道理。何者。夫人數新古本共言三萬七千。亦同言人壽二小劫。言小劫者。基法華疏二云。卽以日月年等爲劫。故名爲小。元曉和尙劫義云。大論云。時節歲無量。1) 名爲小劫。既多時中在2)三萬餘夫人。何可無二萬餘子。故知與三乘人。壽八萬歲時。輪王出世。全別。

1) 역 '無量'은『대지도론』에 '數'로 되어 있다. 2) 원 '在'는 '有'로 의심된다.

126 60권본『화엄경』(T9, 417a), 80권본『화엄경』(T10, 54c).

127 80권본『화엄경』(T10, 56b)에서만 나온다.

128『묘법연화경현찬』(T34, 691c).

129『겁의劫義』: 현존하지 않는다. 일본 가마쿠라 시대 승 단에이(湛睿),『화엄오교장찬석華嚴五敎章纂釋』하권, 제8(『日佛全』12, 192쪽)에서는 '원효사겁파장元曉師劫波章'을 인용하고 있다. 이외에도 에도 시대 승 호탄(鳳潭)의『화엄오교장광진초華嚴五敎章匡眞鈔』(T73, 553b)에도 '원효겁파장元曉劫波章'으로 인용하고 있다. 이 외에도 일본『대정신수대장경』데이타 베이스(sat)를 검색하면, 사이센(濟暹)의『대일경주심품소사기大日經住心品疏私記』(T58, 701a), 사이센의『오상성신의문답초五相成身義問答抄』(T78, 111b), 조슌(貞舜)의『종요백원안립宗要柏原案立』(T74, 501a)에 '겁장劫章'으로 인용되어 있는 것이 확인된다. 한편 일본의『동역전등목록東域傳燈目錄』(T55, 1161c)에는 '겁의일권 분황사현륭방본劫義一卷芬皇寺玄隆房本'으로 되어 있다. 아마도 신라 분황사 승려 현륭이 소장했던 것으로 보인다.

130『대지도론』(T25, 339c).

4. 도솔천자

1) 도솔천자의 계위

혹자는 둘째의 도솔천자는 어느 계위에서 성불하는가라고 물었다.[131]

或問。第二兜[1)]天子。何位成佛。

1) ㉾ '兜' 아래 '率'이 탈락된 것으로 의심된다. ㉾ 문창당본에는 '率' 자가 있어서 이에 따라 번역하였다.

둘째의 도솔천자에 대해서 답한다.

答第二兜率天子。

문 이 천자가 지옥에 떨어진 후 하늘에서 출생하는 것은 무엇을 의미하는가?

답 『경』에서 "다만 전도되어 어리석음에 얽매여 있으므로 지옥신을 얻었다."[132]라고 하였다. 또 말하기를, "방일하지 않기 때문에, 모든 부처님 계신 곳에서 선근을 심었기 때문에, 선지식을 만났기 때문에, 사나불의 위신력 때문에 이 천상에 태어난 것이다."[133]라고 하였다.

問。此天子墮地獄。及出生天何。答。經云。但以顚倒愚癡纏故。得地獄身。

131 제2 도솔천자에 대한 내용 전체가 답의 형식으로 되어 있으나, 여기서는 이를 무시한다.

132 『경』(T9, 605a).

133 『경』(T9, 605a).

又云。以不放逸故。於諸佛所種善根故。遇善知識故。舍那成[1)]力故。生此天上。

1) ㉯ '成'은 '威'로 의심된다. ㉮ 문창당본과 경문에 '威'로 되어 있다.

2) 도솔천자의 이익

(1) 지옥의 이익

문 이 천자는 어떤 이익을 얻는가?

답[134] 크게 두 가지 이익이 있다. 첫째, 지옥의 이익이다. 둘째, 천상의 이익이다. 첫째 가운데 두 가지가 있다. 첫째는 고통을 제거하는 이익이다. 둘째는 열 가지 육근[135]의 청정함을 얻는 이익이다. 천상의 이익 가운데 역시 두 가지가 있다. 첫째는 교설을 듣고 획득하는 이익이다. 둘째는 전하고 유통하는(傳通) 이익이다. 그러므로 천상의 이익은 지옥의 이익을 포함한다. 지옥신이 빛을 받아 이익을 얻기 때문이다. 그러므로 『소疏』에서 "지옥을 비춰 천상에 태어나는 한 이익"[136]이라고 했다.

問。此天子有何得益。答。大有二益。一地獄益。二天上益。初中有二。一除苦益。二得十種六根淨益。天上益中。亦有二種。一聞教獲益。二傳通之益。然生天益攝地獄益。何者。地獄身被光得益故。故疏文云。照獄生天一益。

134 이 부분은 교넨(凝然)이 『오교장통로기』(T72, 525b)에서 원용하였다.

135 열 가지 육근六根 : 천태 지의의 저술 등에 초주 보살이 얻는 것으로 표현되어 있다. 화엄류의 문헌에서는 볼 수 없는 용어이다.

136 『탐현기』 권16 「불소상광명공덕품석佛小相光明功德品釋」(T35, 401a).

(2) 천상의 이익

문 그렇다면 이것은 천상에 태어나는 이익이므로 고통을 제거하는 것으로 수렴되는가, 근의 청정함으로 수렴되는가?

답 두 가지에 다 수렴된다. 왜냐하면 고통을 제거하고 청정한 감각기관으로서 비로소 하늘에 태어나기 때문이다.

問。若爾。此生天益。爲收除苦。爲收根淨。答。通二收。何以故。依除苦淨根。方生天故。

문 어떤 이익인가? 『소疏』에서 "나머지 이익을 뛰어넘는다."[137]라고 하였다.

답[138] 『소疏』에서 "지옥을 비춰 하늘에 태어나는 한 가지 이익 때문에 나머지를 뛰어넘는다."[139]라고 하였다. 생각하건대 고통을 제거하고 하늘에 태어나는 등이 한 가지 이익이기 때문에 나머지를 뛰어넘는다고 한 것이다.

問。何此益。疏云。越於餘益。疏云。照獄生天一益故。越餘也。意。除苦。生天等。爲一益故。名越餘也。

---

137 『탐현기』 권16 「불소상광명공덕품석」(T35, 401a).
138 문맥상 **답**이 탈락된 것으로 보아 **답**을 보입하였다.
139 『탐현기』 권16 「불소상광명공덕품석」(T35, 401a).

① 교설을 듣는 이익

가) 첫째부터 셋째 이익

둘째, 천상의 이익 가운데 첫째의 교설을 듣는 이익이라는 것은 그 가운데 네 가지가 있다.[140] 첫째는 나머지 도솔천자가 얻는 이익이다. 둘째는 욕계 육천의 천자가 얻는 육욕 천자의 이익이다. 셋째는 천녀가 얻는 이익이다. 넷째는 마땅한 근기로서의 천자가 얻는 이익이다. 첫째 이익은 『경』에서 "이 법을 설할 때 백천만억 나유타의 불찰 미진수 제 세계 가운데의 도솔천자가 모두 무생법인을 얻는다."[141]라고 하였다. 둘째 이익은 무량무변 아승지의 욕계의 모든 천자가 다 보리심을 발하는 것이다.[142] 셋째 이익은 욕계 육천 가운데 일체의 천녀가 여자를 버리고 남자가 되어 불퇴전의 보리 마음을 얻는 것이다.[143]

第二天上益中。聞敎益者。於中有四。一餘兜率天益。二欲天益。三天女益。四當機天子益。初益者。經云。說是法時。百千萬億那由他佛刹微塵數諸世界中。兜率天子皆得無生法忍。第二益者。無量無邊阿僧祇欲界諸天子。皆發菩提心。第三益者。六欲天中。一切天女捨女爲界[1)]得不退轉菩提之心。

1) ㉯ '界'는 '男'으로 의심된다. ㉰ 문창당본에는 '男'으로 되어 있다.

140 이하 『탐현기』 권16 「불소상광명공덕품석」(T35, 402a)으로부터 취의하였다.
141 『경』 권32 「불소상광명공덕품」(T9, 606b).
142 『경』 권32 「불소상광명공덕품」(T9, 606b).
143 『경』 권32 「불소상광명공덕품」(T9, 606b).

나) 넷째 이익

㉮ 넷째 이익 가운데 첫째 이익

넷째 이익(當幾天子益)은 그 가운데 네 가지 이익이 있다. 첫째는 계위를 갖추는 이익(攝位益)[144]이다. 보현이 선근을 회향함을 듣고 전부 10지의 여러 힘으로 장엄을 얻고 삼매를 완성한다.[145] '선근을 회향한다' 함은 「이세간품」 55권을 보면 다음과 같이 되어 있다.

"보살은 열 가지 선근의 회향이 있다. 첫째, 내 선근을 선지식의 서원과 같게 하는 것이다. 이와 같이 성취함은 별도로 성취함이 아니다. 둘째, 마음을 같게 하는 것이다. 셋째, 실천을 같게 하는 것이다. 넷째, 선근을 같게 하는 것이다. 다섯째, 평등을 같게 하는 것이다. 여섯째, 생각을 같게 하는 것이다. 일곱째, 청정함을 같게 하는 것이다. 여덟째, 머무는 바를 같게 하는 것이다. 아홉째, 성취하여 가득하게 함을 같게 하는 것이다. 열째, 무너지지 않음을 같게 하는 것이다."[146]【하나하나의 상하의 문은 모두 첫 문장에 갖추어져 있다.】

第四益者。於中四益。一攝位益。謂聞普賢迴向善根。悉得十地諸力莊嚴。具足三昧。迴向善根者。案離世間品五十五。云菩薩有十善根迴向。一以我善根同善智識願。如是成就。莫別成就。二同心。三同行。四同善根。五同平等。六同念。七同清淨。八同所住。九同成滿。十同不壞。【一一上下文。具如初文。】

144 『탐현기』의 '득위익得位益'(T35, 402a)에 해당한다.
145 『경』 권32 「불소상광명공덕품」(T9, 606b).
146 『경』 권55(T10, 292c).

『小疏』에서 "자기의 선근을 가지고 선우를 따라 같게 하기 때문이다. 처음과 둘째는 마음을 같게 하는 것이다.【『약소』에서는 처음과 둘째는 서원의 마음을 같게 하는 것이다.】[147] 다음 하나는 실천을 같게 하는 것이다. 다음 둘은 수행을 같게 하는 것이다.【동일하게 현상과 원리를 수행함이다.】[148] 다음 둘은 다스림을 같게 하는 것이다. 즉 올바른 생각으로 능히 다스림이 현전하면, 청정하여 다스려질 대상이 이미 없어진다.【올바른 생각은 능히 다스림이며, 청정은 다스려짐 자체이기 때문이다.】[149] 다음 하나는 계위를 같게 하는 것이다. 뒤의 둘은 증득을 같게 하는 것이다."[150]라고 하였다.【뒤 둘은 동일하게 구경을 얻는다.】[151]

疏云。以已[1)]善根。順同善友故云也。初二同心。【略疏。初二同願心。】次一同行。次二同修。【同修事理也。】次[2)]同治。謂正念能治現前。清淨所治已離。【正念能治故。清淨所治故。】次一同位。後二同證。【後二同得究竟。】

1) ㉮ '已'는 '己'와 통용된다. 2) ㉯ '次' 아래 '二'가 탈락된 것으로 의심된다. ㉮『탐현기』에는 '次二'로 되어 있다.

'여러 힘으로 장엄한다'라는 것은 명확히 해석한 문장이 없다. 그러나 『小疏』 16권에서 "무진의 다라니력을 얻음을 '여러 힘을 성취한다'라고 한다. 일승에 의거하면 10신 이후의 보살이 이것이며, 삼승에 의거하면 8지 이상이 이 법을 능히 받을 수 있다."[152]라고 하였다. 이것에 준하여 명백

147 『간정기』 권14「이세간품석離世間品釋」(X3, 854b).
148 『간정기』 권14「이세간품석」(X3, 854b).
149 『간정기』 권14「이세간품석」(X3, 854b).
150 『탐현기』 권17「이세간품석」(T35, 430a). 『탐현기』에서는 '같다(同)'에 대해서 이 보살의 선근회향과 선지식의 선근이 일체로서 다르지 않기 때문에 '동'이라고 한다고 하였다.
151 『간정기』 권14「이세간품석」(X3, 854b).
152 『탐현기』 권16「불소상광명공덕품석」(T35, 407b).

히 알 수 있다. '10지의 여러 힘'이라고 함은 삼승문에 맞추어 주는 것에 입각한 설이다.

諸力莊嚴者。無明釋文。然疏十六云。得無盡陀羅尼力。名成就諸力。若約一乘十信已去。菩薩是也。若三乘。八地已上。能受此法。准此明知。十地諸力者。是約寄門說。

㉯ 넷째 이익 가운데 둘째부터 넷째 이익

둘째는 실천이 성취되는 이익이다. 즉 중생계 등이 선한 몸·입·뜻의 업을 모두 성취하는 것이다.[153] 즉 위의 법계 삼업을 참회하는 글이 이것이다.[154]

셋째는 장애를 소멸하는 이익이다. 즉 8만 4천 번뇌업장을 소멸하고 모두 청정을 얻는다. 즉 아래 문장에서 향을 공양함에 대해서 듣고 8만 4천 번뇌 등이 소멸하는 것이 이것을 말한다.[155]

넷째는 부처님을 보는 이익(見佛益)이다. 백천만억 나유타 불찰 미진수의 칠보 연화를 보는 것이니, 하나하나의 꽃 위에 모두 보살이 결가부좌

153 『경』 권32 「불소상광명공덕품」(T9, 605c).

154 『경』 권32 「불소상광명공덕품」(T9, 605c)의 회과悔過(잘못을 뉘우침)에 관한 다음과 같은 문장을 가리킨다. "의청정으로써 위의계에 머물러 일체 업장·번뇌장·보장·사견장의 잘못을 뉘우치고, 법계·허공계·중생계 등의 선한 입·몸·뜻의 업으로써, 중생계와 같은 몸, 중생계와 같은 머리, 중생계와 같은 혀로써 네 가지 장애에 대해서 잘못을 뉘우친다.(令意淸淨。住威儀戒。悔過一切業障。煩惱障。報障。邪見障。以法界。虛空界。衆生界等。善身口意業。以衆生界等身。衆生界等頭。衆生界等舌。悔過四障。)"

155 『경』 권32 「불소상광명공덕품」(T9, 606b)의 다음과 같은 문장을 가리킨다. "이때 여러 천자의 하나하나의 모공 가운데서 중생계와 같은 묘향화운을 변화시켜 만들어 노사나불을 공양하며……2만 1천 등의 행번뇌, 이러한 모든 번뇌가 모두 다 소멸한다.(爾時。諸天子於一一毛孔。化作衆生界等妙香華雲。供養盧舍那佛……二萬一千等行煩惱。此諸煩惱皆悉除滅。)

를 하고 대광명을 발하는 것을 보고, 그 광명 가운데 중생계 등의 모든 부처님이 결가부좌하여 구제해야 할 대상을 위하여 설법을 하는 것을 보는 것이다.[156] 그러나 총결하는 문장에서 "오히려 이구삼매의 약간은 아직 능히 보지 못한다."[157]라고 하였다. 『간정기』 가운데 삼매익을 열었는데, 다섯 번째 이익에 해당한다.[158]

二行成益。謂皆悉成就衆生界等。善身口意業。卽上法界三業懺悔文。是也。三滅障益。卽滅一切障。皆得淸淨。卽下文中聞供養香。八萬四千煩惱等滅。是謂之也。四見佛益。見百千萬億那由他佛刹微塵數七寶蓮華。一一華上皆見菩薩結跏趺坐。放大光明。彼光明中。見衆生界等。諸佛結跏趺坐。隨所應度。而爲說法。然總結文云。猶未能見離三昧[1)]之少分也。刊定記中。開三昧益。爲五益也。

1) ㉮ 원문에는 '離三昧'로 되어 있으나 『경』에 따라 '離垢三昧'로 해석했다.

다) 지옥에서 이익을 얻는 부류와 이익의 종류

문 이들 네 부류[159]는 모두 지옥에서 이익을 얻는 사람인가?

156 『경』 권32 「불소상광명공덕품」(T9, 606b).

157 『경』 권32 「불소상광명공덕품」(T9, 606b). 『공목장』 권1 「일승삼승의장一乘三乘義章」(T45, 537b)에서도 백정보망전륜왕의 위계는 오직 이구삼매의 약간밖에 아직 얻지 못했다고 한다.

158 『간정기』 권13 「여래수호광명공덕품석」(X3, 825a)에 따르면, 다섯째 이익은 많은 불보살을 보는 이익이다.(五見衆多佛菩薩) 그 여섯째 이익이, "여섯째, 아직 똑같은 이익의 영역을 나타내지 못한 것과 같다. 비록 10지를 얻었지만, 아직 구경에 이르지 못했기 때문에 약간의 힘을 아직 나타내지 못했다고 하는 것이다.(六而猶未現等益分齊。謂雖得十地。當未究竟故。云未現少分之力。)"이다. 『간정기』의 이것으로 보면, 다섯 번째, 여섯 번째 이익이 각각 『탐현기』의 넷째와 총결문總結文에 해당한다고 보아야 한다.

159 네 부류 : 천상의 이익 가운데 교설을 듣는 이익을 얻는 네 가지를 말한다. 차례대로

답 그렇지 않다. 제4 부류(當機天子)가 지옥에서 이익을 얻는 부류이다.

問。此等四類。皆地獄得益人。答。不然。第四類是地獄得益人也。

문 지옥에서 이익을 얻는 사람에 의거하면 두 가지 이익이 있다. 즉 당왕幢王의 광명으로 이익을 얻고,[160] 천계진찰의 지옥 중생이 청정광명으로 이익을 얻는다.[161] 그 지옥 중생은 60억 나유타 불찰 미진수 세계의 지옥 중생 가운데 어느 부류에 속하는가?

답 두 부류에 공통된다.

問。約地獄得益人。有二益。卽幢王光所益。千界塵剎。地獄衆生淸淨光所益。六十億那由他佛剎塵數界地獄衆生之中。何類。答。通二類。

문 이 두 부류의 천자는 마땅한 근기인으로서 앞의 세 부류에는 속하지 않는다.

답 이 두 부류의 사람은 옛날에 보법을 견문하여 금강종을 심었다. 그

여도설천익餘兜率天益·욕천익欲天益·천녀익天女益·당기천자익當機天子益이다.

160 『경』 권32 「불소상광명공덕품」(T9, 605a). "또한 보살마하살이 도솔천에서 대광명을 놓는데, 그 이름을 당왕이라고 한다.(又菩薩摩訶薩於兜率天。放大光明。名曰幢王。)" 『경』에서는 당왕이라는 광명에 비추이면 목숨이 다한 후에 도솔천에 태어난다고 한다.

161 『경』 권32 「불소상광명공덕품」(T9, 605a). "여래의 천폭륜 가운데 묘광명이 있어 이름이 보조왕이며, 저 해왕의 수형호처에서 모두 40광의 대광명을 발하니 청정공덕이라 하여 이 공덕으로 60억 나유타 불찰 미진수 세계를 널리 비춘다고 한다.(如來足下千輻輪中有妙光明。名普照王。於彼海王隨形好處。悉放四十廣大光明。一名淸淨功德。普照六十億那由他佛剎微塵數世界。)" 이 광명에 대한 표현으로 생각된다. 호好는 미세한 모습이다. 상相은 거친 모습이기 때문에 '호'라고 하는 것이다. 『대지도론』(T25, 274c)에 "상은 거칠고 호는 미세하다. 중생은 부처를 봄에 그 상으로 보지만, 호는 보기 어렵기 때문이다.(相麁而好細。衆生見佛則見其相。好則難見故。)"라고 한다.

렇기 때문에 지금 사나불의 광명을 만나 궁극적인 원인의 계위를 빨리 이해한 것이다. 나머지 사람들은 그렇지 못하다. 그러므로 이 두 부류가 일승의 근기이다.

問。此二類天子。名當機人。非初三類。答。此二類人。昔見聞普法。殖金剛種。故今値舍那光。速解窮因位。餘人不然。故此二類。爲一乘機。

문 만약 그렇다면, 첫 세 부류는 어느 계위의 이익을 얻는가?
답 『소疏』에서 "이 두 부류는 10지 이전의 이익이다."[162]라고 하였다.

問。若爾。初三類。得何地益。答。疏云。此二地前益。

② 천상의 이익 가운데 전통익傳通益

가) 전통익의 종류

(두 번째 천상의 이익 가운데) 둘째의 전하고 유통하는 이익(傳通益)에 다시 세 종류가 있다. 첫째는 꽃의 이익(華益)이니, 널리 모든 부처를 보기 때문이다. 둘째는 향의 이익(香益)이니, 널리 번뇌의 장애를 소멸하기 때문이다. 셋째는 산개의 이익(蓋益)이니, 널리 대행大行을 성취하기 때문이다.[163]

162 『탐현기』 권16 「불소상광명공덕품석」(T35, 402a). 그런데 이렇게 되면 첫째 부류에 대해서는 설명이 없는 셈이 된다. 『탐현기』에서는 첫째 부류에 대해서 "첫째, 나머지 도솔천자가 무생법인을 얻는 이익이다. 혹은 초지, 혹은 8지에 해당한다.(一餘兜率天子得忍益。或當初地或是八地。)"라고 한다. 이것을 더해야 답이 될 것이다.

163 『탐현기』 권16 「불소상광명공덕품석」(T35, 402b).

생각하건대 바른 근기인 도솔천자 하나하나의 모공에 중생계와 같이 많은 묘한 꽃구름을 화작化作하여 사나불을 공양한다. 즉 이 천자는 향화를 뿌려 하나하나의 꽃 가운데 모든 여래를 본다. 그때 저 향운은 무량 불찰 미진수 세계의 중생을 널리 훈습한다. 그 향을 입는 자는 향화를 심어 8만 4천 번뇌 업장을 모두 다 제거하고 자재광명의 선근을 완전히 갖춘다. 산개를 보는 자는 한 항하사 전륜성왕이 얻은 선근을 심는 것이다. 구체적으로는『경』에서 설한 것과 같다.[164]

第二傳通益。更有三種。一華益。廣見諸佛故。二香益。廣滅惑障故。三蓋益。廣成大行故。意正機兜率天子。一一毛孔化作衆生界等。妙華香蓋雲。[1)] 供養舍那佛。卽此天子散香花已。一一花中見諸如來。時彼香雲普熏無量佛刹塵數世界衆生。其蒙香者。八萬四千煩惱業障皆悉除滅。具足自在光明善根。若見蓋者。種一恒河沙轉輪聖王所殖善根。廣如經說。

1) 역 '妙華香蓋雲'은『경』에 '妙香華雲'으로 되어 있다.『경』에 따라 '蓋'는 해석하지 않는다.

나) 전통익의 실천

문 왜 이 이익을 전통익이라고 이름하며, 다함없는 실천을 성취하는가?[165]

답 처음에 천자가 올린 꽃·향·산개를 본 후 뒤에 얻는 이익이 무진하다. 생각하건대 천자가 스스로 공양한 하나하나의 꽃 가운데 모든 여래를

164 『경』 권32「불소상광명공덕품」(T9, 606b).

165 『탐현기』 권16「불소상광명공덕품석」(T35, 401b)에서는 "하나하나의 털구멍으로부터"라는 경문에 대해서 "이익을 얻어 전하고 유통함으로써 무진행을 성취하는 것을 밝힌다."라고 주석하고 있다.

보고, 천자가 공양한 향으로 장애를 없애는 이익을 수많은 중생이 얻는 것이다. 여러 중생 등이 천자가 공양한 구름같이 많은 산개를 보고 1항사나 되는 윤왕의 선근을 심는다. 이 윤왕은 만다라자재광명을 놓는다. 모든 중생이 이 광명을 만나 모두 보살의 10지를 얻는다. 이 윤왕은 또 주라마니광명을 놓는 것이니, 보는 자는 모두 보살의 10지를 얻고 모두 무량지광명을 얻고, 16근을 얻어 청정한 힘의 삼매를 성취한다.[166] 이것은 곧 하나가 양상을 따를 때 하나의 광명력으로 전하고 유통하여 이와 같이 헤아릴 수 없는 실천을 성취하는 것이다. 나머지 양상의 광명도 그러하다.

問。何此益名傳通。成無盡行。答。見初天子所供苍[1)]香蓋。後後得益無盡。意。天子自所供。一一華中。見諸如來。塵數衆生。蒙天子所供香。得滅障益。有諸衆生。見此天子所供蓋雲。種一恒沙輪王善根。此輪王。放曼陀羅自在光。有諸衆生。遇此光明。皆得菩薩十地。此輪王。亦放周羅摩尼光。見者皆得菩薩十地。悉得無量智光。得十六根。成就淨力三昧。此卽一隨相一光明力傳通。成如是無量行。餘相光亦然。

1) ㉮ '苍'는 '花'의 이체자이다. 이하 같다.

그러므로 『소疏』에서 "이로써 그 반대를 생각해 보건대 총괄적으로 여래의 하나의 소상 가운데는 하나의 광명의 힘이 있다. 하나의 광명이 이미 그러하니 나머지 광명도 역시 그러하다. 하나의 소상이 이미 그러하니 나머지 소상 역시 그러하다. 소상이 그러하니 그 나머지 대상해 등은 불가설불가설이다. 문장의 의미는 이와 같으니 생각해 보면 알 수 있다. '이런 등의 중생이 모두 선업을 수행한다'라고 말한 것은 과거 전생에 일승을 견문하였음을 밝히는 것이니, 보현의 선근을 닦았기 때문이다."[167]라

166 주라마니周羅摩尼·득정력삼매得淨力三昧는 『화엄경지귀』(T45, 596b)의 문장이다.

고 하였다.

故疏云。以此却推。總是如來。一小相中。一光明力。一光旣爾。餘光亦然。一小相旣爾。餘小相亦然。小相旣爾。其餘大相海等。則不可說不可說也。文意如此。思之。言世[1)]等[2)]衆生。悉先修善者。明宿有見聞一乘修普賢善根故。

1) ㉰ '世'는 『경』 권32 「불소상광명공덕품」(T9, 606b)에 '此'로 되어 있다. 2) ㉰ '等'은 문창당본에 '尊'으로 되어 있으나, 바로 옆에 '等'으로 수정해 놓았다.

다) 1항사 윤왕의 계위[168]

문 저 1항사 윤왕위라는 것은 어떤 계위인가?

답 10지위이다. 그러므로 『소疏』에서 "이 천자의 모공에서 나온 향기나는 천개 등은 다시 중생을 이익되게 하여 윤왕을 얻게 하므로 또한 10지이다."[169]라고 하였다.

問。其一恒沙輪王位者。是何位。答。十地位。故疏云。此天子毛孔所出香華蓋等。復益衆生。令得輪王。亦是十地。

라) 1항사 윤왕으로 명칭한 이유

문 무엇 때문에 2 등 항사 윤왕이라 하지 않고 1항사라고 하는가?

167 『탐현기』 권16 「불소상광명공덕품석」(T35, 402c).

168 전하고 유통하는 이익의 주체인 1항사 동안에 선근을 심은 전륜성왕에 대한 설명이다. 경전에는 백정보망전륜왕白淨寶網轉輪王으로 나온다.

169 『탐현기』 권16 「불소상광명공덕품석」(T35, 402c).

답 『소疏』에서 "처음에 이 법계의 법문이라는 산개를 밝혔다. 그러므로 1항사 윤왕의 선근을 얻는 것이다. 모두 백정보망 등과 같다. 이것은 세계성 가운데 만 명의 아들 이후의 윤왕이다. 애견선혜왕 등과 같으니, 금륜왕의 천 명의 아들들이 다스리는 4주洲 등이 아니다.[170] 즉 1항사의 백정보망윤왕의 선근이니, 잠시 이 산개를 보고 단박에 성취하는 것이다."[171]라고 하였다.

問。何不言二等恒沙輪王。言一恒沙。答。疏云。初明見此法界法門之蓋。故得一恒沙輪王善根。皆如白淨寶網等。此是世界性中萬子已去輪王。如愛見善慧王等。非是金輪千子王四洲等。謂一恒沙箇白淨寶網輪王善根。蹔見此蓋。頓得成就。

5. 선재동자

1) 명칭 해석

셋째, 선재동자이다. 선재는 이 복에 대한 응보로 인하여 재보의 상이 일어난 것이므로 선재란 이름을 세운 것이다. 즉 선은 원인이고, 재물은 과보이다. 또 도리에 순응하는 재보를 얻었으므로 선재라 한다. 또 태어났을 때 보물이 나타남을 재라 하며, 뒤에 그 행덕을 찬탄하는 것을 선이라 한다. 선현善現과 공생空生 등[172]과 같다. 또 『지도론』에서 '상제常啼(항상 욺)'[173]의 이름 등을 해석했으니, 이에 준하여 알 수 있다.

---

170 『영락경』(T24, 1016a)에 따르면 금륜왕은 천 명의 자식이 있으며, 사천하四天下에 머문다.

171 『탐현기』 권16 「불소상광명공덕품석」(T35, 402b).

172 둘 다 수보리를 지칭한다.

둘째는[174] 그 덕행을 찬탄하는 가운데 10구는 5대가 된다. 첫째, 일찍이 부처에게 공양하여 선근을 심었다. 이 선재는 일찍이 숙세에 해탈분[175]의 선근을 심었음을 밝혔다. 둘째, 즐겁고 청정한 마음으로 친구와 가까이한다. 셋째, 삼업을 수행한다. 넷째, 결과로서의 법을 구하여 수행한다. 다섯째, 마음이 청정하며 실천을 갖춘다. 마음에 다른 생각이 없기 때문에 청정함이 공과 같다. 또한 번뇌 등이 나타나지 않기 때문이다.【『소疏』 18권의 문장이다.】[176]

第三善財童子。言善財者。由此福報。財寶相起。立善財名。卽善爲因。財爲果。又得此順道之財。故曰善財。又生時。寶現爲財。後歎其行德爲善。如善現空生等。又智論釋常啼名等。准此可知。二歎其德行中。十句爲五對。初曾供佛種善。明此善財。已曾宿種解脫分善根也。二樂淨近友。三三業修。四求修果法。五心淨具行。以心無異念故。淨如空。又無現煩惱等故。【疏十八文也。】

문 이 동자는 왕자인가, 장자의 아들인가?

---

173 『지도론』 권96 「석살타파륜품釋薩陀波崙品」(T25, 732a). "**문** 무엇 때문에 살타파륜薩陀波崙이라고 이름하였는가?【살타薩陀는 중국 말로 '상'이고, 파륜은 '체'이다.】 부모가 지어 준 이름인가, 인연으로 얻은 이름인가? **답** 어떤 사람이 말하기를, 어렸을 때부터 기쁘게 울어서 이름을 상제라고 하였다고 한다.(問曰。何以名薩陀波崙。【薩陀。秦言常。波崙名啼。】爲是父母與作名字。是因緣得名字。答曰。有人言。以其小時喜啼。故名常啼。)"

174 『탐현기』(T35, 453c)에서는 선재를 관찰하는 것에 대해서 두 가지로 분과한다. 그중 첫째가 현생의 뛰어난 것을 보는 것이고, 둘째는 숙세의 인연으로 쌓은 덕행을 살피는 것이다.(初觀其現生勝事。二此童子者下。察其宿因德行。) 여기서의 둘째는 후자에 해당한다.

175 해탈분 : 순해탈분으로서 여기에는 학파에 따라 의미가 달라지는데, 대체로 해탈의 원인(分)이 되는 수행을 하는 것을 의미한다.

176 『탐현기』 권18 「입법계품석入法界品釋」(T35, 453c~454a).

문 『경』에서는 단지 5백 동자라고만 했다. 즉 선재 등은 그 부모를 알 수 없다. 그러나 그 집에 칠보장이 있는 것으로 보아 장자의 아들이라고 할 수 있다.[177] 궁전의 안이라고 하지 않았기 때문에 왕자는 아니다. 비록 왕자는 아니지만, 이미 칠보를 감득했기 때문에 『공목장』 등에서 염부제의 뛰어난 몸이라고 한 것이다.[178]

問。此童子爲王子。爲長者子。答。經文但言有五百童子。謂善財等。不明其父母。然准其宅內有七大寶藏。是可長者子。不言宮內故。非王子也。雖非王子。旣感得七寶。故孔目等說。閻浮提勝身。

2) 선지식을 찾는 의미

문 무엇 때문에 이 동자는 선지식을 찾아 구하고, 다른 사람은 찾지 않는가?

답 이 사람의 과거 선근 때문에 지금 선우를 찾아 구하는 것이다. 그러므로 『경』에서 "이 동자는 이미 과거의 제불을 공양하여 선근을 깊이 심었으며, 항상 청정을 즐기고 선지식과 가까이하며, 몸·뜻·말을 청정히 하고 보살도를 수행하며, 일체지를 구한다."[179] 라고 하였다.

---

177 『경』 45권 「입법계품」(T9, 688a). "또 5백 동자가 있는데, 그 이름이 선재동자·선행 동자·선계 동자……이다. 처음 수태할 때 그 집 안에 칠보로 된 창고가 있었다.(復有五百童子。其名曰。善財童子。善行童子。善戒童子。……初受胎時。於其宅內。有七大寶藏。)"

178 『공목장』 권4 「석사십오지식문중의장釋四十五知識文中意章」(T45, 585c), "셋째는 염부제의 뛰어난 공덕신에 의한다. 선재 등이 현신에 필경 보현의 실천을 함과 같다.(三者。依閻浮提勝功德身。如善財等現身。究竟普賢之行。)"라고 되어 있는 것을 지시한다.

179 『경』 권45 「입법계품」(T9, 688b).

問。何此童子求善知識。餘人不求。答。此人過去善根故。今亦求善友。故經云。此童子者。已曾供養過去諸佛。深種善根。常樂清淨。近善知識。身口意淨修菩薩道。求一切智。

문 문수가 그를 가르쳐 선우를 만나게 하였다. 그 '의도(所表)'는 무엇인가?

답 『소소(小疏)』에서 일곱 가지를 이야기하기 때문이다.

"첫째, 궤범이 되기 때문이다. 즉 법을 구하고, 법을 설하는 궤범이다. 둘째, 실천의 조건이 뛰어나기 때문이다. 즉 실천을 성취하는 핵심은 좋은 친구가 우선이 되지 않음이 없다. 셋째, 교만한 견해(見慢)를 깨뜨리기 때문이다. 선재 등의 신학 보살이 스스로의 교만 및 집착하는 견해를 깨뜨리기 때문이다. 넷째, 실천을 성취함에 가깝기 때문이다. 즉 선우의 실천 및 구법행을 구하기 때문이다.[180] 다섯째, 계위에 맞추어 드러내기 때문이다. 널리 선우에 맞추어 믿음 등의 다섯 계위를 드러내기 때문이다. 여섯째는 깊고 넓음을 드러내기 때문이다. 불법의 깊고 넓음을 나타내기 때문에 계위의 궁극에 달했더라도 '나는 오직 하나의 법문만을 안다'[181]라고 말한다. 선재는 만일 계위가 지에 이른다 해도 '나는 아직 무엇이 보살행 등인지 모른다'라고 말한다. 일곱째,[182] 연기를 드러내기 때문이다. 선

180 이 부분의 『탐현기』 원문은, "**문** 이 선재가 한 법문을 얻어 수행을 성취하기에 족한데 무엇 때문에 수습하기 위하여 이에 편력함을 싫어하지 않는가? **답** 즉 이 널리 구함에 보살의 일과 선우의 실천과 법을 구하는 실천을 성취하는 것이다.(問。此善財得一法門。足成修行。何不修習。乃遊歷無厭。答。即此廣求。成就菩薩事。善友行。及求法行。)"이다. '不'은 대곡대원록본大谷大元錄本에 따라 '爲'로 해석한다. 『국역일체경』 경소부 10, 302쪽 주 76을 참조하였다.

181 『경』(T9, 691c).

182 일곱 가지라고 했지만, 『탐현기』에는 여덟 가지이다. 그러나 실제로는 일곱 가지 항목만이 있다. 현존본의 빠진 부분이 『탐현기』 갑본에는 네 번째 부분으로 되어 있다. 견등이 본 것은 일곱 가지 항목이 있는 본이었을 것이다.

재와 선우는 동일하게 하나의 연기를 성립한다. 능입과 소입에 두 가지 양상이 없기 때문이다. 그러므로 선우 이외에 선재가 없기 때문에 일이 곧 일체임을 드러내어 선재가 모든 계위를 편력함을 밝힌다. 선재 이외에 선우가 없으므로 일체가 다름 아닌 하나임을 드러내어 여러 계위가 성취됨이 선재에 있음을 밝힌다."[183]

問。文殊敎之。令求善友。若有所表。答。疏說七故。一爲軌範故。謂求法說法軌範。二行緣勝故。謂成行之要。莫不以良友爲先。三破見增[1)]故。令善財等新學菩薩。破自憍慢及報[2)]見故。四寄成行故。卽求善友行及求法行。五寄顯位故。廣寄善友。顯信等五位。六顯深廣故。表佛法深廣故。雖位極。稱我唯知此一法門。善財設位至登位[3)]云。我未知云何菩薩行等。七[4)]顯緣起故。善財與善友。同成一緣起。以能入所入。無二相故。是故無善友之外善財故。彰一卽一切。明善財歷諸位也。無善財之外善友故。顯一切卽一。明多位成在於善財也。

1) ㉵ '增'은 『탐현기』에 '慢'으로 되어 있다. 2) ㉶ '報'는 '執'으로 의심된다. ㉵ 『탐현기』에 '執'으로 되어 있다. 3) ㉵ '位'는 『탐현기』에 '地'로 되어 있다. 4) ㉵ '七'은 『탐현기』에 '八'로 되어 있다. 『탐현기』의 착간으로 '七'이 맞다.

3) 선우의 의미

문 선우의 의미는 무엇인가?

답[184] (통론하면) 여기에는 세 부류가 있다. 첫째, 사람이다. 둘째, 법이다. 셋째, 합하여 변설함이다. 첫째 가운데는 여섯이 있다. 첫째, 어떤 사람이 있어 능히 괴로움으로부터 구제해도 선을 수행할 것을 권하지 않으

183 『탐현기』 권18 「입법계품석」(T35, 455a~b).
184 **답**은 『탐현기』 권18 「입법계품석」(T35, 455b~c)에서 취의한 것이다.

면 참 선우가 아니다. 둘째, 비록 세속의 선행을 닦도록 권하여 악도를 면해도, 세간을 벗어남을 지향할 것을 권하지 않으면 참된 선우가 아니다. 셋째, 비록 이승의 실천[185]을 닦는다 해도 보살도를 권하지 않으면 참된 선우가 아니다. 넷째, 비록 보살도를 수행하여도 오히려 상이 있는 선(相善[186])이 존재하면 참된 선우가 아니다. 다섯째, 반드시 중생이 무상행을 수행할 것을 권하는 것이 참된 선우이다. 여섯째, 반드시 보현행법을 갖추도록 권하는 것이 다름 아닌 구경의 선지식이다.

問。善友義云何。答。此有三類。一人。二法。三合辨。初中有六。一有人雖能濟苦。不勸修善。非眞善友。二雖勸修世善。免於惡道。不勸向出世。亦非眞友。三雖修二行。非勸菩薩道。1) 四雖修菩薩道。猶存相善。2) 五要勸衆生。修無相行。爲眞善友。六要勸令具普賢行法。方究竟眞善知識。

1) ㉮ '道' 다음에 『탐현기』에는 '亦非眞友'가 있다. 2) ㉮ '善' 다음에 『탐현기』에는 '亦非眞友'가 있다.

둘째, 법이다. 선지식에 역시 여섯 가지가 있다. 첫째는 인천법이다. 둘째는 이승법이다. 셋째는 초교의 법이다. 넷째는 종교의 법이다. 다섯째는 돈교의 법이다. 여섯째는 원교의 법이다. 이와 같은 법으로써 바른 실천을 완성하기 때문에 선우라고 이름한다.

二法。善知識亦有六重。一人天法。二二乘法。三初教法。四終教法。五頓

185 『탐현기』에는 "셋째, 이승의 출세선행을 닦아서 삼계의 고통을 면한다 해도(雖修二乘出世善行。免三界苦。)"로 되어 있어, '二行'은 이승의 실천임을 알 수 있다.

186 상선相善 : 여러 의미가 있겠지만, 여기서는 일본 료추(良忠), 『선택전홍결의초選擇傳弘決疑鈔』(D42, 38a)에서 "똑같이 모습이 있는 것으로써 집착을 하므로 상선이라고 한다.(同以有相爲所執。故云相善也。)"라는 것처럼 집착의 상이 있는 선의 의미로 보인다.

敎法。六圓敎法。依此等法。成正行故。名爲善友。

셋째, 합하여 변설함이다. 그 가운데 여섯 가지가 있다. 위의 육위법에 각 하나의 문을 설한다. 이로써 조건에 부합하는 근기(機緣)에게 법을 주는 것으로, 즉 인人과 법을 쌍으로 변설한다.

三合辨中。亦有六重。於上六位法。各說一門。以授機緣則。人法雙辨也。

둘째는 별도로 아래 문장의 여러 선지식을 변설하면,[187] 모두 앞의 세 가지를 갖춘다. 이 세 가지 위(사람·법·합) 가운데 각각 세 가지 의미가 있다. 『소疏』 18권에서 설한 바와 같다. 그러나 여러 지식의 숫자에 대해서는 다른 설이 있다. 『소疏』 18권과 『강목』에서 설하는 바와 같다.[188]

二別辨下文。諸善知識。皆具前三。此三位中。各具三義。如疏十八。然諸知識。數有異說。如疏十八本及綱[1)]目說。

1) ㉮ 문창당본에 '剛'으로 되어 있으며, 두주에 '綱歟'로 되어 있다.

4) 선재동자와 삼생

문 이 동자에 근거하여 나누는 삼생은 무엇인가?

187 『탐현기』(T35, 455b)에서는 '선지식'을 통과 별로 해석하였다. 지금까지가 통론이고, 여기서부터가 별론이다. 견등의 『성불묘의』에서는 이러한 설명이 없이 바로 통론을 인용하였다. "둘째, 선지식을 해석하는 데 두 가지가 있다. 처음은 통론이고, 나중은 별론이다. 참 선지식을 통론하면 세 부류가 있다. 사람·법·사람과 법을 합하여 변설함이다.(第二釋知識義者有二。先通後別。通論真善知識。有其三類。一人。二法。三人法合辨。)"

188 『탐현기』 권18 「입법계품석」(T35, 450c) ; 『문의강목』(T35, 501a).

답 원교의 사상에 의하면 세 가지 계위가 있다. 첫째, 견문위이다. 즉 이것은 선재의 전생신(次前生身[189])이다. 이와 같은 보현법을 견문하기 때문이며, 저 해탈분의 선근을 성취하기 때문이다.[190] 그러므로 덕을 찬탄하는 문에서 "이 동자는 이미 과거 제불에게 공양하여 깊이 선근을 심었다."[191]라고 하였다.

또 「성기품」【37권의 문장】에서는, "무엇을 보살이 여래 있는 곳에서 견문하고, 공경하고, 공양하여 심은 선근을 지견한다고 하는가? 이 보살은 선근이 모두 다 헛되지 않으며, 공덕이 끝이 없고, 일체의 애착을 떠나 끝내 해탈한다. 과보가 헛되지 않고 모든 서원을 만족하여 일체 유위법 가운데 끝내 다함이 없다. 능히 무위에 수순하는 것으로 지혜로 삼아 모든 부처의 지혜를 미래의 끝까지 일으킨다."[192]라고 하였다. 그 부처의 경지에 대해서 자세한 것은 『광기』와 같다.[193]

問。約此童子。分三生何。答。依圓教宗。有其三位。一見聞位。卽是善財次前生身。見聞如此普賢法故。成彼解脫分善根故。故歎德文云。此童子者。已曾供養過去諸佛。深種善根。又性起品云【三十七文】云。何菩薩知見[1)]如來所。見聞敬供。所種善根。此菩薩。是善根皆悉不虛。功德無盡。離一切愛究竟解脫。果報不虛。滿足諸願。於一切有爲法中。不可窮盡。而能隨順無爲智慧。起諸佛智。究竟未來際。其諸佛地。具如廣記。

1) 역 '見'은 문창당본에 '己'로 되어 있다.

189 차전생신次前生身 : '전전생신前前生身'과 대가 되는 표현으로 보인다. 따라서 전생신에 해당한다.

190 『탐현기』 권18 「입법계품석」(T35, 454a).

191 『경』 「입법계품」(T9, 688a).

192 『경』 권36 「보왕여래성기품」(T9, 629b).

193 『탐현기』 어디를 가리키는지 불분명하다.

둘째, 해행생이다. 즉 단박에 이와 같은 오위의 실천법을 수행하니, 선재가 이 생에 성취하여 보현위에 이르는 것이 이것이다.【『소疏』의 문이다.】[194] 또 도솔천자 등이 악도로부터 나온 후 일생에, 즉 이구삼매의 전에 이르러 열 가지 눈과 열 가지 귀 등의 경계를 얻는 것이다. 구체적으로는 「소상품」의 설과 같다.【『오교장』의 문장이다.】[195]

二解行生。謂頓修如此五位行法。如善財。此生所成。至普賢位者是。【疏文。】又兜率天子等。從惡道出已。一生卽至[1)]離垢三昧前。得十眼十耳等境界。廣如小相品說。【五敎文。】

1) ⓔ '至'는 현행본 『오교장』에는 '得'으로 되어 있으나, 대교본인 갑본과 을본에 '至'로 되어 있다.

셋째, 증과해생이다.[196] 즉 인위의 궁극에서 결과의 바다와 완전히 같아지는 것이다. 선재의 다음 생이 이것이다.【『소疏』의 문장이다.】[197] 즉 『경』에서 미륵보살이 선재에게 고하길, "내가 미래세에 깨달음을 성취할 때 네가 마땅히 나를 볼 것이니라."[198]라고 말한 것과 같다. 이렇게 마땅히 알아야 한다. 이것은 원인과 결과의 전후에 근거하여 두 계위를 나누었기 때문이다. 그러므로 전위는 단지 원인이 원만하고, 결과는 뒤의 계위에 있는 것이다. 그러므로 "마땅히 나를 볼 것이다."라고 한 것이다.【『오교장』의 문장이다.】[199]

三證果海生。卽因位窮終。僭[1)]同果海。善財來生是也。【疏文。】謂經文如彌

194 『탐현기』 권18 「입법계품석」(T35, 454a).
195 『오교장』 권2(T45, 489c).
196 『탐현기』에는 '증입위證入位', 『오교장』에는 '증과해위證果海位'로 되어 있다.
197 『탐현기』 권16 「보왕여래성기품석」(T35, 454a).
198 『경』 「입법계품」(T9, 783b)에서 취의한 것이다. 아래에 인용문이 나온다.
199 『오교장』 권2(T45, 489c).

勒告善財言。我當來世成覺時。汝當見我。如是等當知。此約因果前後。分二位故。是故前位。但是因圓。果在後位。故說當見我。【五敎文。】

1) ㉯ '僭'은 '潛'으로 의심된다. ㉮ 문창당본과 『탐현기』에는 '潛'으로 되어 있다.

살펴보건대 바로 『경』 제60권에 "내가 저 가운데서 수명이 다한 후에 하생하여 정각을 성취할 때 너와 문수가 함께 나를 볼 수 있을 것이다."[200]라고 말한 문장이다. 이에 대한 해석에 세 가지가 있다.

"혹자는, 내가 미래에 성불할 때 또한 이 화엄을 설한다. 저 때에 역시 문수와 선재에게 설해지는 법이 있기 때문에 말한 것이라고 하였다. 혹자는, 내가 성불할 때 너와 문수도 함께 와서 나를 도와 법의 교화를 선양한다고 하였다. 혹자는, 법을 나타내기 위함이다. 즉 선재는 무엇 때문에 위에서는 부처님 회상에서 함께 여러 선지식을 구하고 부처를 구하지 않았는가 하면, 선재의 금생은 원인을 닦는 몸이고, 결과를 아직 성취하지 못했기 때문에 부처가 있는 곳에 이르지 못하였지만, 구하지 않은 것이 아니다. 다만 결과를 성취하면 원인과 멀어지기 때문에 마땅히 부처를 볼 것이라고 설한 것이라 하였다."[201]

이 세 사람은 문장의 양상에 의해 삼생을 나누었지만, 이 삼생은 법이 생함에 의거하였다는 점에서 세 사람이 말한 것은 동일하다.

案。正經文第六十云。我於彼中壽終。下生成正覺時。汝及文殊俱得見我。釋有三義。一云。我當來成佛時。亦說此華嚴。彼時亦有文殊善財所說之法

200 『경』 권60(T9, 783b). 이 경문을 경증으로 제시한 것은 일본 나라 시대 화엄종 승려 주료(壽靈)의 『오교장지사五敎章指事』가 처음이다. 그리고 이어 『탐현기』의 세 가지 해석을 제시한 것도 마찬가지이다. 견등이 『지사指事』를 참고하여 인용한 것으로 볼 수 있다. 그러나 주료가 『탐현기』에 나오는 제3석을 지지한 것과는 달리 견등은 세 가지 견해가 동일하다고 본 점이 다르다.

201 『탐현기』 권20 「입법계품석」(T35, 490a).

故云也。二云。我成佛時。汝與文殊俱來。助我宣揚法化。三爲表法。謂善財何故上於佛會。俱[1)]求諸善知識。而不[2)]佛者。以善財此生。是修因之身。未成果故。不至佛所。非謂不求。但成果隔因故。說當見佛。此三人。是就文相分三生。此三若依法生。三人皆同。

1) ㉮ '俱'는 『탐현기』에는 '但'으로 되어 있으나 갑본에는 '俱'로 되어 있다. 2) ㉯ '不' 아래에 '至'가 들어가야 하는 것으로 보인다. ㉮ 『탐현기』에는 '求'로 되어 있다.

그러므로 『향상문답』 하권에서[202] "또한 『공목장』에서 『화엄경』 가운데 성불하는 것에 다섯이 있다. 그 가운데 보장엄 동자 등 두 사람은 현신성불 등이니, 무엇으로 그 양상을 알 수 있는가? **답** 보장엄 동자는 즉 현신 가운데 부처를 만나 법을 듣고 믿고 이해하며, 자분과 승진분의 위계에서 여러 삼매문 등으로, 즉 믿음이 가득 찬 부처를 성취함을 알 수 있다. 또 도솔천자 등은 이미 현재의 몸 가운데 이구삼매의 일부와 나아가 모든 공덕 등을 속히 얻으므로 현재의 몸 그대로 성불함을 알 수 있다. 선재동자는 이미 현재의 몸으로 보현보살 지식에 이르렀기에 미륵 지식이 '당래세에 내가 성불할 때 네가 나를 볼 것'이라고 했으니, 그러므로 다음 생 가운데 성불함을 알 수 있다. 이것 등은 단지 문장의 양상에 근거한 것이다. 견문 등의 삼위에 근거하여 삼생이 되므로 이와 같이 설했을 뿐이다.

진실에 근거하면 모두 함께 동일하여 다만 일신 가운데 성불하는 것이다. 일신이라 함은 법성신으로 별도의 분단신 등은 없다.[203] 수연하여 성불을 나타내면 곧 삼승교와 동일하다. 만약 일승교의 진실한 법에 의거하

202 이 부분부터 『화엄경문답』으로부터 인용한 것이다. 『문답』 본문에 '問'이 생략되어 있는데, 견등이 그대로 인용하였다.

203 별도의 분단신 등은 없다(無別分段身) : 분단신의 존재성이 부정된 표현이다. 『성불묘의』 제5 문답분별에서 "부처일 때 전체가 부처이며, 중생과 구별이 없다.(佛時全佛。無別衆生。)"라는 표현이 나오는데, '別'은 '달리' 또는 '별도의'라는 의미가 되어 '별도의 중생이 없다'로 해석된다.

면, 매 찰나찰나에 부처 등을 성취한다. 앞의 설 등과 같다."[204]라고 하였다.【『소疏』 20권의 문이다.】[205]

故香象問答下云。又孔目云。華嚴經中。成佛有五中。普莊嚴童子等二[1)]人。現身成佛等。云何知其相。答。普莊嚴童子。卽現身中。値佛聞法。得信解。自分勝進位法[2)]三昧門等。卽知成信滿佛等。又兜率天子等。旣現身中。得離垢三昧少分。還[3)]諸功德等。故知現身成佛。善財童子。旣現身。至普賢菩薩知識。而彌勒知識言。當來我成佛時。汝見我。故知後生中成佛。此等只約文相。據見聞等三位爲三生。故作如是說耳。約實共皆同。但以一身中成佛。言一身者。法性身。無別分段等身。若隨緣現成佛。卽同三乘敎也。約一乘敎實法。念念每成佛等。如[4)]前說。【疏二十文。】

1) ㉯ '二'는 이본異本에 '三'으로 되어 있다. 2) ㉰ '法'은 『화엄경문답』에 '諸'로 되어 있다. 3) ㉯ '還'은 교감이 필요하다. ㉰ 『화엄경문답』에는 '速' 혹은 '過'로 되어 있다. 여기서는 '速'을 취한다. 4) ㉯ '如'는 '加'로 되어 있다. 아마 오자일 것이다. ㉰ 『대정장』본 외에 제 간본과 문창당본에는 '如'로 되어 있다.

문 보장엄 동자, 도솔천자의 후생을 과해생이라고 하는가?

답 『요기』의 설과 같다.[206]

問。普莊嚴童子。兜率天子。前[1)]後生名果海生。答。如要記說。

1) ㉰ '前'은 연자로 보인다.

204 『화엄경문답』 권하(T45, 612b).

205 『탐현기』 권20 「입법계품석」(T35, 490a)인 듯하다.

206 『공목장』 「석사십오지식문중의장」을 지시하는 듯하다.

5) 세 사람의 계위

문 위의 세 사람은 모두 결정적으로 어느 계위를 갖춘 보살인가?

답 『소疏』【18권】에서 "이 선재는 어느 계위의 보살인가? **답** 『경』에서는 정확한 단정이 없으므로 계위의 양상을 밝히기 어렵다. 혹자는 지상 보살이라고 판단하여 뒤에 발심한다 해도 네 가지 발심 가운데 뒤의 두 계위에 해당한다고 한다.[207] 또 『논』 가운데 세 가지 발심 내의 증발심이다.[208] 혹자는 이것은 실보實報인 범부인데, 단지 신심이 있어 능히 선우를 구한다고 한다. 지금은 마땅히 선취인 믿음(信) 가운데의 실천인에 준하여 해석한다."[209]라고 하였다.

도솔천자 · 보장엄 동자는 10주 보살이기 때문에 『공목장』 제2권에서도 똑같이 현신성불을 설했다. '보장엄 동자도 역시 선취'라고 함은 아직 초발심에 들어가기 전으로 10신위이기 때문이다. 하권에서는 "삼현 이전으로 단지 선취라고 이름할 뿐 종성이라고 이름하지 않는다."[210]라고 하였다.

問。上三人具定何位菩薩。答。疏【十八】。此善財是何位菩薩。答。經無正斷。位相難明。或有判。爲地上菩薩。設後[1)]發心。卽是四種發心中後二位也。

---

207 보리류지菩提流支역, 『가야산정경伽耶山頂經』(T14, 485a)의 네 가지 발심을 지칭한다. "문수사리가 답하여 말하였다. 천자여, 모든 보살마하살은 네 가지 마음이 있어서 능히 원인을 성취하고, 결과를 성취한다. 무엇이 네 가지인가 하면, 초발심 · 행발심 · 불퇴발심 · 일생보처발심이다.(文殊師利答言。天子。諸菩薩摩訶薩有四種心。能成就因。能成就果。何等爲四。一者。初發心。二者。行發心。三者。不退發心。四者。一生補處發心。)"라고 하였으므로 불퇴발심과 일생보처발심을 말한다.

208 『대승기신론』(T32, 580b)에 따르면, 신성취발심信成就發心 · 해행발심解行發心 · 증발심證發心이 있다.

209 『탐현기』 권18(T35, 454a).

210 『오교장』 권2(T45, 486a).

又是論中。三發心內。證發心也。或有說。是實報凡夫。但有信心。能求善友。今更准釋。應善趣信[2]中行人。兜率天子。普莊嚴童子。十住菩薩故。孔目第二。同說現身成佛。普嚴亦言善趣者。未入初發心以前。十信位故。下卷云。三賢之前。但名善趣。不名種姓。

1) 원 '後'는 '復'으로 의심된다. 역『탐현기』에는 '後'로 되어 있다. 2) 역 '信'은『탐현기』갑본에 '位'로 되어 있다.

문 10신 만심의 초발심위에 이르지 않고서 어떻게 오위를 얻을 수 있는가?

답 믿음의 위에 나아가 이미 일승을 이해했기 때문에 원인의 계위로서의 구경일 뿐이다.『小疏』3권에서 설하는 것과 같다.[211]

問。未至十信滿心。初發心位。何得五位。答。趣信位。已解一乘故。因位究竟耳。如疏三說。

문 선재가 믿음의 계위라는 것은 무엇을 의미하는가?

답[212]『小疏』의 아래 문장에서 "만약 그렇다면 선재는 결정적으로 어느 계위에 해당하는가? 어느 위인가를 말하자면, 믿음의 계위에 있으면 신위이고, 머무는 계위에 있으면 주위이다. 하나의 몸으로써 오위를 역방한다."[213]라고 하였다. 그러므로 계위를 얻음에 따라 저 계위를 설한다. 진실된 도리(理實)로써 말하자면, 위의『小疏』의 문과 같이 신위의 보살이다.

問。善財是信位何。疏下文云。若爾。善財定是何位。謂是何位。以在信是

211『탐현기』「노사나불품석」을 지칭한다.
212 **답**이 탈락된 것으로 보인다.
213『탐현기』(T35, 454a).

信位。在住是住位。一身曆[1)]五位故。隨得說彼位。理實如上疏文。是信位菩薩。

1) ㉮ '曆'은『탐현기』에 '歷'으로 되어 있다.

6. 용녀

1) 용녀의 계위

넷째, 용녀이다. 자은의『법화소』에서 "『화엄경』에서 설한 10신 보살의 팔상성도에 대해서는, 지금 혹자는 이것을 설하여 대중에게 권하여 보인 것이라고 하였다.『가야산정경』에서 정광淨光천자가 발심이 몇 종류인가를 물었다. 문수가 네 가지라고 대답하였다. 첫째는 증발심이다. 초지에 증입한다. 둘째는 행발심이다. 다음의 6지이다. 셋째는 불퇴발심이다. 8지, 9지이다. 넷째는 일생보처발심이다. 제10지이다. 지금 이 용녀는, 혹자는 네 번째 발심으로 변해서 용녀가 되었다고 한다. 어려서 법화를 능히 공부하여 빨리 보리에 이르렀다. 대중에게 권하고 장려하였으나 실제가 아니다."[214]라고 하였다. 그러나 지금은 10주 보살을 의미한다. 왜냐하면 현재의 몸 그대로 성불하였기 때문이다. 이 여자는 또한 전전생이 견문위이고, 바로 앞이 해행생이며, 증과생이 지금 생이다. 즉 이 경문에 따르면 용궁에서 문수의 가르침을 받아 일승을 이해하였다. "지적이 문수에게 물었다. '많은 중생들이 부지런히 정진하고, 이 경대로 수행하면 빨리 부처가 됩니까?' 문수가 대답했다. '사갈라 용녀가 있어……(중략)……찰나경에 보리심을 발해 불퇴전을 얻었다.……(중략)……남방 세계에 가서 등정각을 얻는다.'"[215]라고 한 것은 증과해생이다.

214『법화현찬』권9(T34, 816c).

第四龍女。慈恩法華疏云。華嚴經說十信菩薩八相成道。今或說此勸示衆人。伽耶山頂經。淨光天子問有幾發心。文殊答有四。一證[1]發心。證入初地。二行發心。次六地。三不退發心。八九地。四一生補處發心心。[2] 謂第十地。今此龍女或卽第四發心。化爲龍女。小而能學法華。速得菩提。勸奬衆人。非爲實爾。然今意。十住菩薩。何以故。現身成佛故。此女亦前前生見聞位。次前生。彼解行生。證果生此生。[3] 卽此卽[4]經文。龍宮被文殊敎。解一乘。智積問文殊云。頗有衆生。勤加精進。修行此經。速得佛不。文殊答云。有娑竭羅龍女。乃至於刹那頃。發菩提心。得不退轉。乃至往南方世界。成等正覺者。證果海生。

1) ㉾ '證'은, 경전에는 '初', 기의 『법화현찬』에는 '證', 길장의 『법화의소』에는 '初'로 되어 있다. 문맥상으로 '初'가 되어야 하지만, 기의 『법화현찬』을 인용한 것으로 보아 '證'으로 해석하였다. 2) ㉾ '心'은 연자衍字로 의심된다. 3) ㉾ '證果生此生'은 '此生證果生'으로 의심된다. 4) ㉾ '卽'은 연자로 의심된다.

2) 용녀의 현신성불

① 현생 성불

문 이 사람이 불과를 현생에 얻는 것을 어떻게 알 수 있는가?

답 「십현장」에서 "지금 부처가 된다는 것은, 다만 첫 번째 견문으로부터 제2생에 이르러 해행을 성취하며, 해행위 최후의 마음에 인위가 궁극에 가득 찬 자는 제3생에 구경, 자재, 원융의 결과를 바로 얻는다. 이 원인의 체는 결과에 의해 성취되기 때문이다. 다만 원인의 계위가 가득 찬 자는 승진의 위계로 나아가 결과의 바다와 일체가 된다. 이것은 증득한 경계이기 때문에 말로 설명할 수 없다. 이 용녀와 보장엄 동자, 선재동자,

215 『법화경』 권4 「제바달다품提婆達多品」(T9, 35b).

도솔천자 등이 제3생 가운데 곧 저 결과를 얻어냈다는 의미와 같다."[216]라고 하였다.

問。何知。此人生得佛果。答。十玄章。今言作佛者。但初從[1)]見聞已去。乃至第二生。卽成解行。解行終心。因位窮滿者。於第三生。卽得彼究竟自在圓融果矣。由此因體。依果成故。但因位[2)]滿者。勝進[3)]卽役[4)]於果海中也。爲是證境界故。不可說耳。[5)] 此如龍女及普莊嚴童子。善財童子。[6)] 兜率天子等。於三生中。卽剋[7)]彼果義。

1) (역) '初從'은 『오교장』에 '從初'로 되어 있으나 대교본에는 '初從'으로 되어 있다. 2) (역) '位'는 『오교장』에는 없지만, 대교본에는 '位'로 되어 있다. 3) (역) '勝進'은 『오교장』에는 없지만, 대교본에는 '勝進'으로 되어 있다. 4) (원) '役'은 '沒'로 의심된다. (역) 『오교장』에 '沒'로 되어 있으며, 문창당본에는 '氵'가 '亻'으로 잘못 필사되었다. 이로써 『성불묘의』 원본에는 '沒'이었음을 알 수 있다. 5) (역) '耳'는 『오교장』에는 없지만, 대교본에는 '耳'로 되어 있다. 6) (역) '子'는 『오교장』에 '子幷'으로 되어 있지만, 대교본에는 '子'로 되어 있다. 7) (역) '剋'은 『오교장』에 '克'으로 되어 있으나 대교본에는 '剋'으로 되어 있다.

② 번뇌를 남긴 몸

문 무엇 때문에 이 여자를 번뇌를 남긴 몸이라고 하는가?

답 중생을 이익되게 하기 때문에 번뇌를 남겨 용녀가 되었다.

問。何此女名留惑身。答。爲利生故。留煩惱。成龍女。

문 어떻게 지전 보살이기 때문에 번뇌를 남겼다고 알 수 있는가?

답 『오교장』 하권에서 "그러나 저 지전 삼현위 가운데 첫 번째 계위에

216 『오교장』「십현연기무애법문의」(T45, 505c).

이른 후에, 즉 이승지에는 떨어지지 않기 때문이며, 번뇌장에 대해서 자재롭게 능히 끊으며, 고의로 남겨 끊지 않으니, 소지장 등을 제거하기 위해서이다."[217]라고 하였다.

問。何知。地前菩薩故留煩惱。答。五敎下卷云。然彼地前三賢位中初。既卽[1)]不墮二乘地故。於煩惱障。自在能斷。留故不斷。爲除智障等故。

1) ㉠ '卽'은『오교장』에 없으나, 대교본에는 '卽'으로 되어 있다.

217 『오교장』(T45, 493c).

제3편 교설의 차별을 드러내는 문(顯敎差別門)

『공목장』 제3권에 의거하여 여섯 교설의 차별을 드러낸다.[218]

依孔目第三。顯六敎差別。

제1장 인천승의 성불

첫째, 인천승의 교설이다. 여기에 세 가지 성불이 있다. 한 부처가 삼악도로부터 중생을 구제하기 위하여 몸을 저들과 다르게 나타낸다. 삼악도 밖에서 바로 불신을 성취함이니, 부처님이 검은 코끼리 다리와 몸을 나타냄 등과 같다.[219] 『신라기新羅記』에서 "부처님이 검은 코끼리 다리와 몸을 나타내어 지옥의 끝(地獄邊)에 무애를 행함을 보이므로 그것을 기뻐하여 선근을 심는다."[220]라고 하였다. 이런 의미에서 "한 부처가 삼악도로부터

218 『공목장』 권3 「제육회십지품초명십지장第六會十地品初明十地章」(T45, 560c)에서는 오승(인천승·이승·점오승·돈오승·일승)을 분류한 후에 이 가운데 점오승에 초교회심·초교직진위·대승종교로 나누어 서술하였다. 견등은 오교판 위에 인천승을 포함하여 6교라고 하였다. 그런데 초교직진위와 대승종교 사이에 초교회심과 초교직진위를 아우르는 장을 설정했다. 따라서 실제로는 8장으로 서술된다고 볼 수 있다.

219 『공목장』(T45, 560c).

220 진숭의 『공목장기』이다. 최연식, 「진숭의 『공목장기』 일문에 대한 연구」, 『천태학연구』 14집, 2002년 참조. 현재 『성불묘의』와 일본 헤이안 시대의 사본 『화엄십현의사기華嚴十玄義私記』에 일문이 남아 있다.

중생을 구제하기 위해……(중략)……즉 불신을 성취한다."라는 등을 말한 것이다.[221]

> 第一人天乘教。此有三成佛。一佛爲救三惡道。現身異彼。三惡道外。卽成佛身。如佛現黑象脚等。新羅記云。佛現黑象脚身。見地獄邊無礙行。故欣之。植善根。約此義故云。一佛爲救三惡道。乃至卽成佛身等也。

둘째는 인간 세상의 중생을 이끌기 위하여 부처님의 몸이 존재함을 나타낸 것이니, 부처님이 제위 장자를 위해 수목신의 몸을 나타낸 것 등과 같다.[222] 『신라기』에서 "부처님이 처음 성도하여 강이 합쳐진(合河) 강가[223]의 나무 아래서 16척신[224]을 보이셨고, 상호를 완전하게 갖추신 몸을 나타내어 모든 상인 등이 이 불신을 보고, 그것을 신성시하고 받들 때 선근을 심는 사람이 되니, 부처님은 이런 사람을 이끌기 위해 성불의 몸을 나타낸 것이다."라고 하였다.[225]

---

221 바로 위 『공목장』의 문장을 지시한다. 본 인천승의 내용에 대해서는 『탐현기』 「세간정안품석」(T35, 130b, 『국역일체경』 각주 154) 참조. 기타 『공목십지장약전孔目十地章略箋』(『일불전』 7453쪽) 참조. 『화엄공목장초』 제3권 상(『일불전』, 7111쪽) 참조. 『관불삼매해경觀佛三昧海經』(T15, 660b; 662a)에서는 "부처님의 색신이 검은 코끼리의 다리와 같이 보인다.(見佛色身。如黑象脚。)"라고 하였다.

222 『공목장』(T45, 560c).

223 강이 합쳐진(合河) 강가 : '강이 합쳐진 곳(合河)'은 '니련선하'를 말하는 듯하다. 『잡아함경雜阿含經』 권제39(T2, 286b)에 "니련선하 가의 보리수 아래에서 성도하고 오래지 않아(尼連禪河側。於菩提樹下。成佛未久。)"라는 표현이 있다.

224 16척신 : 뒤의 '상호구족신'과 관련된다면 16장 크기의 몸을 말하는 듯하다. 『법원주림法苑珠林』 권10(T53, 405a)에서 "상호구족신은 신장이 16장이다.(相好具足身。長十六丈。)"라고 하였다. 그러나 쇼센(聖詮)의 『화엄오교장심의초華嚴五教章深意鈔』(T73, 72c)에 인용된 『성불묘의』에서는 '亦六十六釋'으로 되어 있다. 이것은 '示十六尺'의 오사이다. 따라서 원래 '丈'이 아니라 '尺'이었음을 알 수 있다. 쇼센은 묘에(明惠, 1173~1232)에게 『구사론』과 『인명론』을 전수했으므로 12세기 말에서 13세기 초에 활동한 것으로 보인다.

225 한편 경흥憬興의 『삼미륵경소三彌勒經疏』(T38, 325c)에는 석가신의 장육척을 16척

二爲引人趣。現在佛身。如佛爲提謂長者。現樹神身等。記云。佛初成道。其合河邊樹下。示十六尺身。及現相好具足身。諸商人等見此佛身。爲神之奉時。善[1)]根人。爲引是人。現成佛身也。

1) ㉠ '善'은 『화엄오교장심의초』(T73, 72c)에 '種善'으로 되어 있다. 의미상 '種'을 넣어 해석한다.

셋째는 인천을 이끌기 위해 그 성스러운 몸 등을 나타냄과 같다. 부처님이 성인임을 알고 공양하여 세간의 복을 성취하는 것이 이것이다.[226] 『신라기』에서 "부처님이 보리수 아래에 계실 적에 범천이 알고 부처님을 공양하였다. 그러나 부처는 7일 동안 침묵하였다. 이에 더욱더 범천이 설법을 청하였다. 그러므로 부처님이 제이칠일에 설법하실 때 많은 사람이 선근을 심었다. 따라서 '인천을 이끌기 위해……(중략)……사람 등이 부처님이 성인임을 아는 것과 같다'라고 하였다." 등으로 말한 것이다.

三引[1)]人天。爲現其聖身等。如[2)]佛是聖。而興供養。成世間福者是。記云。佛在樹下時。梵天知供養佛。而佛嘿然七日。更[3)]梵天請說法。故佛第二七日說法時。多人種善根。故云爲引人天。乃至如人等。知佛是聖等也。

1) ㉠ '引'은 『공목장』에는 '爲引'으로 되어 있다. 2) ㉯ '如'는 『공목장』에 '知'로 되어 있다. ㉠ '如'는 『화엄오교장심의초』에 인용된 『성불묘의』에도 '如'로 되어 있다. 문창당본 두주에는 '孔目如字知作'으로 교정되어 있다. 3) ㉯ '更'은 '受'로 의심된다.

으로 설명한다.(是故。釋迦身。長丈六。計十六尺。)

226 『공목장』(T45, 560c).

제2장 이승의 성불

1. 지地에 근거함

둘째, 이승 가운데 일곱 가지 의미가 있다. 첫째는 지地에 근거한다. 즉 삼계의 9지, 10지, 11지 등 외에 저 부처의 지위를 성취한다.[227] 9지라는 것은 사선四禪, 사무색 및 욕계지이다. 10지라는 것은 초미지정初未至定과 중간선中間禪[228]과 사선과 사무색이다. 11지라는 것은 위의 10지에 욕계를 더한 것이다. 그러므로 『지도론』 20권에서 "삼해탈문[229]은 9지 가운데 있다. 사선과 미도지선未到地禪·중간선·삼무색이니, 번뇌가 없는 성품(無漏性)이기 때문이다. 혹자는 삼해탈은 오직 무루이며, 삼삼매[230]는 (유루·무루) 두 가지에 공통한다. 그러므로 삼매와 해탈이라는 두 가지 명칭이 있다고 했다. 이와 같은 교설은 11지에 존재하니, 6지【사근본四根本·초미지初未至·중간선中間禪이다.】와 삼무색과 욕계 및 유정지有頂地이다. 만약 유루有漏이면 11지에 매여 있지만, 무루는 매여 있지 않다."[231]라고 하였다. 23권에서는 "이 무상상無常想이라는 것은 유루이기도 하고, 무루이기도 하여 무루라면 9지에 있고 유루라면 11지에 있다."[232]라고 하였다.

第二。二乘中有其七義。一約地。謂三界九地。十地。十一地等外。卽成其

227 『공목장』(T45, 560c).

228 삼계 9지의 교설에 따르면, 욕계·색계 사정려와 무색계 사무색정이 있다. 이것을 지地라고 한 것인데, 각 지에는 근분정과 근본정이 있다. 그런데 초정려에만 근분정 대신에 미지정이 있다. 또 초선의 근본정과 제2선의 근분정 사이에 중간선이 있다. 이를 합하면 11지가 된다.

229 삼해탈문 : 공空·무상無相·무원無願 해탈문을 의미한다. 『반야경』 등에 산견된다.

230 삼삼매 : 공空·무상無相·무작無作 삼매를 의미한다. 『반야경』·『열반경』 등에 산견된다.

231 『지도론』 권20(T25, 207a).

232 『지도론』(T25, 229c).

佛。言九地者。四禪。四無色。及欲界地。十地者。是初未至。中間禪。四禪。四無色。十一地者。上十加欲界。故智論二十云。三解脫門。在九地中。四禪。未到地禪。中間。三無色。無漏性故。或有說者。三脫唯無漏。三三昧通二。以是故。三昧解脫有二名。如是說者。在十一地。六地。【四根本。初未至。中間禪也。】三無色。欲界及有頂地。若有漏者。繫在十一地。無漏者不繫。二十三云。是無常者。[1)] 亦有漏亦無漏。[2)] 在九地。若有漏。在十一地。

1) ⓔ '者'는 『지도론』에 '想'으로 되어 있다. 2) ⓔ '漏' 다음에 『지도론』에는 '——若無漏' 5자가 있다. 『성불묘의』의 필사상 탈락된 것으로 보인다.

2. 계위에 근거함

둘째, 계위에 근거한다. 견도·수도의 배움 이외에 곧 저 부처를 성취한다.[233] 『신라기』에서 "부처님이 나무 아래에 있을 때, 육행의 등지도等智道[234]로 비상지 이전 아래 삼공처(三無色)에서 번뇌를 함께 조복하며, 견도의 무루를 일으킬 때 앞 단계에서 조복할 수혹을 함께 끊고,[235] 비상지 9

233 『공목장』(T45, 560c).

234 육행六行의 등지도等智道 : 신태神泰, 『구사론소俱舍論疏』(X53, 42b)에는 "혹은 범부가 세간의 육행의 등지도로써 소의所依의 몸 가운데 번뇌 종자를 눌러 없애 미혹이 생기는 것에 가까이함이 없게 하는 공능이니, 또한 단이라고도 이름한다.(或凡夫用世間六行等智道。損伏所依身中煩惱種子。無近生惑功能。亦名爲斷。)"라고 되어 있다. 이로써 세간의 수행임을 알 수 있다. 『대승의장』「금강삼매의」(T44, 642a)에서는 "무엇이 육행인가? 아래로는 고이며 추이며 장애임을 관찰하고, 위로는 지(靜)이며 묘이며 벗어남이라고 관찰하는 것이 합하여 여섯이다.(何者六行。觀察下地。爲苦麁障。觀察上地。爲止妙出。合爲六也。)"라고 한다. 육행에 대해서는 『아비달마잡집론』(T31, 769c)도 함께 참조.

235 위 『신라기』의 주장은 아래 『섭론장』의 주장과 비슷하다. 『섭론장』에서 "범부들은 세속의 여섯 가지 실천으로 욕계의 견혹과 수혹의 두 가지 미혹을 총괄적으로 끊고, 나아가 삼공(三無色) 이전의 두 가지 미혹을 총괄적으로 끊기에 이르며, 아울러 영원히 끊는 것이다. 성인은 자기 세계의 견혹와 수혹을 따로 끊는다. 처음은 견혹을 끊고, 뒤에 수혹을 끊는다. 비로소 욕계에서 비상처에 이르러 또한 견혹과 수혹을 영원히 끊는다.(凡夫之人。世俗六行。總斷欲界見修二惑。乃至總斷三空已還。並是永斷。聖人

품의 수혹을 끊는 구무간, 구해탈로 견도에서 끊어야 할 번뇌를 끊고 사제의 도리를 증득하는 것이 제16심인 견도이다.[236] 비상지 가운데 제8 해탈 이전은 모두 수도이다. 오직 제9 해탈만이 무학도이다."라고 하였다.

二約位。見修學已外。卽學[1)]成其佛。記云。佛在樹下。六行等智通。[2)] 而悲[3)]想地以還。下三空煩惱俱伏。起見道無漏時。前所伏修惑俱斷也。斷悲想地九品修惑之九無間。九解脫。斷見所斷煩惱。證四諦理。爲第十六心見道也。悲想地第八解脫以還。俱爲修道也。唯第九解脫。爲無學道也。

1) ㉧ '學'은『공목장』에 없다. 2) ㉧ '通'은『성불묘의』의 다른 문장에는 '道'로 되어 있다. 3) ㉥ '悲'는 '非'의 잘못으로 의심된다. 이하 같다.

3. 실천에 근거함

셋째는 실천에 근거한다. 유학有學을 벗어나서 무학의 몸 가운데, 곧 부처를 현성한다.[237]

三者約行。離學已外。無學身中。卽現成佛。

別斷界內見修。先斷見諦。後斷修惑。始自欲界乃至非想。亦是永斷。)"(T85, 1037a)라고 하였다.

236 본 문장에 해당하는 원문대로의 해석은 의미상 무리가 있는 듯하지만 현재로서는 문구에 충실하게 번역해 둔다. 16심은 팔인과 팔지를 합한 것이며, 구체적인 명칭은『구사론』(T29, 121c) 참조.

237『공목장』(T45, 560c).

4. 보살행에 근거함

1) 33심

넷째는 보살행에 근거한다. 33심 이후, 곧 저 부처를 성취한다.[238] 『신라기』에서는 다음과 같이 말하였다.

문 33심은 팔인·팔지·구무간·팔해탈이다. 앞에서 계위에 근거하여 풀이할 때 끝난 이야기이다. 무엇 때문에 다시 풀이하는가?

답 앞에서는 모든 사람들에게 공통되는 의미에 근거하여 성불을 밝혔다. 여기서는 단지 석가보살이 성불하는 법칙을 밝히기 때문에 다시 풀이한 것이다.【계위의 마음으로 계위를 얻는 시간의 의미를 같이 밝혔지만, 계위의 마음은 이미 열고 닫음이 같지 않다. 이러한 차별을 밝히기 위하여 별도로 풀이한 것이다.】

四者。約菩薩行。三十三心外。卽成其佛。記云。問。三十三心。八忍。八智。九無間。八解脫。前約位釋時竟。何故更釋耶。答。前約通一切人義。明成佛也。此唯明釋迦菩薩成佛軌則。故更別釋也。【雖位心同明時義。位心旣已。開合不同。明此差別。故別釋也。】

문 그렇다면 무엇 때문에 이와 같은가?

답 보살은 단지 33심을 수행하며, 다른 것을 닦아 성불하는 의미는 없다. 그러므로 이것은 여타와 공통되지 않는다. 성문의 경우 일정하지 않다. 즉 차례를 밟아 나가는 사람은 178념 가운데 성불하는 사람이며, 오직 견도·수도·무학도를 벗어나지 않는다. 그러므로 견도와 수도에 입각하면 모든 사람들에게 공통된다.【지금 이 『공목장』에서 설한 견도·수도는 보살에

238 『공목장』(T45, 560c).

근거한 설이다.】 보살은 그렇지 않다. 오직 33심이기 때문에 여타와 공통되지 않는다.

問。若爾。何故如是。答。菩薩唯是修三十三心。無修餘成佛義。故此不共於餘也。聲聞不定。謂次第人。百七十八念中。有成佛之人。而唯無出見修無學。故約見修。通一切人也。【今此孔目所說見修。約菩薩說也。】菩薩不爾。唯三十三心故。唯不共於餘中也。

2) 178념

문 차례를 밟아 나가는 사람은 무엇 때문에 178념을 수행하여 성불하는가?[239]

답 9지 가운데 하나하나의 지에 9품 번뇌가 있고, 여기에 무간도와 해탈도를 갖춘다. 그러므로 162념이 된다. 이 가운데 팔인과 팔지를 더하기 때문에 178념이다.

問。次第人。何故修百七十八念成佛。答。九地中一一地。有九品煩惱。具無間。解脫。故得百六十二念。此中加八忍八智故。有百七十八念。

문 이와 같은 178념이 견도와 수도에 포함되는 것은 무엇을 말하는가?

답 견도에 팔인과 팔지가 포함되기 때문에 178념이 있다. 9와 9를 곱하면 81품 번뇌 가운데 제81품의 번뇌를 끊는 해탈이 무학도이다. 나머지는 모두 수도에 포함된다. 그러므로 '견도와 수도 이외에서 곧 성불한

239 이른바 178념 성불에 대한 전거는 미상이다.

다'라는 것은 함께 일체 가운데 통하는 것이다.

如是念攝於見修云何答見道攝八忍八智。[1] 故有百七十八念。如[2]是念。攝於見修云何。答。見道攝八忍八智也。九九八十一品煩惱中。斷第八十一品煩惱之解脫。爲無學道也。餘皆攝於修道。故見修已外。卽成佛者。並通一切中也。

1) ㉯ '如是……八智' 17자는 연문으로 의심된다. ㉰ 뒤에 나오는 '故有百七十八念'까지가 연문이다. 문창당본에는 이 연문이 없다. 2) ㉰ 문창당본에는 '問字脫乎'라는 두주가 있다. '問'을 넣어 해석한다.

5. 시간에 근거함

다섯째, 시간에 근거한다. 소승의 60겁은 3승지 외가 되며, 그때, 곧 부처를 성취한다.[240] 『공목장』 4권에서 "소승은 60겁으로 대겁아승지를 삼으며, 소승은 이 3승지를 지나 부처가 될 수 있다."[241]라고 하였다. 『신라기』에서 "소승 가운데의 아승지는 60겁 가운데 제52겁에 근거한다. 그러므로 오직 1겁이 아승지이다. 이것은 80소겁 가운데 공겁의 20을 제외하고 60겁이라 한 것이다. 이 60겁 가운데 제53 소겁이 아승지이다. 64겁 가운데 1겁이란 반 겁이다. 그러므로 총 80소겁이 1겁이다. '총 64겁이 1겁이다'[242]라는 것은, 이것은 대겁이므로 더 공부해야 할 것이다."[243]라고 하였다.

240 『공목장』(T45, 560c).

241 『공목장』 권4(T45, 576b).

242 혜원의 『유마의기』(T38, 514b)에는 "이 가운데 대개 64겁이 있어 합하여 1겁이니, 이름하여 대라고 한다.(是中凡有六十四劫。合爲一劫。名之爲大。)"라고 되어 있고, 법보의 『구사론소』(T41, 622b)에는 "총 64겁이 1현겁이다.(總六十四劫爲一賢劫)"라고 되어 있다.

243 『신라기』의 겁수에 대한 논의가 어떤 문헌을 근거로 했는지 알 수 없으며, 계산법에 대해서도 알기 어렵다. 문장대로 해석하였을 뿐임을 밝힌다.

五者約時。小乘六十劫。成三僧祇外。即成。孔目四云。小乘以六十劫。爲大劫阿僧祇。小乘經此三僧祇。得作佛。其佛。[1] 記云。小乘中阿僧祇。有六十劫中。約第五十二劫。故唯是一劫爲阿僧祇也。此於八十小劫中。除空劫二十。云六十劫也。此六十劫中。第五十三小劫。爲阿僧祇也。六十四劫中。一劫者。是半劫故。總八十小劫。爲一劫也。總六十四劫。爲一劫。是大劫。更可學。

1) ㉮ '其佛' 두 자는 첫 문장의 '即成'에 이어져야 한다.

1)『오교장』설

『오교장』 하권에서 "상근기는 부처가 되기 위해서 반드시 3아승지겁을 정확히 채워야 한다. 이 가운데 겁수는 화재겁과 수재겁[244] 등의 1겁을 취해서 1수로 한다. 그 1겁이 10회 반복된 것을 2수로 한다. 이와 같이 계속해서 제60수에 달하는 것이 1아승지이다. 이것에 의거해서 3아승지를 헤아리는 것이다."[245]라고 하였다.

五教下卷。云上根者。謂佛定滿三僧祇劫。此中劫數。取水火等一劫爲一數。十个一[1]爲第二數。如是展轉。至第六十。爲一阿僧祇。依此以數三[2]僧祇也。

1) ㉮ '个一'은『오교장』에 '箇合一'로 되어 있다. 대교본에는 '合'이 빠져 있다. 문창당본에는 '介一'로 되어 있다. 2) ㉮ '三'은『오교장』에 '三阿'로 되어 있다. 대교본에는 '三'으로 되어 있다.

244 화재겁火災劫과 수재겁水災劫 : 괴겁壞劫 때 일어나는 재앙이다.

245『오교장』(T45, 490b).

2) 원효의 『겁의』

원효 스님의 『겁의劫義』에서는 "제8의 성문장을 밝히는 가운데 20풍겁 가운데 하나하나의 겁을 따라 제1수로 삼는다. 이 1수가 10회에 이른 것을 제2수로 한다. 즉 제2를 수로 하여 10회에 이르러 제3수가 되는데, 즉 백 겁에 해당한다. 백 겁은 이 3수로써 1로 삼는다. 이 1수로부터 10수에 이르는 것이 제4수이다. 즉 천 겁에 해당한다. 즉 이 4수로써 10회에 이르러 제5수가 된다. 즉 만 겁에 해당한다. 즉 이 제5수로 1수로 하여 이 1수로부터 10회에 이르는 것이 제6수이다. 즉 억 겁에 해당한다. 이 제6수를 1수로 하여 1수로부터 10에 이르러 제7수가 된다. 즉 10억 겁에 해당한다. 이 제7수를 1수로 하여 이 1수가 10에 이르러 제8수가 된다. 즉 우리말로 백억이다. 범어로는 구지俱胝라 한다. 이와 같이 계속해서 제60대수에 이르러 1대승지겁이라고 한다. 이 3단의 수이기 때문에 대승지겁이라고 한다. 그러므로 『구사론』에서 '80중대겁, 대겁삼무수'라고 한다."[246]라고 하였다.

曉劫義云。第八明聲聞藏中二十風劫中。隨一一劫。爲第一數。從此一數至十。爲第二數。卽以第二爲數至十。爲第三數。卽當百劫。卽以三數爲一。從此一數至十。爲第四數。卽當千劫。卽以第四。從一爲數至十。爲第五數。卽當萬劫。卽以第五數爲一數。從此一數至十。爲第六數。卽當億劫。以第六數爲一數。從一數至十。爲第六數。卽當十億劫。以第六數爲一數。從一數至十爲。第七數。卽當十億劫。1) 以第七數爲一數。從一數至十。爲第八數。卽當此間百億。梵名爲俱胝。如此轉數。至第六十大數。去2)一大僧祇劫。以此三段數故。云大僧祇劫。故俱舍云。八十中大劫。大劫三無數。

246 『구사론』(T29, 62c).

1) ㉮ '以第六數……卽當十億劫'은 연문이다. 2) ㉮ '去'는 문창당본 두주에 '云乎'로 되어 있다.

3) 3아승지와 무수

문 제8에서 말하는 3대승지를 무엇 때문에 무수無數라고 말하는가?

답 수법의 계산으로 한다면 그 수를 알 수 없다. 그러므로 무수 등이라고 한다. 이것에 준하면 뒤의 두 스승(법장과 원효)의 설이 해당한다. 『공목장』의 "60겁이 성립한다."[247]라는 등은 60겁으로 1승지를 성립한다. 뒤의 2승지, 3승지도 역시 그러하다. 위 『신라기』의 문장은 그 근거를 찾을 수 없다. 『파사론』과 『구사론』 등의 논서를 참조하여야 할 것이다.

問。第八云。三大僧祇。何故云無數乎。答。若以在數法算。不可知其數。故云無數等。准此後二師說。孔目六十劫成等者。六十劫成一僧祇。後二亦然。上記文未見所以。可勘婆娑俱舍等論。

4) 성불의 시기

문 대체로 성불의 수행에는 몇 가지 시기가 있는가?

답 하권에서 "또한 『파사론』 등에 의하면, 보살의 성불에는 두 종류의 몸이 있다. 첫째는 법신이다. 둘째는 생신이다. 법신은, 즉 계신 등 오분신을 말한다. 이 법신을 수행하여 얻기 위해서는 구체적으로 네 종류의 시간이 있다. 첫째, 3아승지겁 동안 번뇌를 지닌 사바라밀[248]을 수행하는 시기이다. 둘째, 백 겁 동안 뛰어난 모습을 갖추려는 행위를 실천하는 시

247 『공목장』(T45, 560c).

248 사바라밀 : 육바라밀 중 보시 등 앞의 사바라밀을 가리킨다.

기이다. 셋째, 출가하고 고행하여 선정을 닦는 시기이다. 넷째, 보리수 아래에서 정각을 성취하는 시기이다. 생신生身이라 함은 다만 백 겁 동안 뛰어난 모습을 갖추는 행위를 실천하여 최후의 몸에 가야성의 정반왕가에 태어나는 응보를 얻은 몸으로 마가다국에서 깨달음에 이른 그 몸을 말한다."[249]라고 하였다.

問。凡成佛修行。有幾何時。答。下卷云。又依婆娑等。菩薩成佛有二身。一法身。二生身。法身者。謂戒[1)]等五分。修此法身。具有四時。一。三[2)]僧祇劫修有漏四波羅蜜時。二。於百劫修相好業時。三。出家苦行修禪定時。四。菩提樹下成正覺時。生身者。但百劫修相好業。於最後身。伽耶城淨飯王家受生報身。於摩伽陀國而登覺道。

1) ㉮ '戒'는 『오교장』에 '戒定慧'로 되어 있다. 대교본에는 '戒'로 되어 있다. 2) ㉮ '三'은 『오교장』에 '三阿'로 되어 있다. 대교본 가운데 갑본과 을본에는 '三'으로 되어 있다.

『신라기』에 아래와 같은 문답이 있다.

문 3아승지겁 동안에 번뇌가 있는 사바라밀을 수행할 때 어떤 몸으로 수행하는가?

답 견도의 무루를 발하기 이전 모두 범부의 몸을 갖추었을 때의 일이다. 과거시인 3아승지겁 가운데 번뇌가 있는 사바라밀을 수행하고, 다음 백 겁 가운데 특별히 응보를 받을 수 있게 뛰어난 모습을 갖추는 행위를 실천하고, 다음 생에 도솔천 가운데 천 겁 동안 부처의 위의를 배운다. 그리고 나서 왕궁 가운데 태어나 마야부인을 어머니로 삼고, 다음으로 태자가 되어 알라라 카라마 외도를 스승으로 삼고 올바른 삼매(正定)를 배운 후에 다음으로 보리수 아래 앉아 인시寅時에 육행의 등지도等智道로써 삼

249 『오교장』(T45, 490b).

계 가운데 무소유처[250] 이전의 수혹을 함께 조복하고, 견도 무루를 일으킬 때 이전에 조복시킨 번뇌를 모두 끊어도 네 가지 결과 중 세 가지 결과를 얻을 수 없었지만, 이를 넘어 세 번째 아나함과를 얻고서는 동시에 비상지 9품의 수혹을 끊어 아라한과를 얻으니, 인시에 바로 성도할 수 있다.

記云。問。三僧祇劫中。修有漏四波羅蜜時。在何身修耶。答。未發見道無漏以前。皆有凡夫身具事也。過去時三僧祇劫中。修有漏四波羅蜜。次百劫中。修別報相好業。次生兜率天中。千劫學佛威儀。然後生王宮中。摩耶夫人爲母。次成太子。以我[1)]藍[2)]伽藍外道爲師。習正定。次座於樹下。寅時以六行等智道。而三界中無所有處以還修惑俱伏。起見道無流時。前所伏煩惱俱斷。不得初三果。越得第三那含果耶。同時斷悲想地九品修惑。得阿羅果。寅時卽得成道。

1) ㉯ '我'는 '阿'로 의심된다. ㉮『석씨계고략釋氏稽古略』(T49, 752b)에는 '其阿藍伽藍習不用處定'으로, '阿'로 되어 있다. 2) ㉮ '藍'은 문창당본에 '監'으로 되어 있다.

5) 견도에서의 번뇌 조복

문 육행의 등지도等智道로써는 무엇 때문에 견도에서 끊어야 할 번뇌를 조복하지 못하는가?

답 위를 기뻐하고 아래를 싫어하며 세속사를 조건으로 하는 도리이기 때문에 견도에서 끊어야 할 번뇌인 장제障諦를 조복하지 못한 것이나, 깨달음의 방편(覺道方便)[251]을 드러내어 견도에서 끊어야 할 번뇌를 조복한다. 또한 뛰어난 것을 좋아하고, 열등한 도를 싫어한다. 즉 생사는 열등하고, 또한 도는 뛰어나므로 여기에 도리가 있는 것이다. 이 도리를 조건으

250 무색계의 4처 중 세 번째로 비상비비상처非想非非想處 이전이다.

251 깨달음의 방편(覺道方便) : 이 표현은 80권본『화엄경』(T10, 305b)에 처음 나온다.

로 할 때 견도의 장애인 번뇌를 조복한다.

同。[1] 六行等智道。何故不伏見所斷惑。答。欣上厭下。緣世俗事之道故。不伏障諦之見所斷煩惱。顯覺道方便。得伏見所斷煩惱。又欣勝厭劣道。謂生死是劣。亦道勝。於此之有理。緣此理時。伏見道障煩惱。

1) 역 '同'은 '問'이 되어야 한다. 이하 같다.

문 견도 무루는 어떤 계위에 의해서 일어나는가?

답 진견도眞見道를 일으킨다면, 소승과 대승이 다 같이 제4 변제정[252]에 의해 일어난다. 상견도相見道를 일으킨다면, 『지지론』에서 말하기를, "삼의와 오의로 생한다."[253]라고 하였다. 삼이라는 것은, 지제현관智諦現觀【정체지】 · 변지제현관遍智諦現觀【후득지】 · 구경현관究竟現觀이다. 다섯 가지에 의해 생한다는 것은 네 가지 근본선과 미지정未至定이니, 그러므로 상견도는 다섯 가지 삼매(五定)에 의하여 일어난다. 소승에서 말하기를, "중간선을 더해 여섯 가지 삼매에 의거하여 상견도를 일으킨다."라고 했다. 총설하면, 비록 별설이 있다 해도, 혜해탈인慧解脫人은 삼매의 장애를 끊지 못하니, 알지 못하기 때문이다. 그러므로 이 사람은 결국 근본정에 의하여 견도를 일으킨다.

252 제4 변제정邊際定 : 색계의 제4선의 마지막 색구경천정을 말한다. 도섬道暹의 『법화경문구보정기法華經文句輔正記』(X28, 651a)에 "변제정이라는 것은 제4 선정이다. 사선의 끝이 곧 색구경천이다.(邊際定者。第四禪定也。四禪之極。即色究竟天定也。)"라고 되어 있다.

253 『지지론』에서는 찾을 수 없다. 『유가사지론瑜伽師地論』 권제10(T30, 328b)에서는 여섯 종류의 현관을 수행할 때 '여섯'에 대해서 '사현관思現觀 · 신현관信現觀 · 계현관戒現觀 · 현관지제현관現觀智諦現觀 · 현관변지제현관現觀邊智諦現觀 · 구경현관究竟現觀'으로 설명한다. 또한 기基의 『잡집론술기雜集論述記』(X48, 126c)에서는 '삼의'와 '오의'에 대해서 서방의 해석을 인용하여 삼의는 '지제현관智諦現觀 · 변현관邊現觀 · 계현관戒現觀', '오의'는 '초미지부터 제4선(初未至乃至第四禪)'이라고 한다.

同。見道無漏者。依何位起。答。若起眞見道者。小乘大乘並依第四邊際定起也。若起相見道者。地持論云。三依五生。所言三者。智諦現觀【正諦[1]智】。遍智諦現觀【後得智】。究竟現觀。言依五生者。四根本禪。未至定。是故相見道。依五定起。小乘云加中間禪。依六定起相見道也。總說雖然。若別說者。慧解脫人。不斷定障。無知故。是此人。方依根本定。起見道也。

1) ㉮ '諦'는 '體'의 잘못으로 의심된다.

6)『본업경』과 소승의 수행 차이

문『본업경』에서 말하는 백 겁 동안 뛰어난 상호를 실천함과 소승과는 어떤 차이가 있는가?

답 이『경』의 뜻은 소승을 깨우치려 하였기 때문이며, 그대가 3아승지 가운데 번뇌가 있는 사바라밀을 수행하기 때문이다. 나는 10지 이전이 1아승지이고, 초지부터 7지까지가 2아승지이며, 8지부터 제10지까지가 3아승지라고 본다. 이 3아승지를 채워 금강유정이 지금 앞에 드러날 때 바야흐로 백 겁, 천 겁, 항사겁 가운데 뛰어난 모습을 갖추기 위한 행위를 수행한 것이다.

問。本業經[1]云。百劫修相好業。與小乘有何別。答。此經意者。爲曉小乘故。汝三僧祇中修有漏四波羅蜜[2]故。我云。地前爲一僧祇。初地至七地爲二僧祇。八地至第十地爲三僧祇。滿此三僧祇後。金剛喩定現在前時。方得百劫千劫恒沙劫中。修相好業也。

1) ㉯ '經'은 '疏'로 의심된다. 2) ㉮ '蜜'은 문창당본에 '密'로 되어 있다.

6. 생사에 근거함

여섯째는 생사에 근거한다. 최후 분단신 가운데 그 부처를 성취하는 것이다.[254] 하권에서 "만약 소승에 의거하면, 다만 분단신만이 있어 구경위에 이른다. 부처 역시 동일하니, 이것은 실제 응보로서의 몸이고, 화신이 아니다."[255]라고 하였다.

六者約生死。最後分段身上。卽成其佛。下卷云。若依小乘。但有分段身。至究竟位。佛亦同然。是實非化。

7. 소승 12주에 의거함

1)『오교장』의 견해

일곱째는 소승의 12주에 의거한다. 최상인 제12주에 아라한이 머무르니, 즉 부처와 동일하다.[256] 하권에서 "여러 교설 가운데 모두 세 가지 의의로써 간략히 설명한다. 첫째는 계위의 양상을 밝힌다. 둘째는 불퇴를 변설한다. 셋째는 실천의 양상을 밝힌다. 첫째, 소승에 의하면 네 가지 계위가 있다. 방편위·견도위·수도위·구경위이다. 또 소승의 12주를 구경위로 삼는다. 불퇴는, 이 가운데서 수행하여 인위忍位에 이르러 불퇴를 얻기 때문이다. 그 실천의 양상은 또한 저 여러 논에서 설한 바와 같다."[257]라고 하였다.

254 『공목장』(T45, 560c).
255 『오교장』(T45, 491a).
256 『공목장』(T45, 560c).
257 『오교장』(T45, 488a).

七者依小乘十二住。第十二最上阿羅漢住。則是同佛。下卷云。於諸教中。皆以三義略示。一明位相。二辨[1)]不退。三明行相。初者依小乘有四位。謂方便見修及究竟。又說小乘十二住。以爲究竟。不[2)]退者。此中修行至忍位。得不退故也。其行相。亦如彼諸論說。

1) 역 '辨'은 『오교장』에 '明'으로 되어 있다. 대교본인 갑본과 을본에는 '辨'으로 되어 있다. 2) 역 '不'은 『오교장』에 '二不'로 되어 있다. 대교본인 갑본과 을본에는 '不'로 되어 있다.

2) 소승의 견불

『종남문답』[258]에서 "소승교에 의하면 색신불의 32상 등을 본다. 즉 이 것은 실제로 보는 것으로 안근과 경계가 동시에 상응하여 실제의 색상을 보는 것을 견불이라고 한다."[259]라고 하였다. "소승불은 두 가지를 갖춘다. 첫째는 생신이고, 둘째는 화신불이다."[260] "둘 다 수행하여 생한 것으로 자비 사랑의 실천으로 성불하며, 일시에 단지 보살 한 사람만의 자비와 사랑의 실천으로써 33심에 의해서 차례대로 부처가 된다. 나머지 것을 보는 행자는 부처가 되지 못하며, 두 가지 열반을 얻어 무여열반에 주한다."[261] "단지 한 사람만의 성불일 뿐 나머지 사람의 성불은 전후가 같지 않다. 유정을 교화하면 뒤에 부처를 이룬다. 시방불이 없기 때문이다."[262]

終南問答云。若依小乘敎。見色身佛三十二相等。卽是實見。眼根與境。同時相應。見實色相。名爲見佛。小乘佛有二。一生身。二化身佛。並修生慈

258 『종남문답』: 지엄의 『오십요문답』의 별칭이다. 주료(壽靈), 『오교장지사』에서 처음 사용되었다.

259 『오십요문답』(T45, 519a).

260 『오십요문답』(T45, 519b).

261 『오십요문답』(T45, 519c).

262 『오십요문답』(T45, 519c).

悲愛行成也。於一時中。但菩薩一人。慈悲愛行。依三十三心。次第作佛。餘見行者。並不作佛。得二種涅槃。住無餘也。但一人成佛。若餘人成佛。前後不同。若敎化有情。後時作佛。由無十方佛故。

"세계가 성립하고 무너지는 대겁과 3아승지의 시간을 채우고 결정적으로 성불한다."[263] "일념성불이 없다는 것은 타방불이 없는 것이다. 만일 있다면, 즉 이 세계의 부처가 저 세계에 가서 변화한 것이다."[264] "부처님의 어머니 마야는 이 섬부주의 실제 부처의 어머니이다. 다른 세계에는 실제로 없다. 그곳의 부처는 화신이기 때문이다."[265] "그러므로 불보살 등은 모든 감각기관을 서로 만들지만, 단지 변화하여 성립한 것으로 본성을 바꾸는 것이 아니다."[266] "한 사람은 한 세계에 의거하며, 일심에 의거하여 차례대로 성불한다. 원인과 결과가 서로 일치하는 것은 직접 지각으로만 알 수 있다. 다만 번뇌를 끊는 원인과 결과에 다함과 다하지 못함의 차이가 있다."[267] "모든 보리분법은 총체적으로 응보를 받는 실천이다. 발심의 처음으로부터 차례로 수행하여 성불하기를 원할 때 10지의 마지막 마음에 이르기까지 백 겁 동안 뛰어난 모습을 갖추는 특별한 행위를 별도로 수행함을 밝힌다. 이것은 실제의 몸으로써 변화된 몸이 아니다."[268] "다만 보리분의 행위를 닦는 것으로 물러남이 있음을 없앤 자는 모두 다 성불하며 성불하지 못함이 없다."[269] "사람의 모습으로 부처를 삼으며, 일체지

263 『오십요문답』(T45, 519c).
264 『오십요문답』(T45, 519c~520a).
265 『오십요문답』(T45, 520a).
266 『오십요문답』(T45, 520b).
267 『오십요문답』(T45, 520b).
268 『오십요문답』(T45, 520c).
269 『오십요문답』(T45, 520c).

등은, 즉 법에 속한다."[270]

世界成壞大劫。滿三僧祇。定得成佛。無一念成佛者。無他方佛。假使有者。卽是此方佛。往彼變化。佛母摩耶。此瞻部洲。是實佛母。餘世界中。卽無實也。爲佛是化故。佛菩薩等。諸根相作。但變化成。非改性也。一人依一人依[1)]一界。依一心。次第成佛。因果相稱。現量可知。但斷惑因果。盡不盡別。諸菩提分總報業。從發心初。始次第修。明臨欲成佛。十地終心。百劫別修相好別業。是實非化。但修菩提分業。除有退者。皆悉成佛。無不成佛。以人相爲佛。一切智等。卽屬於法。

1) 역 '一人依' 세 자는 연자로 보인다.

3) 소승의 종성

『오교장』 하권에서 "만약 소승에 의하면, 종성에 여섯 가지가 있다. 즉 쉽게 후퇴하는 자, 후퇴를 두려워하여 괴로워하는 자, 얻은 법을 지키는 자, 얻은 법에 안주하는 자, 노력하여 수행하는 자, 부동의 경지에 달한 자이다. 부동의 경지에 달한 근기에는 3품이 있다. 상·중·하 차례대로 삼승인에 해당한다. 비록 이 가운데 부처 한 사람만이 종성이 있다고 설하지만, 그러나 이것은 저 대보리성이 아니다. 부처의 공덕에서 미래세가 다할 때까지 큰 작용을 일으킨다는 등을 설하지 않기 때문이다. 그러므로 이 가르침 가운데는 부처 한 사람을 제외하고, 나머지 일체중생은 모두 대보리성이 있다고 설하지 않음을 마땅히 알아야 한다."[271]라고 하였다.

270 『오십요문답』(T45, 521a).
271 『오교장』(T45, 485b).

五敎下卷云。若依小乘種性有六。[1] 謂退。思。護。住。昇進。不動。不動性中有三品。上中下。如次三乘人也。雖於此中說。佛一人有種性。然非是彼大菩提性。以於佛功德。不說盡未來際。起大用等故。是故當知。於此敎中。除佛一人。餘一切衆生。皆不說有大菩提性。

1) ㉮ '六'은 『오교장』에 '六種'으로 되어 있다. 대교본인 갑본과 을본에는 '六'으로 되어 있다.

제3장 초교회심교문初敎迴心敎門에 근거함

1. 지위에 근거함

"셋째는 초교회심교문에 근거하여 여덟 가지 의미가 있다. 첫째는 지위地位에 근거한 것이다. 즉 건혜지(마른 지혜의 지위) 등 10지이며, 제10지 가운데 바로 부처를 성취한다. 동일하게 10지에서 성불하는 이유는 부처 아래 동일한 인위가 되기 때문에 이와 같이 설하였다."[272] 『기』에서 "『법경론』[273]에서 '소승의 마음을 이끌어 대승의 실천을 열어 발하여 대승에 대한 두려움으로 인하여 소승의 이해에 대해 집착(解守)하는 것을 잊어버리게 한다. 해석하면 건혜지 등의 10지를 건립하는 뜻은, 소승의 이해에 대한 집착을 버리고 대승 가운데 들어가도록 하기 위한 것이다'라고 했다."라고 하였다.

272 『공목장』(T45, 560c).

273 『법경론』에 대해서는 김천학金天鶴, 이케다 마사노리(池田將則) 정리, 「름懍『법경론法鏡論』」, 『장외지론종문헌집성속집藏外地論宗文獻集成續集』(금강대학교불교문화연구소, 2013) 참조.

第三約初迴心教門。有其八義。一約地位。謂乾慧地等十地。第十地中。卽成佛。所以同十地成佛者。爲佛下同因位故。作此說。記云。法鏡論云。引小心開發大行。命[1]怖向忘遣解守也。解云。立乾慧等十地意。令捨小乘解守。入大乘中故也。

1) 원 '命'은 '令'으로 의심된다.

1)『법경론』의 설

문 그렇다면 무엇 때문에 건혜지 등이라고 했는가?

답 공에 대해 아직 깨달아 이해하지 못했기 때문에 남을 이롭게 하지 못해 건혜지(마른 지혜의 지위)라고 한다. 말하자면 건혜지 단계에서의 공의 이치는, 진액은 물과 같다는 정도이다.[274] 그러므로 공의 이치를 깨달은 후 드디어 지혜의 마음이 증장할 수 있는 것이다.

問。若爾。何故爲乾慧地等耶。答。未成空覺解故。不令利爲乾慧地。謂空理。津液如水。故覺空方得智心增長也。

둘째, 성지性地라 함은 공을 이해했기 때문이다. 이 이해로써 번뇌를 누르고, 이해가 굳건하여 고침이 없기 때문에 성지라고 한다. 셋째, 팔인지八人地라 함은, 진실과 유사의 사제법을 이해하기 때문에, 사제 가운데 하나하나의 제에 두 사람이 되기 때문에 팔인八忍이 되어 팔인지가 된다. 하

274 지의智顗의 『인왕호국반야경소仁王護國般若經疏』(T33, 261a)에서는 "지혜가 있어도 선정의 물을 얻지 못한 것을 건혜지라고 한다.(雖有智慧。不得禪定水。故名乾慧地。)"라고 했고, 길장吉藏의 『대품경의소大品經義疏』(X24, 309a)에서도 "아직 삼매의 물을 얻지 못한 때(乾慧地者。未得定水。)"라고 하였으며, 혜균慧均의 『대승사론현의기大乘四論玄義記』(X46, 646c)에서도 "공리空理에는 삼매의 물이 적어서 고갈되는 것을 면치 못하므로 건혜지라고 한다.(空理。定水少。不免乾枯。故名乾慧地也。)"라고 하였다.

나하나의 제 가운데 이인二忍이 있기 때문이다. 이것은 욕계 고제 가운데 고인이며, 그 위 두 세계 고제 가운데는 고류인苦類忍이 있다. 나머지 삼제 가운데도 이에 준한다. 팔인八忍이라 함은 모두 무간無間이다. 이 팔인에 인용된 '팔'이라 함은, 이것은 해탈이다. 넷째, 견지見地라 함은, 팔인으로 인해서 여덟 지를 얻고, 제16심을 원만히 하기 때문에 사제의 평등한 도리를 보며 견지라고 한다. 다섯째, 박지薄地라고 함은, 견지로부터 수도의 지혜를 일으켜 욕계 9품의 수혹 가운데 첫 6품을 끊고, 뒤의 3품을 그치므로 박지라고 한다. 여섯째, 이욕지離欲地라 함은 뒤의 3품의 수혹을 모두 없애기 때문에 욕계로 다시는 돌아오지 않는다. 그러므로 이욕지라고 한다. 일곱째, 이판지已辦地라 함은, 삼계의 번뇌(結)가 끝내 다하므로 아라한과를 얻는다. 그러므로 이판지라고 한다. 뒤의 3지는 알 수 있을 것이다. 여기까지는『법경론』의 설명을 정리한 것이다.

二性地者。由解空故。以此解伏結。解堅不改故。云性地也。三八人地者。由解眞似四諦故。四諦中一一諦二人故。名八忍。爲八人地。一一諦中二忍故。欲界苦諦中苦忍。上二界苦諦中苦類忍。餘三諦中。准之也。八忍者希[1]無間也。此八忍所引八者。是解脫也。四見地者。由此八忍故。得八地。滿第十六心故。見四諦平等理。是故云見地也。五薄地者。從見地起修道智。斷欲界九品修惑中初六品。止後三品。故云薄地。六離欲地者。後三品修惑。皆盡故。不還欲界。是故云離欲地也。七已辦地者。三界結竟[2]盡故。得阿羅漢果。是故云已辦[3]地也。後三地可知也。上來括法鏡論意也。

---

1) ㉻ '希'는 '皆'와 초서체가 비슷한 데서 온 필사상 잘못으로 보인다. 2) ㉾ '竟' 위에 '究' 자가 탈락된 것으로 의심된다. 3) ㉻ '辦'은 문창당본에 '弁'으로 되어 있다. 통용된다.

2) 혜경慧鏡 대덕이 설명하는『법경론』설

(1) 삼승의 10지

문 건혜지 등의 10지는 삼승이 공통으로 수행하는 10지이다. 무엇 때문에 이 장(『공목장』)[275]에서는 초교회심교 가운데 건혜 등의 10지를 설했으며,『오십요문답』가운데서는 처음에는 육도의 원인과 결과를 세웠고, 다음에는 우법이승愚法二乘[276]을 밝혔으며, 다음은 소승 및 회심 소승불을 밝혔고, 다음은 일승 오위의 만심불滿心佛을 밝혔고, 건혜 등의 10지를 세웠으며, 마지막에 직진 보살을 밝히는 17문 차제를 세웠는가?[277]

답 혜경慧鏡[278] 대덕이 "이 삼승이 함께 실천하는 10지를 건립하는 근본은 법름法懍 스님이 서술한 것이다. 저 스님은 계위에 기준함으로써 세 번 반복하여 해석하였다.

問。乾慧等十地。三乘共行十地。何故此章中。初教迴心教中說乾慧十地。五十要問答中。初立六道因果。次明愚法二乘。次明小乘及迴心小乘佛。次明一乘五位滿心佛。然立乾慧等十地。最後立直進菩薩十七門次第。答。慧鏡德云。昇[1)]建立三乘共行十地之本。當是法標[2)]師所述。彼師准位。以三

---

275 질문에서 '此章中'이란 표현을 써서『공목장』에 근거를 둔 질문임을 알게 했다. 이 문답도『신라기』에서의 인용임을 알 수 있다.

276 우법이승愚法二乘 : 대승으로 아직 회심하지 않은 삼계화택 속의 이승을 말한다.

277『오십요문답』(T45, 522b)에 나오는 17문 차제로, 부연 설명하면 세간육도世間六道 6문, 성문聲聞·연각緣覺 2문, 소승 가운데 부처와 초교회심교 가운데 소승의 부처 2문, 10신 이후 10지까지 5문, 건혜지 등 10지 1문, 직진 보살이 10지 후에 부처가 되고, 그 처음 일념에 정각을 얻는 것 1문으로 총 17문이 된다. 이것에 대해서는 삼승과 소승에 해당하는 문이라고 한다.

278 혜경慧鏡 :『의천록』에 있는『기신론기』3권의 저자 혜경일 것이다. 시대는 원효와 법장 사이의 인물이다.

反釋。

1) 역 '昇'은 '此'의 오사로 보인다. 2) 역 '標'는 '懍'이 되어야 한다. 신라 표원의 『화엄경문의요결문답』(『한불전』 제2책)에 『법경론』의 저자가 '懍'으로 되어 있다.

① 삼승별교의 10지

즉 첫째는 삼승별교의 10지를 해석했다. 둘째는 별교의 10지를 모아 통교위通教位 가운데 들어가게 하였다.[279] 셋째는 통교의 10지를 통종위通宗位 가운데 들어가게 하였다. 초위初位에 의한다면 외범의 끝에 본성의 공함이 계위에 가까워(性空隣位[280]) 그 가운데 건혜지를 설한다.【이것은 오정심관五停心觀[281]이 될 수 있다.】 성지性地라 함은, 즉 총상념처와 별상념처 및 사선근과 더불어 합하여 오방편위로 성지가 된다. 이 오방편 중 총별의 이념처 가운데 동일하게 본성의 공함을 관찰하며, 후에 사선근 가운데서 법공을 분별하여 관찰한다. 그러므로 총별 이념처를 합하여 하나로 한다. 팔인지八人地라 함은 고인위苦忍位에서 세운다. 견지見地라 함은 수다원의 견도위에서 세운다. 박지薄地라 함은 사다함위에서 세운다. 이욕지離欲地라 함은 아나함위에서 세운다. 이판지已辦地라 함은 아라한위에서 세운다.

279 지론종의 교판 가운데 하나로 삼종교판인 별교삼승·통교·통종대승에 입각한 서술 방식이다. 지론종의 삼종교판에 대해서는 이케다 마사노리(池田將則) 정리, 교리집성문헌教理集成文獻 S.4303(『地論宗藏外文獻集成』, 금강대학교 불교문화연구소, 2012)의 해제 참조.

280 성공린위性空隣位 : 이케다 마사노리(池田將則) 정리, 『교리집성문헌教理集成文獻』, "금강심보살은 '부처의 이해에 버금간다.' 능히 어두운 도리를 끊어 무지가 다하는 것은 무구라고 이름한다.(金剛心菩薩'隣佛'之解。能断奄理無知塵。故名無垢。)", "무엇 때문에 법운지라고 하는가 하면, 이미 자취가 부처와 버금가기 때문이다.(何故名法雲者。既迹隣大覺。)"(『地論宗藏外文獻集成』, 금강대학교 불교문화연구소, 2012, p.296 p.130)

281 오정심관五停心觀 : 『공목장』 권2 「명법품초립오정심관장明法品初立五停心觀章」(T45, 552b)에는 부정관不淨觀·자비관(慈心觀)·연기관緣起觀·안반념관安般念觀·계분별관界分別觀으로 되어 있다.

이 칠지는 성문승 가운데 벽지불지에 속함을 알아야 할 것이다. 보살위라 함은 이 별교 가운데 30심의 계위를 설하지 않고, 다만 10주에 근거하는 것이다. 4보살 가운데 초주를 신발의주新發意住라고 한다. 제2주부터 제6주까지는 이름하여 구행도지久行道地라고 한다. 제7주에서 제9주까지는 아비발치지阿毘跋致地[282]라고 이름한다. 제10주를 이름하여 일생보처위라고 한다. 나아가 등각인 금강심[283]은 설하지 않고 제10주로써 마지막으로 한다. 이것은 즉 장륙의 색상을 가진 실재의 성불이다.

謂一釋三乘別敎十地。二會別敎十地。入通敎位中。三會通敎十地。入通宗位中。若依初位者。外凡終。性空隣位中。說乾慧地。【此五停心觀。可作。】性地者。謂總想念處。別想念處。及與善四根。[1] 合此五方便位。爲性地也。此五方便中。總別二念處中。同觀性空。後四善根中。辨觀法空。故合總別二念處。爲一也。八人地者。立於苦忍位也。見地者。立於須陀洹。見道位也。薄地者。立於斯陀含位也。離欲地者。立於阿那含位也。已辨地者。立阿羅漢位。此七地者。屬聲聞乘中。辟支佛地者。可知也。菩薩位者。此別敎中。未說三十心位。唯約十住。唯於四菩薩。謂初住。名爲新發意住。第二住至第六住。名爲久行道地。第七住至第九住。名爲阿毘跋致地。第十住名爲一生補處位。更等覺。金剛心不說。以第十住爲終也。此卽是丈六色相之實佛成也。

1) ㉮ '善四根'은 '四善根'이 되어야 한다.

---

282 아비발치지阿毘跋致地 : 『일체경음의一切經音義』(T54, 399c)에서는 '아유월치阿惟越致'를 아비발치阿毘跋致라고도 하며, 중국에서 불퇴전不退轉이라 한다고 했다. 『번범어翻梵語』(T54, 992a)에서는 아비파제 보살阿毘婆帝菩薩은 아비발치阿毘跋致이며, 불퇴不退라 번역한다고 했고, 『십주단결경十住斷結經』 제1권에 나온다고 하였다.

283 금강심 : 아오키 다카시(青木隆) 정리, 「법계도法界圖」에서 "제6 등각……또한 금강심이라고 이름한다.(第六等覺。……又一名金剛心。)"(『地論宗藏外文獻集成』, 금강대학교 불교문화연구소, 2012, p.590)라고 하여 등각을 금강심이라고 한다.

② 통교의 10지

두 번째이다. 별교의 부처는, 즉 자취를 가린 부처(覆跡之佛)이다.[284] 그러므로 물러나 통교 10신에 있으며, (중생으로 하여금) 10신에 들어가게 한다. 이승의 오과[285]는 10신 전에 있어 10신위 가운데 들어가게 한다.

第二番者。別教之佛。卽是覆跡之佛。故退在通教十信。令入十信也。二乘五果者。安十信前。令入十信位中也。

문 만약 그렇다면, 무엇 때문에 이승의 오과는 10주에 두지 않고 오히려 10신 초심에 있는가?

답 『인왕경』에서 "습종의 초심 가운데 이미 이승을 넘어섰다."[286]라고 한다. 그러므로 10주에 두지 않음을 알 수 있다. 오방편 가운데 설해진 성지와 견혜지는 함께 물러나 10신 앞의 범부위 가운데 안주한다. 이와 같이 별교의 10지를 모아 통교에 들어가도록 하고자 하여 삼승과 함께 실천할 수 있는 10지를 세웠다. 이미 이것은 통교이니, 드디어 불도의 장원長遠함을 알게 되어서 다시 삼현과 10지를 지나도록 수행하여 드디어 성불

284 자취를 가린 부처(覆跡之佛) : 지의智顗의 『법화현의法華玄義』(T33, 799a)에 "자취를 가리고 근본을 드러내는 것이니, 또한 근기에 응하여 많이 바로잡는다. 자취에 집착하여 근본에 장애가 되면 가려서 집착하지 않게 한다.(覆迹顯本者。亦約機應。多端。若執迹障本。故覆令不執。)"라고 되어 있다. 결국 집착에서 벗어나게 하는 데 그 취지가 있다.

285 이승의 오과五果 : 아라한과阿羅漢果 다음에 벽지불과辟支佛果를 더한 것이다. 『대명삼장법수大明三藏法數』(P182, 86a) 참조. "오과회심【『열반경』에 나온다.】, 오과는 수다원·사다함·아나함·아라한·벽지불이 증득한 결과이다.(五果回心。【出涅槃經。】五果。須陀洹。斯陀含。阿那含。阿羅漢。辟支佛所證之果也。)"

286 『인왕경仁王經』(T8, 826b). "이미 이승의 모든 선의 계위를 넘었다.(已超過二乘一切善地)"

한다. 그러므로 통교의 10신은, 즉 5품 제자五品弟子 계위[287]에 있다. 즉 성문 사과와 벽지불과를 합하여 오과라고 한다.

問。若爾。何故二乘五果。不安十住。雖[1)]在十信初心。仁王經云。習種初心中。旣出過二乘。故知不安十住也。五方便中所說性地。乾慧地。並退安於信。前凡位。中會如是別教十地。而爲欲令入通教。故立三乘共行十地。旣是通教。方得知佛道長遠。更逕三賢十地。修方得成佛。是故通敎十信。卽有五品弟子。謂聲聞四果辟支佛果爲五。

1) ㉯ '雖'는 '還'으로 의심된다.

문 만약 그렇다면, 보살의 사위는 무엇을 기준으로 하는가?

답 습종은 새로 발심하는 보살이 되고, 성종과 도종은 구행도久行道이며, 초지 이상은 함께 아비발치이고, 등각은 일생보처이며, 묘각은 보살이다.

問。若爾。菩薩四位。云何准。答。習種爲新發意菩薩。性種道種爲久行道。初地已上並阿毘跋致。等覺是一生補處。妙覺是菩薩也。

문 통교로 별교를 모으고, 별교위를 빌려서 통교에 준한 것이 이러하다. 직접 통교로부터 삼승과 함께 실천할 수 있는 10지를 설하는 것은 어떤 것인가?

답 이승의 오과를 모아 통교 10신위 가운데 들어가는 것을 건혜지라고 한다. 삼현위는 성지이다. 초지에 들어가는 가까운 방편이 팔인지八忍地이

287 5품 제자五品弟子 계위 : 천태 지의가 자주 사용하는 용어로서 10신위를 일컫는다. 그러나 『법경론』에서는 교판敎判에 따라 10주위十住位가 되기도 한다.

다. 초지를 견지라고 한다. 2지는 사다함이고 박지라고 한다. 3지와 4지의 두 지를 이욕지라고 한다. 5지는 제관諦觀에 상응한다. 그러므로 아라한이라고 이름하니, 이판지이다. 6지는 인연을 관찰함이다. 그러므로 벽지불지라고 이름한다. 등각에 이르러 보살지라고 이름한다. 묘각을 이름하여 불지라고 이름한다.

問。以通教會別教。會別教[1]而假別教位。准通教中如是。直自通教。說三乘共行十地。云何。答。會二乘五果。入於通教十信位中。名爲乾慧地。三賢位是性地。八[2]初地中近方便。名爲八忍地。初地名爲見地。二地是斯陀含。名爲薄地。三四二地名爲離欲地。五地與諦觀相應。故名爲阿羅漢。已辦地。六地是因緣觀。故名爲辟支佛地。至等覺名爲菩薩地。妙覺名爲佛地。

1) ㉮ '會別教' 세 자는 연자로 보인다. 2) ㉮ '八'은 '入'의 오사로 보인다.

③ 통종의 10지

가) 통종의 10신과 10주위

세 번째는 통교의 장애를 끊고 더러움이 다하여 얻은 불과佛果는 다시 물러나 통종의 10신 가운데 안주하는 것이다. 통교의 10지는 물러나 통종의 10주위인 5품 제자에 안주한다. 즉 수다원에 향向과 과果가 있기 때문에 차례대로 초주와 2주에 준한다. 그리고 제5품 제자에 이르러 벽지불이라고 한다. 이것도 역시 향과 과가 있다. 그러므로 제9에서 제10주까지에 준한다.

第三番者。斷通教障。染盡。所得佛果。還退安於通宗十信中也。通教十地。

退安於通宗十住位。五品弟子。謂須陀洹有向果。故如次准於初二住也。乃至第五品弟子。名辟支佛。此亦有向果。故准於第九第十二[1]住中。

1) 역 '二'는 연자로 보인다. 5품 제자를 차례대로 해당시키면 제5품 제자는 제9지, 제10지에 해당하기 때문이다.

나) 10신만심과 5품 제자위

문 만약 그렇다면, 무엇 때문에 그 불과는 통종의 10신만심 가운데 세우고, 통교 10지는 10주 5품 제자에 두었는가?

답 실제에 근거하자면, 5품 제자와 부처는 별도의 양상이 이어진 것이 아니다. 오직 통교에 의거하여 그 교설의 불과위에 이르렀을 때 물러나 믿음이 가득 찬 마음에 안착하는 것이다. 그러므로 실제로 부처가 물러날 때 끝내 그 성性을 물러나게 하니, 5품 제자와 역시 동일하게 된다. 그러므로 이 사람은 실제로 물러난 신만의 부처(信滿佛)이고, 이름을 바꾸어 완전히 수행하는데, 10신을 실천할 때는 성문이 되며, 또 10주 보살이 되는 것에 대한 상세한 것은 생각하면 알 수 있을 것이다.

問。若爾。何故。其佛果立於通宗十信滿心中。通教十地。爲十住五品弟子。答。約實。五品弟子及與佛。不別相續。唯依通教。爲至於其教佛果位。而退安信滿心。故實佛退時。竟而退其性。爲五品弟子立[1]同。是故。此人實退信滿之佛。轉名全修。十信行時爲聲聞。又爲十住菩薩。細可思也。

1) 역 '立'은 '亦'의 오사로 의심된다.

다) 통종의 10주행

문 그렇다면 무엇 때문에 통교의 부처로부터 물러나 신만 가운데 세울 때, 오직 통종교에 의해 10주행을 수행하게 하고, 다시 통종의 10신을 수행하게 하지 않는가?

답 그 승이니 교니 하는 것은 진실한 교설이 아니다. 통종에 들어가 비로소 진실하게 되기 때문에 그 불과에 이르러, 즉 통종을 믿게 됨이 있는 것이다. 그러므로 그 승의 불과와 통종의 신信의 단계는 같다. 초지 가운데 일승에 대한 믿음을 일으킬 때 곧 초지에서 일승에 대한 믿음을 성취한다고 하는 것과 마찬가지이다.

問。若爾。何故。退通教佛。立信滿中。唯被通宗教。令修十住行。更不令修通宗十信。答。其乘教不實說。通宗方得爲實時。有於其佛果。卽信通宗。是故其乘佛果。與通宗信一如類。初地中起一乘信時。卽其初地。成就一乘信也。

라) 별교삼승·통교·통종의 관계

문 무엇 때문에 별교삼승의 부처가 다시 통교의 믿음을 수행하는가?

답 거기에서는 34념[288]에 성불이 있다고 가르친다. 모두 이 사실을 설하므로 실제의 부처에 대한 믿음이 있는 것이다. 그 사람이 실제의 부처라 해도 오히려 통교의 믿음을 수행하게 하니, 이 (통종의) 일을 믿지 않기 때문이다. 별교불과에 이른 사람을 다시 (통종)대승의 믿음을 수행하게 함이 없는 것이다.

問。何故別教三乘佛。更修通教信。答。彼教三十四念。有成佛。皆說此事。

---

288 34념 : 견도십육심見道十六心·구무간도九無間道·구해탈도九解脫道를 말한다. 앞에서 말한 보살의 33심은 이 가운데 제9 해탈을 뺀 것임을 알 수 있다.

有實佛信故。其人實佛。還令修通敎信。而莫信此事故。無至別敎佛果人。更令修大乘信也。

문 통종은 저 종보다 뛰어나기 때문에 재차 이 실천을 닦게 하는 것인가?

답 10신十信 가운데 처음의 다섯은 믿음 등의 오근이다. 이 오근의를 증장시키는 가운데 다섯 가지 마음을 세운다. 만약 실제에 근거하면, 그 다섯 가지 마음 가운데 법체를 완전하게 갖춘다. 통교를 실천하는 자는 세간의 믿음 등의 오근을 갖추되,[289] 일시에 완전히 갖춘다. 만약 아직 앞에서 말한 오근을 갖추지 않은 직진의 실천자(直進行者)는 만 겁을 지나 드디어 10신의 실천을 닦을 수 있어 이 신심을 성취한다.

問。通宗勝於彼宗。更修此行。答。十信中初五。是信等五根。增此五根義。中立五心。約實。其五中具足法體。通敎行者。具世間信等五根。一時具足。若未具前五根。直進行者。逕十千劫。方得修十信行。成就此信心。

문 그렇다면 별교삼승은 소승의 출세 오근을 갖춘다. 그러므로 통교에 이끌릴 때, 곧 신심이 성취되는 것인가?

답 소승근과 대승근은 다르지 않다.

問。若爾。別敎三乘具小乘出世五根。故被通敎時。卽信心成就。答。小乘根及大乘根不異。

289 통교가 어느 경전을 가리키는지 확실하지 않다. 『열반경』(T12, 562b)에 두세 번 이러한 표현이 나온다. "중생은 모두 믿음 등의 오근이 있다. 이로써 일천제들이 영원히 미혹을 단멸시키기 때문이다.(衆生悉有信等五根。而一闡提輩永斷滅故。)" 『법경론』에 따르면 10신 중 다섯 번째까지이며, 구체적으로 신근信根 · 정진근精進根 · 염근念根 · 정근定根 · 혜근慧根으로 『반야경』 계통의 경전에 여기저기 보인다.

문 그렇다면 이 5품 제자는 이미 10주의 실천을 닦을 때이다. 어떤 의미가 있어 성문의 명칭을 부여하는가?

답 이 사람은 통종의 교설에 이끌려 수행하기 때문이며, 소리를 듣고 실천하는 성문이기 때문이다. 이 의미에 따라 성문제자가 된다. 오직 하나의 진심 도리의 의미를 이해함에 근거를 두면 10신의 보살이다.

問。若爾。此五弟子。旣修十住行時。以何義故。與聲聞名。答。此人被通宗敎修行故。聞音起行聲聞故。約此義。爲聲聞弟子。若唯約解一眞心道理之義者。是十信菩薩也。

문 이미 장애와 더러움을 끊고 부처가 되었다. 무엇 때문에 물러나 통종의 10신의 처음 가운데 안착하는가?

답 그대가 세운 불과는 나의 10신위이며, 팔상성도로 펼친 변화불이 된다. 실제의 부처가 되기 위해 물러나 다시 수행하게 하는 것이다.

旣[1)]斷障染。成佛。何故退安通宗十信初中。答。汝所立佛果。此吾十信位。八相成道所放變化佛。[2)] 爲實佛故。退還令修。

1) ㉮ '旣' 앞에 문창당본에는 '問'을 보입하고, '脫與'라고 협주를 달아 놓았다. 이에 따른다. 2) ㉮ '佛'은 문창당본에 '身'으로 되어 있으나 옆에 '佛'로 수정되어 있다.

문 만약 그렇다면 통종의 순서 가운데서 삼승이 함께 수행하는 형상을 세운 것은 무엇 때문인가?

답 수다원 계위에 오른 사람은 오방편을 짓는다. 그것은 즉 10신의 세 가지 계위이다. 즉 『대집경』[290]에서 말하기를, 10신에 3품이 있다고 했다.

290 『대집경』에는 나오지 않는다. 전거가 불분명하다.

즉 첫째는 하품으로 건혜지乾慧地이다. 둘째는 중품으로 수신지隨信地[291] 이다. 셋째는 상품으로 법행지法行地이다. 즉 중품과 상품은 성지性地이다. 다음 두 주住는 박지薄地이다. 즉 제3과 제4의 두 주이다. 나아가 제10주에 이르러 벽지불지가 된다. 만약 계위에 준하면 성종性種은 새로 뜻을 발한 것이며, 도종道種은 구행久行이고, 초지 이상은 아비발치(不退)이며, 등각은 일생보처이며, 묘각은 불지이다.

問。若爾。會通宗次第中。作三乘共行形相。如何。答。須陀洹人。作五方便。卽爲十信三位。謂大集經云。十信爲三品。謂一下品爲乾慧。二中品爲隨信地。三上品。爲法行地。謂中上品。爲性地也。次二住。爲薄地。謂第三第四二住也。乃至第十住。爲辟支佛地。若准位者。性種爲新發意。道種爲久行。初地已上。爲阿毘跋致也。等覺。爲一生補處。妙覺。爲佛地。

마) 자체의 통종에 근거함

만약 자체의 통종에 근거하면, 10신은 외범이므로 건혜지이다. 습종위는 두 가지에 공통된다. 즉 만약 돈교로부터 들어가는 자는 5품 제자를 세운다. 보살위의 도리를 감추고 10주로써 건혜지로 삼는 것이다. 성종과 도종의 두 위는 초지에 들어가는 가까운 방편이기 때문에 팔인지이다. 초지, 2지, 3지는 신인信忍이다. 그러므로 수다원이라고 이름하며, 견지見地로 삼는다. 4지, 5지, 6지는 순인順忍이다. 그러므로 사다함이라 이름하며,

291 '수신지隨信地'와 뒤에 나오는 '법행지法行地'라는 용어는 『증계대승경證契大乘經』(T16, 661b)에 나온다. 한편 원측의 『인왕경소』(T33, 371c)에는 성문 10지의 명칭으로 나온다. 주삼귀행지住三歸行地·수신행지隨信行地·수법행지隨法行地·선범부지善凡夫地·학계지學戒地·제8 인지人地·수다원지須陀洹地·사다함지斯陀含地·아나함지阿那含地·아라한지阿羅漢地의 10지이다.

박지로 삼는다. 7지, 8지, 9지는 무생인이다. 그러므로 아나함으로 이름하여 이욕지離欲地로 삼는다. 제10지는 적멸인寂滅忍 하품이다. 그러므로 아라한으로 이름하여 이판지已辦地로 삼는다. 등각은 벽지불지이다. 앞의 모든 위의 공통된 이름이 보살지이다. 묘각을 이름하여 불지라 한다. 위는 법경론사法鏡論師의 설을 집약한 것이다.

若約自通宗者。十信爲外凡。故乾慧地。習種位通二。謂若從頓教而入者。立五品弟子。隱菩薩位道理。以十住爲乾慧地。性種道種二位。入初地近方便。故爲八忍地。初二三地是信忍。故名須陀洹。爲見地。四五六地是順忍。故名斯陀含。爲薄地。七八九地是無生忍。故名阿那含。爲離欲地。第十地是寂滅忍下品。故名阿羅漢。爲已辦地。等覺。爲辟支佛地。通名前諸位。爲菩薩地。名妙覺。爲佛地。上來括法鏡論師意。

3) 지엄智儼설·『법경론』설·불타삼장설의 관계

지엄 화상의 의도는 저 스승의 의도에 세 가지 반복된 교설이 있는 것과 동일하다. 즉 삼승이 함께 실천하는 10지를 말하자면, 5품 제자위에는 원교가 없으니, 이승이라는 명칭으로 일승에 들어갈 수 없기 때문이다. 또 소승 가운데 오직 다 석가보살만이 성불에 들고 나머지 성불하는 자가 없기 때문에 함께 실천하는 10지를 세우지 않는다. 그러므로 무릇 함께 실천하는 10지를 세우는 의도는, 일체 소승인을 이끌어 대승에 들어가게 하기 때문이다.

그러므로 『문답』[292]의 의도 역시 똑같이 (소승과 일승에서는) 함께 실천하는 10지의 종류를 세우지 않는다. 그러므로 먼저 소승 및 일승을 밝히

292 『오십요문답』일 것이다. 인용 출처 미상.

고, 시교·종교·돈교 삼교를 공통되게 처음에 회심의를 세운 것이다. 시교·종교·돈교 삼교의 직진의를 합하여 다음에 세운다. 지금 이 『공목장』에서는 실제에 근거하여 비록 종교에 공통되면서도 초회심의 발심에 근거하여 건혜 등 10지를 설한 것이다. 돈교에 삼승이 함께 실천하는 10지가 있으나 별도의 계위 순서가 분명하지 않다. 그러므로 삼승에 공통된 10지를 사용하지 않는다.

儼和上意[1)]彼師義。有三重敎。謂三乘共行十地者。弟子無圓敎。所以者何。二乘名無入一乘者故。又小乘中。唯一釋迦菩薩成佛。自餘無成佛者故也。不立共行十地故。凡立共行十地意。引一切小乘人。爲入大乘故。是故問答意同。不立共行十地類。故先明小乘及一乘。通始終頓三敎之迴心義。立初也。始終頓三敎直進義。合來立次也。今此章意。約實。雖通終敎。而約初迴心發。說乾慧等十地。頓敎有三乘共行十地。而不明別位次第。故不用三乘共十地。

1) ⓔ '意' 다음에 '同' 자가 탈락된 것으로 보인다.

문 그렇다면 무엇 때문에 『소疏』의 문장에서 돈교에 또한 건혜 등 10지를 지어서 세우는 까닭을 말하기를, "이 10지는 일승의 작용이며 삼승의 들어갈 곳이다."[293]라고 하였는가? 이것은 즉 일승 역시 함께 실천하는 10지를 세운다는 것인가?

답 동교일승이다. 지智에 근거하기 때문에 동교일승의 작용(所用)이다. 별교는 직접적인 근기에 입각하기 때문에, 소승인에게는 일승이 없기 때문에 함께 실천하는 10지를 세우지 않는다. 동교일승의 작용으로 하위의 교설 가운데서 함께 실천하는 10지를 세워 근기를 인도하는 것은 모두 일

293 『수현기』(T35, 51b).

승이 하게 하는 바이다. 그러므로 이런 의미에 근거해서 함께 실천하는 10지가 있으니, 생각하면 알 수 있을 것이다.

問。若爾。何故疏文。頓敎復作立乾慧等十地之所以。而云此十地是一乘所用。是三乘所入耶。是卽一乘亦立共行十地耶。答。同敎一乘。約智故。同敎一乘所用。約別敎直機故。小乘人無一乘故。不立共行十地。同敎一乘所用。引下敎中。立共行十地之機者。皆是一乘所令故。約此義有共行十地。可思之也。

또한 법름 스님은 불타 삼장을 의지하여 스승으로 삼았다. 이 삼장이 세운 통종대승은 여래장 진심 도리가 최상의 단계임을 밝힌다. 그러므로 이 가운데 『능가경』·『인왕경』·『화엄경』을 포함한다. 별교삼승은 육식으로써 궤칙을 삼는다. 수행하여 성불하여서는 통교에 회입한다. 통교는 망식으로 궤칙을 삼는다. 수행하고 성불하여서는 통종의 여래장 진심에 의거하여 위계에 의하여 다시 수행하여 깨닫도록 한다. 지엄 스님의 뜻은 불타 삼장의 통종대승은 삼승이 아닌 화엄일승이라는 것이다.

又法標[1]師。依佛陀三藏爲師。此三藏所立。通宗大乘。明如來藏眞心道理爲極。故此中皆攝楞伽。仁王。華嚴。以別敎三乘六識。爲軌則。修成佛。迴入通敎。通敎以妄識爲軌則。修成佛。依通宗如來藏眞心。依位地。更令修覺。儼師意者。三藏通宗大乘。是三乘外華嚴一乘也。

1) ㊀ '標'는 '懍'의 오사이다.

아래 시교는 통교대승에 포함되며, 이 통교에 의해 수행하여 실천을 성취하는 자는 저 일승을 믿지 않는다. 그러므로 자수용신으로서의 부처는 가명 보살이 된다. 이 스님의 의도에 대해서는 논쟁이 없었다. 그러므로 자수용신으로서의 부처는 가명 보살이라 이름한다. 법장 스님의 뜻은 가장 둔한 근기의 사람(極鈍根人)이라도 초지를 넘지 않는 것이다. 그러므로 자수용신으로서의 부처를 가명 보살이라고 이름한다거나, 또는 초지 전의 보살을 가명 보살이라고 이름함으로써 이와 같은 쟁론이 있게 되었다.

下始教。攝於通教大乘。依此通教。修成行者。不信彼一乘故。名自受用身佛爲假名菩薩。此師義中無諍論。故自受用身佛。名假名菩薩。藏師義中耳。[1] 極鈍根人。不過初地故。名自受用身佛。爲假名菩薩。又初地之前菩薩。名假名菩薩。有此諍論。

1) ㉠ '耳'는 교감이 필요하다.

문 불타 삼장은 『능가경』에서 설해진 설통대승說通大乘과 통종대승通宗大乘에 의거하였다. 그러므로 통종 등의 교를 세웠다. 무엇 때문에 지엄 스님은 『능가경』이 통종 가운데 포함되지 않는다고 하는가?

답 문장은 『능가경』에 의거하여 의의로 하였지만, 뜻의 의취[294]는 『화엄경』을 취하여 통종으로 하였다. 이 스님의 생각은 이런 점에서 불타 삼장의 뜻과 공통된다.

問。佛陀三藏依楞伽經所說。說通大乘。通宗大乘故。立通宗等教。何故嚴師。楞伽經不攝通宗中。答。文依楞伽經而義意趣取。華嚴爲通宗。此師如是。通三藏義也。

294 '文'과 '義意趣'는 『반야경』의 '文義意趣'에서 유래하는 것인지도 모른다.

4) 삼승이 함께 실천하는 10지

'부처는 아래의 인위와 동일하기 때문이다'라는 것은, 이승二乘을 끌어들이고자 할 때 부처는 10지에 자리한다. 이것 외에 저 이승은 부처를 구하지 않는다. 그러므로 아래의 인위 가운데 불지를 세우는 것이다.

爲佛下因[1)]位故者。爲欲引二乘時。佛在十地。已外彼二乘。不爲求佛故。下因位中。立佛地也。

1) 역 '因'은 『공목장』(T45, 560c)에 '同因'으로 되어 있다. 『성불묘의』 원문에 '同' 자가 결락되었다. 이 부분도 『신라기』의 인용이다. 『신라기』 원문에 결락되어 있었을 가능성도 있다.

또 하권에서 "또한 (이승을 위하여) 건혜지 등의 10지를 설하며, 제9지를 보살지라고 하고, 제10지를 불지라고 하는 것은, 이승이 위를 바라보고 아직 만족하지 않아 점차 수행하여 불과에 이르도록 이끌고자 함이다. 또 저 불과가 10지 외에 있지 않고, 역시 동일하게 10지 가운데 있는 것은 저 이승을 이끌기 위해 방편으로 저 (이승과) 동일하게 한 것이다. 이승인은 현재의 몸 그대로 성인의 결과를 얻기 때문에 뒤에 두지 않는 것이다."[295]라고 하였다. 생각하건대 10지는 건혜지 등의 10지이다.

又下卷云。又亦爲說[1)]乾慧等十地。第九名菩薩地。第十名佛地者。欲引二乘。望上不足。漸次修行。至佛果故。又彼佛果。[2)] 不在十地外。亦[3)]同在地中者。以引彼故。方便同彼。以二乘人。於現身上。得聖果故。不在後也。意。十地者。乾慧等十地。

1) 역 '爲說'은 『오교장』에 '說爲'로 되어 있지만, 갑본과 을본에는 '爲說'로 되어 있

295 『오교장』(T45, 488b).

다. 2) ⓨ '果'는 『오교장』에 '界'로 되어 있지만, 갑본과 을본에는 '果'로 되어 있다. 3) ⓨ '亦'은 『오교장』에는 없지만, 갑본과 을본에는 '亦'으로 되어 있다.

2. 삼계에 근거함

둘째, 삼계에 근거한다. (삼계의) 9지, 10지, 11지 등 이외에 곧 그 부처를 성취한다.[296]

二約三界。九地十地[1)]十一地等已外。卽成其佛。

1) ⓦ '十地'는 『공목장』에 없다. ⓨ 문창당본 두주에 '十地二字孔目章無'라고 되어 있다. 견등은 『신라기』를 그대로 인용한 것으로 보인다.

3. 계위에 근거함

셋째, 계위에 근거한다. 견도·수도 이외에 성불한다.[297] 하권에서 "다만 견도·수도 등의 사위와 9지 등은 소승과 명칭이 같다. 또는 오위가 있다. 즉 견도 전 7방편 내에서 나누어 앞의 세 가지를 자량위로써 (견도에 대해서) 먼 방편으로 하고, 뒤의 사선근으로 가행위로 삼아 가까운 방편으로 하기 때문이다. 나머지 이름은 앞과 같다."[298]라고 하였다.

三約位。見彼[1)]已外。卽成佛。[2)] 下卷云。但有見修等四位。及九地等。名同小乘。或云五位。謂見道前七方便內分。前三種爲資糧位。以遠方[3)]便故。後四善根。爲加行位。是近方便故。餘名同前。

1) ⓦ '彼'는 『공목장』에 '修'로 되어 있다. ⓨ 문창당본 두주에는 '彼孔目修作'으로 되

296 『공목장』(T45, 560c)
297 『공목장』(T45, 560c)
298 『오교장』(T45, 488a).

어 있다. 2) ㉯ '佛' 앞에 『공목장』에는 '其'가 있다. ㉰ 문창당본에 '其'를 보입하였다. 3) ㉰ '方'은 『오교장』에 '力'으로 되어 있다. 대교본인 갑본과 을본에는 '方'으로 되어 있다.

4. 실천에 근거함

넷째, 실천에 근거한다. 학學 이외에 무학의 아라한 계위에서 곧 그 부처를 성취한다.[299]

四約行。學已外無學羅漢位。卽成其佛。

5. 시기에 근거함

다섯째, 시기에 근거한다. 대승에 의하면, 3아승지 외에 곧 그 부처를 성취한다.[300] 겁수에 대해서는 『오교장』 하권에 있는 바와 같다. 또한 『공목장』 제4권에서 "대승의에서는 구리狗梨[301]로부터 그 이후 100구를 성취하여 1수受라고 한다. 1수 이후를 1아승지라고 한다. 이것은 대수 10수數 가운데 제1수이다. 삼승대승의 부처는 오직 한 방위만의 부처가 교화하는 의미이다. 이 3대겁을 지나 수도하여 성불을 얻는다."[302]라고 하였다.

五約時。依大乘三僧祇外。卽成其佛。劫數如下卷。又孔目第四云。大乘義。從狗[1)]梨已去。成一百句名一受。一受已去。名一阿僧祇。此是大數。十數

299 『공목장』(T45, 560c).

300 『공목장』(T45, 560c).

301 『화엄경』(T9, 568a)에서 "백천백천을 1구리라고 한다.(百千百千名一拘梨)"라고 하였다. 1조에 해당한다.

302 『공목장』(T45, 576b).

中第一數也。三乘大乘佛。唯一方佛化儀。經此三大劫。修道得成佛。

1) ㉮ '狗'는 『공목장』에 '拘'로 되어 있다.

6. 보살행에 근거함

여섯째는 보살행에 근거한다. 33심 외에 곧 그 부처를 이룬다.[303]

六約菩薩行。三十忍[1)]三心外。卽成其佛。

1) ㉯ '忍'은 『공목장』에 없다. ㉮ 문창당본에 두주로 '孔目忍字無'라고 되어 있다.

7. 무분별 공리에 근거함

일곱째, 무분별의 공리에 근거한다. 일념에 곧 그 부처를 성취한다.[304] 『기記』에서 "회심교 가운데 의타법이 존재하며, 이것은 있는 듯한 양상(似有相)으로서 본성은 공하다. 이 본성이 공한 것이 임시의 양상인 것에 근거하면, 공의 도리는 진여의 도리가 아니다."라고 하였다.

七約無分別空理。一念卽成其佛。記云。迴心教中。存依他法。似有相而性是空。約此性空之假相。空理不爲眞如理。

8. 생사에 근거함

여덟째는 생사에 근거한다. 최후의 분단신상에 곧 그 부처를 성취한

303 『공목장』(T45, 560c)

304 『공목장』(T45, 560c).

다.[305] 이것은 화신에 근거한다. 보신에 근거하면, 분단신 후에, 곧 그 부처를 성취한다. 『기記』에서 "'보신에 근거한다'라는 것은 분단신을 멸하여 그 후에 성불하는 것이다."라고 하였다. 하권에서 "시교 가운데 근거하면 회심한 성문을 위하여 분단신으로 구경위에 도달한다고 설한다. 부처(佛身)도 역시 마찬가지이다. 그러나 이것은 실제의 보신이 아니다."[306]라고 하였다.

八約生死。最後分段身上。卽成其佛。此約化身。若約報身。分段身後。卽成其佛。記云。約報身者。滅分段身。後成佛也。下卷云。若始敎中。爲逥[1)]聲聞。亦說分段。至究竟。[2)] 佛身亦爾。然[3)]是化非實也。

1) ㉰ '逥'는 『오교장』에 '逥心'으로 되어 있다. 대교본인 갑본과 을본에는 '逥'로 되어 있다. 2) ㉰ '竟'은 『오교장』에 '竟位'로 되어 있다. 대교본인 갑본과 을본에는 '竟'으로 되어 있다. 3) ㉰ '然'은 『오교장』에 '然此'로 되어 있다. 대교본인 갑본과 을본에는 '然'으로 되어 있다.

제4장 초교 직진위에 근거함

1. 계위에 근거함

초교의 직진위에 근거하면 일곱 가지 문이 있다. 첫째는 계위에 근거한다. 처음 10신위 등으로부터, 또는 환희지 등에서 10지까지를 만족한 후에 그 부처를 성취한다. 이것은 부처의 경계인 분단신으로 말미암기 때문이다.[307] 『기記』에서 "이것은 『본업경』의 뜻이다. 즉 백 겁 동안 뛰어난 모

305 『공목장』(T45, 560c).
306 『오교장』(T45, 491a; 488a).
307 『공목장』(T45, 560c).

습을 갖추기 위한 행위에 감응한 바이기 때문이다. 행위에 감응한 바의 측면에서 분단이라고 이름한다. 원인의 계위에서 번뇌가 있는 행위를 원인으로 하는 것과 같지 않으며, 사취[308]를 조건으로 하여 얻은 분단신이다."라고 하였다.

約初敎已[1)]直進位有其七門。一約位。初從十信位等。乃至從歡喜地等。滿足十地外。卽成其佛。此由佛境分段身故。記云。此本業經意。謂百劫修相好業所感故。業所感邊。名爲分段。不如因位有漏業爲因。四取爲緣所得分段身也。

1) 역 '已'는『공목장』에 없다.

2. 다시 계위에 근거함

둘째, 다시 계위에 근거한다. 환희지로부터 제9지를 다하고, 제10지에서 곧 물러나지 않으므로 그 부처를 성취한다. 이것 또한 하위의 성문에 대한 것이다. 하신下身에서 성불하므로 이 설을 지었다.[309]

二復約位。從歡喜地。盡第九地。於第十地。卽退[1)]成其佛。此亦爲對聲聞下位。於下身成佛。故作此說。

1) 역 '退'는『공목장』에 '不退'로 되어 있다.

308 사취四取 :『대방등대집경』(T13, 13a)에는 욕취欲取·유취有取·견취見取·계취戒取로 되어 있다. 길장의『법화현론』(T34, 428b)에서는 생사의 인연에 두 가지가 있으며, 그 첫째가 유루업을 원인으로 하고, 사취를 연으로 한다고 하였다.『대승사론현의기』(X46, 616a)에서는 이와 같은 설이『승만경』에서 비롯한다고 하였다.

309『공목장』(T45, 560c).

3. 도리에 근거함

셋째, 도리에 근거한다. 진여는 무분별공이므로 일념에 곧 그 부처를 성취한다.[310]

三約理。眞[1)]如無分別空。一念卽成其佛。

1) ㉮ '眞'은 『공목장』에 '謂眞'으로 되어 있다.

4. 10지 이후 일념성불의에 근거함

넷째, 10지 이후에 근거하니, 일념에 결과를 증득하여 그 부처를 성취한다.[311] 『십현문』에서 "만약 대승의 일념성불의를 밝힌다면 대체로 두 종류가 있다. 첫째는 조건을 모아 진실한 본성으로 들어가는 것으로서 많고 적음의 구별이 없기 때문에 일념성불의를 밝히는 것이다. 『대품경』「일념품」에서 설한 것이 이것이다. 둘째는 많은 실천이 이미 가득 차 최후념을 취하므로 성불한다고 이름한다. 사람이 멀리 갈 때 맨 뒤 마지막 걸음으로 도달한 것으로 삼는 것과 마찬가지이다. 이것은 역시 분용의 연기이며 3아승지겁의 수행도를 밝히는 것이다. 10지 이전은 1아승지겁이다. 초지에서 7지까지는 2아승지이다. 8지에서 10지는 3아승지이다.[312] 그러나 역시 정해지지 않았으니, 그 때문에 일념성불이 있는 것이다. 그러므로 정

310 『공목장』(T45, 560c).

311 『공목장』(T45, 560c).

312 『섭대승론장』에서는 『섭대승론』「수시장」(T85, 1018c)을 전거로 하여 이와 같은 설을 주장하고 있다. "10지 이전의 1대겁승지에 피부의 번뇌를 끊고, 초지부터 7지까지의 제2 대겁아승지에 육체의 번뇌를 끊고, 8지에서 10지에 이르는 제3 대겁승지에 마음의 번뇌를 끊는다.(地前一大劫僧祇斷皮煩惱。初地至七地第二大劫阿僧祇斷肉煩惱。八地至十地第三大劫阿僧祇斷心煩惱。)"

해지지 않은 사람임을 알 수 있다."[313]라고 했다.

四約十地後。一念證果。卽成其佛。玄門云。若大乘。明一念佛[1)]成佛義者。凡有二種。一者會緣以入實。性無多小故。明一念成佛。如大品經一念品義。是也。二者行行旣滿。取最後念。名爲成佛。如人遠行。以後步爲到。此亦分因[2)]緣起。而明三僧祇劫修道。地前是一僧祇劫。初地至七地是二僧祇。八地至十地是三僧祇。然亦不定。爲有一念成佛。故明知不定人。[3)]

1) ㉮ '佛'은『십현문』에 없다. 2) ㉯ '因'은 '用'으로 의심된다. ㉮『십현문』에 '用'으로 되어 있다. 3) ㉮ '人'은『십현문』에 없다.

『종남문답』에서 "첫째, 깨달음의 도리로 말미암아 계위가 완전할 때 오직 일념이기 때문이다. 둘째, 조건을 모아 진실을 따를 때 법성에는 많음과 적음, 길고 짧음이 없다. 하나가 성립하면 즉 모든 것이 성립하며, 모든 것이 성립하면 하나가 성립하기 때문이다."[314]라고 하였다. 이것은 앞(『십현문』)의 두 가지 의미와 역으로 되어 있다. 『종남문답』의 (첫 번째는) 『공목장』 앞(約理)의 의미에 해당하고, 뒤의 것은 『공목장』의 이 뜻에 해당한다.

終南問答云。一由覺理位滿足時。唯一念故。二會緣從實時。法性無多非[1)]長短。一成卽一切成。一切成卽一成故。此逆次前二義。當孔目上義。後義。當孔目此義。

1) ㉮ '非'는『오십요문답』에 '少'로 되어 있다.

313 『일승십현문』(T45, 518a).
314 『오십요문답』(T45, 520a).

5. 시기에 근거함

다섯째, 시기에 근거한다. 대승은 3아승지 후에 곧 그 부처를 성취한다.[315]

五約時。大乘三僧祇後。卽成其佛。

6. 실천에 근거함

여섯째, 실천에 근거한다. 구경의 무학에서 그 부처를 성취한다.[316]

六約行。究竟無學卽成其佛。

7. 대승 12주에 근거함

일곱째, 대승의 12주에 근거하니, 최고위인 제12주에 보살이 머문 후에 곧 그 부처를 성취한다.[317] 『종남문답』에서 "만약 삼승시교에 의거하면, 즉 반은 성불하고, 반은 성불하지 못한다. 만약 직진교와 회심교 두 사람의 경우, 수행하여 만 겁을 가득 채운 후에 감임지에 머문다면, 모두 성불한다. 만약 이 위에 이르지 못하면 곧 일천제와 더불어 계위와 동일하다. 이와 같은 사람들은 모두 성불하지 못한다. 이것은 계위에 근거한 말이다."[318]라고 하였다.

---

315 『공목장』(T45, 561a).
316 『공목장』(T45, 561a).
317 『공목장』(T45, 561a).
318 『오십요문답』「삼중생작불의三衆生作佛義 십조림후석十稠林後釋」(T45, 519c).

七約大乘十二住。於第十二最上菩薩住後。卽成其佛。終南問答云。若依三乘始教。卽半成佛半不成佛。若直進及迴心二人。修行滿十千劫。住堪任地者。並皆成佛。若未至此位。卽與一闡底迦。位同。如此人等。並皆不成佛。此據位語。

제5장 시교의 삼신불

1. 화신불

1) 부처님의 어머니

"만약 부처님의 어머니라면, 하나의 삼천세계에 있는 부처 등은 모두 화신불이다. 마야의 권속 등은 역시 진실한 몸이 아니다. 제3 천계에도 역시 별도의 부처가 있으며 화불의 의미는 앞과 같다. 정토 가운데에 부처님의 어머니 등의 여러 권속이 있는 것도 역시 오직 화불일 뿐이다. 이것은 법문의 화불로서 팔상의 화불이 아니다.[319] 만약 백 겁 동안 뛰어난 모습을 갖추는 행위를 닦는(修相好業) 자는 화불로서 진실한 부처가 아니다.【이상은 오직 시교에 근거한다.】"[320]라고 하였다.

若佛母者。於一三千所有佛等。並是化佛。摩耶眷屬等。亦卽非實。諸三千界處。亦有別佛。化義同前。淨土之中。有[1)]佛母等。諸眷屬者。亦唯是化佛。是法門[2)]非八相化也。若百劫修相好業者。是化非實。【已上唯約始教。】

319 『오십요문답』「칠불모권속의七佛母眷屬義 후마야중석後摩耶中釋」(T45, 520a).

320 『오십요문답』「십제교수도총별의十諸教修道總別義 제십지초이구삼매설第十地初離垢三昧說」(T45, 520c)에서 취의한 것이다.

1) 역 '有'는 『오십요문답』에 없다. 2) 역 '門' 다음에 『오십요문답』에는 '化'로 되어 있다.

2) 중생 성불의 전후

"만약 일체중생이 성불을 이루는 순서에 대해서라면, 시방세계 다 부처가 있기 때문에 동시에 타처에서도 성불한다. 만약 타방의 유정이라면 교화하는 자, 교화되는 자가 동시에 성불할 수 있으니, 나가고 물러나는 것이 정해져 있지 않기 때문이다."[321]라고 하였다.

若一切衆生佛[1)]前後者。有十方佛故。得同時他處成佛。若化[2)]有情。亦得能化所化。同時成佛。爲進退不定故。

1) 역 '佛' 앞에 『오십요문답』에는 '成'으로 되어 있다. 2) 역 '化'는 『오십요문답』에 '他'로 되어 있다.

3) 타방불의 응화

"타방에 계신 모든 부처님의 응화에 대해서라면 시방 정토의 모든 부처님이 함께 실제의 보신(實報)으로 변화함이 없다. 만약 방편으로 일으킨 것이라면 처음과 끝이 정해져 있지 않다. 유정의 근기로 하여금 변화를 알게 하는 것은, 즉 화불에 포섭된다. 만약 색구경처 및 보리수 아래라면 두 부처가 상대하며, 거기엔 두 가지 뜻이 있다. 첫째는 화신으로써 보신을 나타낸다. 즉 보리수 아래에서 연화장세계해 가운데의 부처를 드러낸다. 이것은 보신이기 때문이다. 둘째는 보신으로써 화신을 드러낸다. 색구경처를 들어 높고 큰 몸을 성취하여 보리수 아래에 몸을 드러낸 것이

321 『오십요문답』「사성불전후의四成佛前後義 사십무애변후석四十無礙辨後釋」(T45, 519c)에서 취의한 것이다.

니, 이것은 화불의 의미이다."[322]라고 하였다. 이상의 문장은 시교와 종교에 공통된다. 지금 이 문장의 처음은 (시교·종교) 2교의 두 가지 의미에 통한다.

若他方諸佛應化者。十方淨土。所有諸佛。並是實報。無有變化。若權起。不定始終。令有情機。知變化者。卽屬化攝。若色究竟處。及菩提樹下。二佛相對。有其兩義。一以化顯報。卽樹下顯蓮華藏世界海中佛。是報故也。二以報顯化。擧色究竟處成高大身。顯菩提樹下。是化義也。以上文是通始終敎。今此文初通二敎兩義。

2. 보신불

이하는 일승의 보신과 시교의 보신으로서 화신에 대비되는 교설이다. 그러므로 『소疏』 제3권에서 "시교에 의하면 색계의 꼭대기에서 소승을 이끌기 위해 같은 세계에서 설한다. 종교에 의하면 삼계에 존재하지 않는다. 『열반경』[323]에서 '서방정토는 여기서 32항하사 불토를 떠나 세계가 있으니, 이름이 무승이다'라고 하였다. 이것은 석가불이 보불로서 이룩한 불정토이다."[324]라고 하였다. "여러 근기가 상입하는 양상이라면 두 종류가 있다. 첫째는 본성에 의거함이다. 즉 대승보살·연각·성문이다. 만약 깨달음을 나타내는 것에 의거하면 총체적으로 대승보살인이라고 한다. 지금은 본성을 포섭하여 대승을 따른 것이므로 간략할 뿐이다. 즉 변화와 '본성을 고침'이라는 두 가지 의미가 모두 성립한다."[325]라고 하였다.

---

322 『오십요문답』「육타방불성화의六他方佛成化義」(T45, 520a)에서 취의한 것이다.
323 『열반경』(T12, 752c).
324 『탐현기』(T35, 158a).
325 『오십요문답』「팔불정근의八佛情根義 제2품 초청중석初請中釋」(T45, 520b)에서 취의

已下以一乘報。始教報身。望化說也。故疏第三云。若始教。在色界頂。爲引小乘。同界說。若依終教。不在三界。如涅槃云。西方去此三十二恒河沙佛土有世界。名無勝。是釋迦佛報佛淨土。若諸根相入相者。有二義。一據本性。卽大乘菩薩緣覺聲聞。若依現覺。[1] 總名大乘菩薩人。今攝本性。從大乘簡耳。卽變化改性二義。皆成也。

1) ㉮ '覺'은 『오십요문답』에 '學'으로 되어 있다.

3. 시교의 성불 여부

1) 수도修道에 의거함

수도에 의하여 성불과 불성불을 밝힌다면, "실제로 수도를 실천하는 사람은 모두 다 성불하지만, 다른 근기에 대해서라면 성불하지 못함을 드러내며, 올바른 도리에 근거하면 성불과 성불하지 않음이 없다."[326] "부처의 모습이라면 덕도 있고 사람의 형상도 있는 것이 부처님의 형상이다."[327] 이와 같은 문장의 의미는 시교과 종교에 통한다.

若修道。成佛不成佛者。實行修道。皆悉成佛。若對異機。現不成佛。若約正理。無成不成。若佛相貌者。亦德亦人相。是佛相貌。此等文意。通始終教。

한 것이다.

326 『오십요문답』 「십일성불불성불의十一成佛不成佛義 조림후석稠林後釋」(T45, 520c)에서 취의한 것이다.

327 『오십요문답』 「십이불상모의十二佛相貌義 제3 지식중석知識中釋」(T45, 521a)에서 취의한 것이다.

2) 종성 차별에 의거함

종성 차별에 대해서라면, 『오교장』에서 “시교라면, 즉 번뇌가 있는 무상법에서 종성을 세우기 때문에 곧 일체유정에 편만하지 못하다. 그러므로 오종성 가운데 곧 종성이 없는 중생이 일부 있다. 그러므로 『현양론』[328]에서 ‘무엇이 종성 차별인가. 오종의 도리로써 일체의 바탕(界)의 차별이 성립하기 때문이다. 또는 말하기를, 오직 현재세에만 열반에 들지 못하는 것은 아니라는 것은 도리에 맞지 않기 때문이다’ 등등 구체적으로 설했다. 그러므로 법이 그렇기 때문에 시작도 없는 때부터 일체 유정에는 오종성이 있음을 알아야 한다. 제5 종성은 출세 공덕의 원인이 없다. 그렇기 때문에 영원히 번뇌의 세계를 벗어나지 못한다. 이와 같은 도리로 모든 부처가 유정을 이롭고 즐겁게 하는 공덕이 완전히 끊어진 적이 없다. 그 종성이 있다는 것은 『유가론』에서 ‘종성에 또한 두 종류가 있다. 첫째는 본성에 주하는 것, 둘째는 수행으로 성취된 것이다’[329]라고 하였다.”[330] 라고 했다. 그 내용은 『오교장』에서 구체적으로 설했다.

若種性差別者。五敎云。一約始敎。卽就有爲無常法。立種性故。則不能遍一切有情。故五種性中。卽有一分無性衆生。故顯揚論云。云何種性差別。五種道理。一[1)]切界差別可得故。乃至云唯現在世。非般涅槃。不應理故。乃至廣說。是故當知。由法爾故。無始時來。一切有情有五種性。第五種性。無有出世功德因。故永不滅度。由是道理。諸佛利樂有情功德。無有斷盡。其有種性者。如[2)]瑜伽論云。種性亦有二種。一本性住。二習所成。廣如彼說。

1) ㉾ ‘一’은 『오교장』에 ‘謂一’로 되어 있다. 대교본인 갑본과 을본에는 ‘一’로 되어

328 『현양론』(T31, 581a).
329 『유가론』(T30, 478c).
330 『오교장』(T45, 485c).

있다. 2) ㉮ '如'는『오교장』에 없다. 대교본인 갑본과 을본에는 '如'로 되어 있다.

又 "삼승시교의 경우에는 어느 정도 소승과 다르기 때문에 많은 사람이 종성을 지닌다. 그러나 아직 저 소승과 완전히 다르지 않아 일부분의 종성이 없는 중생을 허용한다. 그러므로『논論』[331] 가운데 권교로서 완전하지 못한 설로 판정했다."[332]라고 하였다.

又云。若三乘始教中。以漸異小乘故。說多人有性。猶未全異彼。故許一分無性。是故論中判。爲權施不了說也。

제6장 대승종교의 성불

1. 계위에 근거함

대승종교에 근거하면 열 가지 항목이 있다. 첫째는 계위에 근거하는 것이니, 10신의 실천으로부터 환희지 등 10지를 가득 채운 후에 곧 부처를 성취한다.[333]

約大乘終教。有其十門。一者約位。從十信行。乃至歡喜等十地滿後。卽其[1)]佛。

1) ㉯ '其' 위에 '成'이 있어야 한다. ㉮『공목장』에 그렇게 되어 있다. 문창당본에서도『공목장』에 따라 '成'을 보입하였다.

331 『오교장』(T45, 486c)에 따르면『불성론』을 가리킨다.
332 『오교장』(T45, 487a).
333 『공목장』(T45, 561a)

2. 10지에 근거함

둘째, 환희지 등의 초지에서 제9지를 다함에 이르고, 제10지 가운데 그 부처를 성취한다. 『범망경』에서 설하는 것이 이것이다. 이는 성문에 대하기 위하여 범부의 몸으로 결과를 증득함을 나타낸 것이다. 그러므로 이 설을 만들었다. 이것은 변화불의 성취에 해당하며 진실한 성불에 해당하지 않는다.[334] 『기記』에서 "『범망경』 상권 가운데 '열째는 체성으로 불경계지에 들어간다'[335]라고 하였다. 이 문장에 의거하여 제10지 가운데 성불함을 알 수 있다."라고 하였다.

二者從歡喜等初地。至盡第九地。於第十地中卽成其佛。如梵網經所說者是。此爲對聲聞。現凡身上。得於果證。故作此說。此當變化佛成。非當實成。記云。上卷梵[1)]經中云。第十體性入佛境界地。依此文故。知第十地中。成佛也。

1) ㉕ '梵' 아래에 '網'이 탈락된 것 같다.

3. 계위에 근거함

셋째, 계위에 근거한다. 첫째 환희지로부터 제3지에 이르기까지 이는 세간의 모습으로서 삼계와 동일하다. 제4지 이후 제7지의 모습은 번뇌가 없음과 동일하다. 세간신 가운데 저 삼승의 번뇌가 흐르지 않는 공덕을 얻었기에 "세간을 벗어났다."라고 한다.[336] 『기記』에서 "의지하는 몸이 분단신과 동일함에 근거한다. 그러므로 이것은 세간이고, 제4지에서 처음

334 『공목장』(T45, 561a).
335 『범망경』(T24, 998a).
336 『공목장』(T45, 561a).

으로 출세의 공덕을 얻는 것이니, 이 덕에 근거해서 '세간을 벗어났다'라고 한다."라고 하였다. "제8지에서 제10지에 이르기까지를 '출출세'라고 하여 즉 성불을 얻는다."[337] 『신라기』에서 "이 의거하는 몸은 동일하게 변역신을 성취한다. 그러므로 제8지에서 법신을 성취한다."라고 하였다.

三者是約位。從初歡喜地。至第三地。是世間相。同三界。第四地已去。第七地相。同無流。於世間身中。得彼三乘無流德。名爲出世。記云。約所依身。同分段故。是世間而。第四地初得出世德故。約此德。爲出世也。第八此[1)]至第十地。名出出世。卽得成佛。記云。是所依身。同成變易故。第八地成法身。

1) ㊉ '此'는 '地'가 되어야 한다.

【『기記』에서 "『십지경론』과 『기신론』의 의도와 해석에 근거한다. 즉 『기신론』에서 '색자재지에 의거한다' 하였다.[338] 그러므로 10신이 서로 짓는 의의를 성취한다. 『십지경론』에서 '삼세간에서 자재하기 때문에 열 가지 자재를 얻는다'[339]라고 하였다. 이 계위(不動地)에 근거하기 때문에 이 계위에서 처음으로 성불한다. 이와 같이 8지 가운데 무생인을 증득하므로 법신을 성취하는 것이다. 제9지 가운데 49무애변재로써 근기에 응하여 법을 설한다.[340] 그러므로 응신이다. 제10지 가운데는 운우雲雨의 법을 설한다. 그러므로 화신을 성취하는 것이다."라고 하였다.】 "제9지는 응신을 성취한다. 제10지는 화신을 성취한

337 『공목장』(T45, 561a).

338 『기신론』(T32, 577c).

339 『십지경론』 10권 부동지不動地(T26, 183c)에서 "『논』에서 이르길, '자재를 얻는다'라는 것은, 보살이 이와 같이 환경 세계·중생 세계·지정각 세계에서 세 가지 자재행을 수행하기 때문에 열 가지 자재를 얻는 것이다.(論曰。得自在者。是菩薩如是修行。器世間。衆生世間。智正覺世間。三種自在行故。得十自在。)"라고 하였다.

340 『대승장엄경론』(T31, 659b)에서 "능히 운우의 법과 같기 때문에 법운지라고 한다.(由能如雲雨法故。名法雲地。)"라고 하였다. 참고로 이 문장은 원측의 『해심밀경소』, 법장의 『탐현기』 등에도 인용되지만, 화신과는 관련 짓지 않는다.

다. 이것은 10지 가운데 별도의 지상地相이다. 그러므로 이와 같은 설이 되었다."[341]

【記云。約十地論。起信論意釋。謂起信論云。依色自在地。故成十身相作義。十地論云。三世間自在故。得十自在。約此位故。此位初成佛也。如是第八地中。證無生忍故。成法身也。第九地中。四十九無礙辨才。應機說法。故成應身也。第十地中。雲雨法說。故成化身也。】第九地成應身。第十地成化身。此爲於十地中。別地相。故作是說。

4. 일념성불

넷째는 일념성불이다. 무분별 진리에 의거하여 이와 같은 설을 지었다.[342]

四者一念成佛。約無分別眞理。故作是說。

5. 증득에 근거함

다섯째는 증득에 의거한다. 이로써 일념성불을 밝힌다. 초지 가운데의 일념으로 증득하기 때문이다.[343]

第五約證。以明一念成佛。於初地中一念證故。

341 『공목장』(T45, 561a).
342 『공목장』(T45, 561a).
343 『공목장』(T45, 561a).

6. 10지 후 일념

여섯째는 10지 후의 일념으로 결과를 증득하는 것을 일념성불이라고 한다. 위의 제 일념은 이른바 무념이다.[344]

六於十地後。一念證果。名一念成佛。上諸一念者。所謂無念也。

7. 시기에 근거함

일곱째는 시기에 의거한다. 즉 대승은 3아승지 이후에 곧 부처가 된다.[345] 하권에서 "둘째, 3아승지가 일정하지 않으니, 여기에 두 가지 의미가 있다. 첫째는 나머지 잡다한 세계에도 통하기 때문이다. 『승천왕경』에서 설하는 바와 같다. 둘째는 부처님의 공덕이 한량없기 때문이다. 『보운경』에서 '선남자여, 보살은 여래 경계를 능히 사유할 수 없고, 헤아릴 수도 없다. 다만 낮고 가까운 곳에 있는 중생들을 위하여 3아승지의 수행을 쌓아 얻는 보리를 설한 것에 불과하다. 그러나 실제로 발심 이후 그 수를 헤아릴 수 없다'라고 하였다. 해석하면, 이 가운데 '그 수를 헤아릴 수 없다'라고 한 것은 아승지겁이지만, 단지 3아승지인 것은 아니다."[346]라고 하였다.

七約時者。謂大乘三僧祇後。卽是佛。下卷云。二不定三[1)]僧祇。此有二義。一爲[2)]通餘雜類世界故。如勝天王經說。二據佛德[3)]無限量故。如寶雲經云。善男子。菩薩不能思議如來境界。不可思量。但爲淺近衆生。說三僧祇修

344 『공목장』(T45, 561a).
345 『공목장』(T45, 561a).
346 『오교장』(T45, 490c)으로부터 발췌 인용하였다.

集。所得菩提。而實發心已來。不可計數。解云。此中不可計數。阿僧祇劫。非但三也。

1) ⓔ '三'은『오교장』에 '修三阿'로 되어 있으나, 대교본인 갑본과 을본에는 '三'으로 되어 있다. 2) ⓔ '爲'는『오교장』에 없으나, 대교본인 갑본과 을본에는 '爲'로 되어 있다. 3) ⓔ '德'은『오교장』에 '功德'으로 되어 있으나, 대교본인 갑본과 을본에는 '德'으로 되어 있다.

문 무엇 때문에 앞의 교설에서는 3아승지를 정하면서 이 가운데는 일정한 것과 일정하지 않은 경우가 있는가?

답 앞의 가르침은 초보의 중생을 위해서이고, 이 가르침은 숙련된 중생을 위한 가르침이기 때문이다. 방편으로 점점 저 삼승을 권하여 일승으로 향하게 하기 때문에 이 설을 지었다.[347]

問。何故前教。定三僧祇。此中乃有。定不定耶。答。前教生故。此教熟故。方便漸漸。勸彼三乘向一乘。故作是說也。

8. 실천에 근거함

여덟째, 실천에 근거한다. 금강심 후에 일체지의 지혜를 얻으니, 곧 부처이다.[348]

八約行。金剛心後。得一切智智。卽是佛。

347『오교장』(T45, 491c).
348『공목장』(T45, 561a).

9. 생사에 근거함

아홉째, 생사에 근거한다. 일곱 가지 생사를 멸한 후에 곧 저 부처가 되는 것이다.[349]

九約生死。滅[1)]七種生死後。卽是其佛。

1) ㉮ '滅'은 문창당본에 '或'으로 되어 있고, 두주에 '滅歟'라고 되어 있다.

1) 일곱 가지 생사

『기記』에서 말하였다.

"즉 분단은 세 가지 존재이고, 변역은 네 가지 생사이기 때문에 일곱 가지 생사라고 한다. 이 의미에 근거하기 때문에 의상 대덕께서 '일곱 가지 고제'[350]라고 하였다. 그러므로 『양섭론』에서 '삼종의 집제는, 즉 피부·육체·마음의 번뇌이고, 일곱 가지 고제는 삼계의 분단이 셋이고, 변역에 넷이어서 일곱 가지이다'[351]라고 하였다.

349 『공목장』(T45, 561a).

350 『법계도』(T45, 712c). 한편 『법계도기총수록』(T45, 750b)에서는 「법기法記」에서 '칠종고제七種苦諦'를 주석하면서, 이것이 일곱 가지 생사로서 분단생사에 세 가지가 있고, 변역생사에 네 가지가 있다 하고, 변역생사의 네 가지에 대해서 방편생사方便生死·인연생사因緣生死·유유생사有有生死·무유생사無有生死를 들고 있다.

351 진제역, 『섭대승론석』에서 피부·육체·마음은 번뇌가 깊어지는 단계를 의미한다. 그러나 『섭대승론석』에서 같은 문장을 찾을 수 없다. 이와 관련된 문장으로(T31, 174a), "『논』에서 말한다. 출세의 최청정 법계에서 유출하기 때문이다. 『석』에서 말한다. 일곱 가지 고제를 벗어나 세 가지 집제를 멸하기 때문에 출세라고 이름한다.(論曰。出世最清淨法界流出故。釋曰。出七種苦諦。滅三種集諦故名出世。)"라고 함을 들 수 있다. 한편 『대승현론』(T45, 47b)에서는 "섭론사가 '일곱 가지 생사가 있어 삼계의 분단생사에 세 가지, 변역생사에 네 가지가 있다'라고 하였다.(攝論師云。有七種生死。三界分段爲三種。變易有四種。)"라고 하였다. 뒤에도 이어지지만 이러한 문장은 『신라기』에서 인용한 것이고, 견등이 직접 확인한 것은 아닐 것이다.

記云。謂分段三有。變[1)]易四生死故。云七種生死。約此義故。相德云。七種苦諦也。故梁論云。三種集諦。謂皮肉心。七種苦諦。謂三界分段爲三。變易有四故。有七種。

1) 역 '變'은 문창당본에 '及'으로 되어 있고, 협주에 '反歟'로 되어 있다. '反'은 '變'의 이체자로 쓰인다.

2) 변역생사

① 변역생사의 네 가지

『보성론』에서 '변역에 네 가지가 있으니, 첫째 연상緣相, 둘째 인상因相, 셋째 생상生相, 넷째 괴상壞相이다'[352]라고 하였다. 『불성론』에서는 '첫째 방편, 둘째 인연, 셋째 유유有有, 넷째 무유無有이다'[353]라고 하였다. 『무상의경』에서는 '삼계 가운데 네 가지 어려움이 있으니, 첫째 번뇌난, 둘째 업난, 셋째 생보난生報難, 넷째 과실난過失難이다. 무명주지로 일어난 인연생사는 업난과 같다. 무명주지로 일어난 유유생사는 생보난과 같다. 무명주지로 일어난 무유생사는 과실난과 같다'[354]라고 하였다.[355]

寶性論云。變易有四。一緣相。二因相。三生相。四壞相。佛性論云。一方便。二因緣。三有有。四無有。無上依經云。三界中有四難。一煩惱難。二業難。三生報難。四過失難。無明住地。緣起[1)]因緣生死。如業難。無明住地。緣起

352 『보성론』(T31, 830b)에서는 네 가지 장애를 거론하면서 이 네 가지를 들고 있다.
353 『불성론』(T31, 799a)에서는 네 가지 장애(怨障)로 이 네 가지 생사를 들고 있다.
354 『무상의경』(T16, 472b).
355 이 부분은 쇼센(聖詮)의 『화엄오교장심의초華嚴五教章深意鈔』(T73, 50a~51a)에서 이후 장문을 인용하고 있다. 따라서 아래 역시 『신라기』로부터 인용한 것임을 알 수 있다. 아마도 이 장이 전부 『신라기』로부터 인용한 것일 것이다.

有有生死。如生報難。無明住地。緣起無有生死。如過失難。

1) ㉮ '緣起'는 『무상의경』에 '所起'로 되어 있다. 이하 같다. 『심의초』에도 '緣起'로 되어 있다.

② 방편생사

해석하면[356] 『승만경』에 의하면 오주종자[357]를 오주지라고 이름한다.[358] 오주지에 의하여 현행이 일어남을 오주기五住起라고 이름한다. 무명주지의 종자에 의해 일어난 현행의 법집으로서의 무명이 변역생사의 방편이므로 방편생사라고 이름한다. 그러므로 『불성론』에서 '방편생사라는 것은 무명주지가 능히 새로운 무류업無流業을 생기하는 것이다. 비유하면 무명이 행을 낳는 것과 같다'[359]라고 하였다.

解云。依勝鬘經。五住種子。名五住地。依五住地。起於現行。名五住起。依無明住他。[1] 種子緣起。現行法執無明。是變易生死方便。名方便生死。故佛性論云。方便生死者。是無明住地。能生新無流業。譬如無明生行。

1) ㉮ '他'는 문창당본에 '地'로 되어 있다. 『심의초』에도 '地'로 되어 있다.

356 『기記』의 해석이다.

357 오주종자 : 이 용어는 돈황본 『섭대승의장』(T85), 길장의 『승만보굴勝鬘寶窟』(T37)에서만 확인된다.

358 '지地'와 '기起'의 차이는 『탐현기』(T35, 205b)에서 "지地와 기起를 분별하면, 초구는 오주기五住起이며, 후구는 오주지五住地이다.(地起分別。初句是五住起。後句是五住地也。)"라고 언급되어 있다. 이것은 『탐현기』 「초발심공덕품석」에 나오며, 초구는 '일체번뇌一切煩惱', 후구는 '근본번뇌根本煩惱'를 가리킨다.

359 『불성론』(T31, 799a).

③ 인연생사

둘째, 인연생사이다. 무명주지의 연에 의하여 무루업을 발하는 것은 변역생사이다. 친히 바탕이 되어 조력하므로 인연생사라고 이름한다.[360] 이 앞의 두 생사는 올바른 변역이 아니며, 변역을 위하여 방편 및 인연이 되기 때문에 또한 생사라고 이름한다. 삼계 가운데 혹업은 분단의 방편인연이어서 또한 분단생사라고도 함과 같다. 그러므로 『양섭론』에서 '고제와 집제는 생사라고 통칭한다'[361]라고 하였다.

二因緣者。依無明住地緣。發無流業。是變易生死。親資[1)]助。因緣生死。此前二生死。非正變易。以與變易。爲方便及因緣。亦名生死。如三界中惑業。是分段方便因緣。亦名分段生死。故梁攝論云。苦[2)]集通名生死。[3)]

1) ㉠ '資'는 문창당본에 '質'로 되어 있으나 두주에 '資歟'로 되어 있다. 이것을 인용하고 있는 『심의초』에는 '質'로 되어 있다. 2) ㉠ '苦'는 문창당본에 '若'으로 되어 있다. 『심의초』에는 '苦'로 되어 있다. 3) ㉠ 다음에 이어지는 '三有有者。依無流業。是業名爲因緣生死。此前二生死非正變易以與變易。爲方便及因緣亦生死。如三界中惑業。是分段生死故。梁論云。苦集通名生死。'를 연문으로 보고, 각주로 처리하였다. 한편 『심의초』에서도 중복되어 있다.

④ 유유생사

셋째, 유유생사이다. 무루업에 의거하여 유루업을 도움으로 인해 이끌리는 변역생사를 유유생사라고 이름한다. 그러므로 『불성론』에서 '유유생사라는 것은 무명주지를 방편으로 하고, 번뇌가 없는 행위를 원인으로 하는 세 성인[362]이 의지대로 태어난 몸이다. 비유하면 사취를 조건으로 하

360 원문의 '因緣生死' 앞에 '名爲'를 넣어 해석했다.
361 『섭대승론석』(T31, 248b).

고 번뇌가 있는 행위를 원인으로 하여 삼계 안에 태어나는 몸과 같다'[363] 라고 하였다.

三有有者。依無流業。資有流業所引變易生死。名有有生死。故佛性論云。有有生死者。是無明住地爲方便。無流業爲因。三種聖人意所生身。譬如四取爲緣。有流業爲因。三界內生身。

⑤ 무유생사

넷째, 무유라 함은, 이것은 변역생사의 최후신이기 때문에 무유라고 이름한다. 그러므로 『불성론』에서 '무유생사라 함은 삼종 성인이 의생신의 최후의 몸을 조건으로 하는 불가사의한 물러나 떨어짐(退墮[364])이다. 비유하면 태어남이 조건이 되어 죽음 등의 과실이 있는 것과 같다'라고 한다."

四無有者。是變易生死最後身。故名無有。故佛性論云。無有生死者。是三種聖人意生身最後身爲緣。是不可思惟[1)]退墮。譬如生爲緣。死等爲過失。

1) ㉮ '惟'는 『심의초』에는 '議'로 되어 있으나, 『불성론』에는 '惟'로 되어 있다.

362 세 성인 : 『불성론』에 따르면, 세 성인은 성문聲聞 · 독각獨覺 · 대력보살大力菩薩이다.

363 『불성론』(T31, 799a).

364 퇴타退墮 : '죽음'으로 번역되기도 한다. 김성철 역주, 『불성론』(씨아이알, 2013) p.142 참조. 이것은 『보성론』의 '불가사의변역사不可思議變易死'를 따른 번역이다.

3) 세 가지 의생신

(1) 『승만경』을 둘러싼 해석

문 무엇이 세 가지 성인인가?

답 『승만경』에서 “무명을 조건으로 번뇌가 없는 행위를 원인으로 하여 아라한·벽지불·대력보살의 삼종 의생신이 생기하여 10지에 존재하기 때문이다.”[365]라고 하였다. 『능가경』 제5권에서 “삼종 의생신이 있다. 첫째는 삼매를 즐기는 의생신이다. 즉 제3지, 제4지, 제5지에 해당한다. 둘째는 제법의 양상을 진실대로 아는 의생신이다. 즉 제8지에 해당한다. 셋째는 갖가지로 짓지 않는 행위를 하는 의생신이다.”[366]라고 하였다.

問。何者是三種聖人。答勝鬘經云。無明爲緣。無流業因。生阿羅漢。辟支佛。大力菩薩。三種意生身。在地上故。楞伽經第五卷云。有三種意生身。一者三昧樂意生身。謂第三第四第五地。二者如實知諸法相意生身。謂於第八地。三者種類無作行意生身。

① 첫째 스님 해석

여러 스님의 해석이 같지 않다. 첫째 스님은, “삼학에 근거하여 지를 나눈다. 3지가 정(삼매)이다. 만약 육도에 근거하면 5지가 정(삼매)이다. 그러므로 3지, 4지, 5지를 삼매를 즐기고 받는 의생신이라고 이름한 것이다. 제6지에는 반야가 현전한다. 그러므로 6지, 7지, 8지는 여러 실천을 여실

---

365 『승만경』 권1 「일승장」(T12, 220a).

366 보리류지菩提留支역, 10권 『입능가경入楞伽經』(T16, 540b)과 구나발타라求那跋陀羅 역, 4권 『능가경』(T16, 497c)을 합친 설명이다.

히 깨닫고 아는 의생신이라고 이름하였다. 그러므로 제8이라는 것은 그 끝을 든 것이다. 9지 이상을 갖가지로 짓지 않는 행위를 하는 의생신라고 한다."라고 하였다.

諸師釋不同。一師云。約三學別地。三地是定。若約六度。五地是定。故云。三四五。名三昧樂受意生身。第六地般槃[1]若現前。故六七八地。名如實覺知諸行智意生身。而言第八者。擧其終也。九地已上。名種類無作行意生身。

1) ㉯ '槃'은 연자로 의심된다. ㉰『심의초』에는 '涅槃'으로 되어 있다. '槃'도 '涅槃'도 연자이다.

② 둘째 스님 해석

둘째 스님은, "첫째는 초지와 2지를 생략했기 때문에 3지, 4지, 5지이다. 둘째도 역시 6지와 7지를 생략했기 때문에 제8지이다. 진실한 도리로 말하자면, 첫째는 앞의 5지에 통하고, 둘째는 6지, 7지, 8지의 3지에 통하며, 셋째는 9지, 10지의 두 지에 통한다."라고 하였다.

第二師云。第一。略初二地故。言三四五。第二亦略初二。故云第八地。理實而言。第一通前五地。第二通六七八三地。第三通九十二地。

③ 셋째 스님 해석

셋째 스님은, "순서대로 두 번째는 제8지에 있다. 즉 첫째는 7지 이전임을 알 수 있다. 그런데 오직 3지, 4지, 5지만 말한 것은 이 가운데 전후를 생략한 것이다. 진실로써 말하면, 첫째는 앞의 7지에 통하고, 둘째는 오직 제8지이며, 셋째는 9지와 10지 두 지에 있다."라고 하였다.

第三師云。次第二於第八地。則知第一七地已還。而唯云三四五者。此中略先[1]後也。以實而言。第一通前七地。第二唯第八地。第三九十二地。

1) ⓔ '先'은 문창당본에 '前'으로 되어 있다. 『심의초』에도 '前'으로 되어 있다.

(2) 『능가경』 등에 대한 해석

또 4권 『능가경』에서는 "첫째는 삼매를 즐겁게 받는 의생신이다."라고 하였다. 지금은 『불성론』에 의거하였다.[367] 진제 스님의 『승만경석』에서는 "세 가지 의생신이라 함은, 이것은 삼승종성의 성인으로 초지 이상에 들어가서 의생신을 받는다. 그러므로 '세 가지 의생신'이라고 이름한다."[368] 라고 하였다. 이것은 『능가경』 가운데 '삼매락' 등의 세 가지 의생신이 아니다.

又四卷楞伽云。第一名三昧樂受樂[1]生身。今依佛性論。眞諦師釋勝鬘經。三種意生身者。是三乘種性聖人。入初地已上。受意生身。故名三種。非是楞伽經中三昧樂等。三種意生身也。

1) ⓦ '樂'은 연자로 의심된다. ⓔ 『심의초』에는 '意'로 되어 있다.

(3) 『불성론』 등에 대한 해석

그러므로 『불성론』에서 "유유생사라 함은 세 성인이 의도한 대로 생기

367 『불성론』에는 이러한 명칭이 없다.
368 진제의 『승만경석』은 현재 남아 있지 않다.

한 몸이다. 무유생사라 함은 세 성인이 의도한 대로 생기한 최후신이 의지하는 생이다."[369]라고 하였다. 『양섭론』에서는 8지 이상이 유유생사라고 했다.[370] 금강보살은 무유생사이다. 이 두 생사는 이미 『불성론』에서 모두 삼종 성인이라고 말했다. 그러므로 삼승종성이 8지 이상에 이르러 유유생사를 받음을 알 수 있다. 본래의 종성으로부터 이름한 것으로, 아라한·벽지불·대력보살이라고 이름하였다.

故佛地[1)]論云。有有生死者。是三種聖人意所[2)]身。無有生死者。是三種聖人意所生最後身依生。梁論八地已上。是有有生死。金剛菩薩。是無有生死。此二生死。既佛性論。皆言三種聖人。故知三乘種姓。至八地已上。受有有生死。從本種姓爲名。名羅漢。辟支。大力菩薩。

1) ㉮ '地'는 '性'의 잘못이다. 『심의초』에도 '地'로 되어 있다. 2) ㉮ '所' 다음에 '生'이 탈락된 듯하다. 『심의초』에도 '所'로 되어 있다.

(4) 7권 『능가경』에 대한 해석

그러므로 『능가경』 제7권에서 "대혜야, 성문과 벽지불은 제8지 보살지 가운데서 적멸삼매락문을 즐거워하는 집착에 취하여 오직 자심이 보는 것을 능히 잘 알지 못한다. 자상과 동상이 훈습의 장애에 떨어지기 때문이며, 인무아견의 과실에 떨어지기 때문이다. 분별심으로써 열반이라 하니, 제법이 적멸함을 능히 알 수 없다."[371]라고 하였다.

"대혜보살이 부처님께 아뢰었다. 세존께서는 성문·벽지불이 제8지의 적멸락문에 들었다고 설하였습니다. 여래는, 또 이것이 다만 자심의 분별

369 『불성론』(T31, 799a)으로부터 취의하였다.
370 『섭대승론석』(T31, 226c).
371 『능가경』(T16, 555a).

임을 성문·벽지불이 알지 못한다고 설하였습니다. 또 설하시기를, 성문은 인무아를 얻고 법무아공을 얻지 못한다고 설하셨습니다. 만약 이와 같다면, 성문·벽지불은 역시 아직 초지의 법을 능히 증득하지 못한 것이 됩니다. 어째서 8지 적멸락문일 수 있겠습니까?"[372]

故楞伽經第七卷云。大慧。聲聞辟支佛。於第八地菩薩中。樂著寂滅三昧樂門醉故。不能善知唯息[1)]見。隨[2)]自相同相熏習障礙。故隨人無我見過故。以分別心。名爲涅槃。而不能知諸法寂滅。大慧菩薩白佛言。世尊說聲聞辟支佛。入第八地寂滅樂門。如來後[3)]說。聲聞辟支佛。不知但是自心分別。後說聲聞得人無我。而不得法無我空。若如是說。聲聞辟支佛。尙[4)]未能證初地之法。何況八地寂滅樂門。

1) ㉰ '息'은 『심의초』에도 '息'으로 되어 있으나, 『능가경』에 '自心'으로 되어 있다. 2) ㉰ '隨'는 『능가경』에 '墮'로 되어 있다. 『심의초』에는 '墮'로 되어 있다. 3) ㉯ '後'는 '復'으로 의심된다. 다음도 마찬가지이다. 『심의초』에는 '後'로 되어 있다. 4) ㉰ '尙'은 『심의초』에 '問'으로 잘못되어 있다.

"부처님께서 대혜에게 말했다. 성문에는 두 부류가 있다. 제8지 적멸문에 들어갔다고 하는 것은, 먼저 보살행을 닦은 자가 성문지에 떨어지고, 다시 본심에 의거하여 보살행을 수행하여 동일하게 제8지 적멸문에 들어가니, 증상만의 적멸성문이 아니다. 저 적멸성문은 능히 보살행에 들어가지 못하며, 일찍이 삼계유심을 알지 못하며, 일찍이 보살의 여러 법을 닦지 못했으며, 아직 일찍이 여러 바라밀과 10지의 실천을 수행하지 못했다. 그러므로 결정적인 적멸성문은 능히 저 보살의 행위가 되는 적멸락문을 증득할 수 없다."[373]

372 『능가경』(T16, 555b).
373 『능가경』(T16, 555b~c).

佛告大慧。聲聞有二。言[1]八[2]八地寂滅門者。此是先修菩薩行者。隨[3]聲聞地。還依本心。修菩薩行。同入八地寂滅門。非增上慢寂滅聲聞。以彼不能入菩薩行。未曾覺知三界唯心。未曾修行菩薩諸法。未曾修行諸波羅蜜十地之[4]行。是故。決定寂滅聲聞。不能證彼菩薩所行。寂滅樂門。

1) ㉮ '言'은 『심의초』에 '定'으로 잘못되어 있다. 2) ㉯ '八'은 '入'으로 의심된다. ㉮ 『능가경』에 '入'으로 되어 있다. 문창당본에 협주로 '入乎'로 되어 있다. 『심의초』에는 '入'으로 되어 있다. 3) ㉮ '隨'는 문창당본과 『심의초』에 '墮'로 되어 있다. 4) ㉮ '之'는 『심의초』에 '三'으로 잘못되어 있다.

4) 생사의 명칭을 갖는 이유

문 무엇 때문에 생사라는 이름을 얻는가?

답 통틀어 변역생사라고 이름하는 것은 전변하고 바뀌는 것이다. 태어남이건 죽음이건 다 함께 양상에 따른 명칭이다. 다른 이름으로 방편인연이라고 한다. 이 둘은 작용에 근거한다. 유유와 무유는 뒤(방편인연)에 대하여 이름한 것이다. 그러므로 『불성론』에서 "유유생사는 상류[374]의 아나함인이 제2생 가운데 반열반하는 것과 같이 일생이 남아 있었기 때문에 유유라고 이름한다. 무유생사는 변역역사의 최후신이다. 그러므로 다시 생사가 없다. 그러므로 무유라고 이름한다."라고 하였다.

問。何故得生死名。答。通名變易生死者。轉變改易。若生若死。並是就相爲名。別名方便因緣。此二約用。有有。無有。對後爲名。故佛性論云。有有

374 상류 : 아나함은 불환위不還位(성위의 제3위)이다. 그 생에서 열반을 얻지 못하면 다시 상위上位에서 존재(有)를 반복하는 것을 상류라고 한다. 다카사키 지키도(高崎直道), 『불성론佛性論』[『신국역대장경』 논집부 2(大藏出版, 2005), p.103]과 진제眞諦 역, 『아비달마구사론阿毘達磨俱舍論』(T29, 276b)의 "'상류上流'라는 것은 위로 가서 생을 받는 것이다. 이것은 수생처인데 그 가운데서 반열반하지 못한다. '류'는 실천의 의미이다.(上流者。往上受生。是受生處。於中不般涅槃。流者行義。)"를 참조.

生死。如上流般[1]阿那含人。於第二生中般涅槃者。餘有一生故。故名有有。[2]無有生死。是變易生死最後身故。復更無生死故。名無有也。

1) ㊀ '般'은 연자로 보인다. 『심의초』에도 '般'으로 되어 있다. 전거가 되는 『불성론』에는 없다. 2) ㊀ '有'는 『심의초』에 탈락되어 있어 의미가 통하지 않게 되었다.

5) 계위에 근거한 판단

(1) 돈오와 점오에 근거함

문 계위에 근거하여 판단하는 것은 무엇을 말하는가?

답 만약 돈오에 근거하면 8지 이상은 변역생사를 받는다. 이 이상에서는 번뇌가 일어나지 않기 때문에 수용하거나 다시 분단생사를 받지 않기 때문이다. 만약 점오의 경우라면, 7지 이전에 역시 변역신을 받는다. 만약 네 가지에 입각하고, 공통됨에 의거하여 말하자면, 계위마다 모두 '유'이다.

問。約位判云何。答。若約頓悟。八地已上。受變易生。由此已上。煩惱不起。無容更受分段生故。若漸悟者。七地已還。亦受變易。若約四種。據通而言。位位皆有。

(2) 별도의 계위에 근거함

별도의 계위에 의거하면 오직 『양섭론』에 의거한다. 22무명과 11추보十一麁報[375]를 감하는 가운데 처음 8무명은 네 가지 조잡하고 거친 것을 감득한다. 이것이 방편생사이다. 그러므로 방편은 앞의 4지에 있음을 알 수

375 『양섭론』「수상장修相章」(T31, 225c)에 자세한 언급이 있다.

있다. 다음 6무명은 3추중을 감득한다. 이것은 인연생사이다. 그러므로 인연은 5지, 6지, 7지에 해당함을 알 수 있다. 다음 6무명은 3추중을 감득한다. 이것은 유유생사이다. 그러므로 유유는 8지, 9지, 10지에 해당함을 알 수 있다. 다음 2무명은 1추중을 감한다. 이것은 무유생사이다. 그러므로 무유는 금강위에 있음을 알 수 있다. 방편 및 인연 그리고 유유생사는 스스로의 지에서 일어나 스스로의 지에서 끊는다. 무유생사의 장애는 불지인 금강에서 끊는다. 그런 이유는 10지는 유학의 계위이기 때문이며 자체의 지위에 있는 장애를 자체의 지위에서 끊는다. 불지는 무학의 계위이기 때문에 불지의 장애는 금강위에서 끊는다.

若據位別。唯依梁論。二十二無明感十一麁報中。初八無月[1)]感四粗重。是方便生死。故知方便在前四地。次六無明感三麁重。是因緣生死。故知因緣在五六七地。次六無明感三麁重。是有有生死。故知有有在八九十地。次二無明感一麁重。是無有生死。故知無有是金剛位。若是方便及因緣。幷有有生死。自地起。自地斷。若無有生死障。佛地金剛斷。所以爾者。十地是學位故。自地障。自地斷。佛地無學位故。佛地障。金剛斷。

1) ㉮ '月'은 문창당본에 '明'으로 되어 있다.

① 추보麁報와 변역

문 앞의 설과 같이 방편 및 인연이, 즉 변역이 된다면, 방편 및 인연은 올바른 생사가 아니다. 무엇 때문에 감득하는 추중보가 변역이 되는가?

답 만약 점오일 경우라면 방편 인연위 가운데, 즉 분단은 추충보라고 이름한다. 만약 뒤의 설에 대해서라면, 처음의 4지는 범부와 양상이 같다. 무명이 증강하여 8지 이상과 멀어지므로 변역생사는 저것의 방편이 된다. 5지, 6지, 7지는 이승 및 처음 수행하는 보살이 무류도를 닦는 것과 양상이 같다. 또한 8지 이상이 감하는 변역신으로써 자조인資助因으로 삼는다. 뒤의 2종은 바른 변역신의 체와 같다. 혜원 스님이 "두 가지 생사를 설함에 각각 6중이 있다. 분단 6중이라 함은 악도 3중과 선도 3중이다."[376]라고 하였다.

> 問。若如前說。方便因緣。乃是變易。方便因緣。非正生死。何故。皆言所感麁重報。是變易耶。答。若是漸悟。方便因緣位中。即是分段。名麁重報。若望後說。初之四地。相同凡夫。無明增强。遠與八地已上。變易生死。爲其方便。五六七地。相同二乘。及初修菩薩。修無流道。亦與八地已上。所感變易。爲資助因也。若後二種。正變易體。慧遠師云。說二生死。各有六重。所言分段六重者。惡道三重與善道三重也。

② 분단 6중

가) 악도 3중

문 악도 3중은 무엇인가?

답 첫째, 범부가 받는 분단은 악업을 원인으로 하며, 사주지四住地를 조건으로 한다. 둘째, 10신이 받는 분단은 악업을 원인으로 하고, 사주지를 조건으로 하며, 비원悲願을 따라 도와줌(隨助[377])으로 한다. 셋째, 종성 이상이면 곧 초지에서 받는 분단신은 악업을 원인으로 하고, 비원을 바른 조건으로 하며, 사주지를 따라 도와줌으로 삼는다. 이 3중에 근거하여 악

---

376 『대승의장』「이종생사의」(T44, 616b)로부터 취의한 것이다.

377 수조隨助 : '隨助'는 '隨而佐助'의 간략한 형태로 보인다. 『대승의장』「십이인연의」(T44, 551c) 참조.

도분단을 삼는다.[378]

問。惡道三重如何。答。一凡夫所受分段。惡業爲因。四住地爲緣。二十信所受分段。惡業爲因。四住地爲緣。悲願爲隨助。三種性已上。乃至初地所受分段。惡業爲因。悲願爲正緣。四住地爲隨助。約此三重。爲惡道分段。

나) 선도 3중

문 선도 3중은 무엇을 말하는가?

답 첫째, 범부와 이승과 대승의 10신이 받는 분단신은 선업을 원인으로 하고, 4주지를 조건으로 한다. 둘째, 종성해행위에서 받는 분단신은 선업을 원인으로 하고 4주지를 바른 조건으로 삼고, 비원을 따라 도와줌으로 삼는다. 셋째 지상에서 받는 분단신은 선업을 원인으로 하고, 비원을 정연으로 하며, 사주지를 따라 도와줌으로 삼는다. 이 3중에 근거하여 선도분단으로 삼는다.[379]

問。善道三重分段如何。答。一凡夫二乘大乘十信所受分段。善業爲因。四住地爲緣。二種性解行所受分段。善業爲因。四住地爲正緣。悲願爲隨助。三地上所受分段。善業爲因。悲願爲正緣。四住地爲隨助。約此三重。爲善道分段。

378 『대승의장』「이종생사의」(T44, 617c);「십이인연의」(T44, 551b).
379 『대승의장』「이종생사의」(T44, 617c);「십이인연의」(T44, 551b)로부터 달의적으로 인용하였다.

③ 변역 6중

변역생사의 6중이라 하는 것은 사식事識의 3중과 망식妄識의 3중이다.[380]

所言變易生死六重者。事識三重及妄識三重。

가) 사식事識 3중 변역

문 사식事識의 3중 변역이란 무엇인가?

답 첫째, 아라한·벽지불이 받는 변역은 사식 가운데 생공관을 원인으로, 무명주지를 조건으로 한다. 둘째, 종성해행이 받는 변역은 사식 가운데 법공관을 바른 원인으로, 무명주지를 조건으로 한다. 셋째, 지상에서 받는 변역은 사식 가운데서는 유무에 대해서 망상을 쉬는 이해를 바른 원인으로 삼고, 무명주지를 조건으로 한다.[381]

問。事識三重變易如何。答。一阿羅漢辟支佛所受變易。事識中生空觀爲因。無明住地爲緣。二種性解行所受變易。事識中法空觀爲正因。無明住地爲緣。三地上所受變易事識中。非有無息相之解爲正因。無明住地爲緣。

나) 망식妄識 3중 변역

문 이 3중에 근거할 때 망식 가운데 3중 변역생사는 무엇을 말하

---

380 『대승의장』「이종생사의」(T44, 616a)로부터 달의적으로 취의하였다.

381 『대승의장』「이종생사의」(T44, 617c)에서는 사식 가운데 변역에 대해서 세 가지 계위를 설정한다. 여기에서 취의한 것이다.

는가?

답 첫째, 지전이 받는 변역은 망식 가운데 일체 망상이 진실한 관찰에 의지함을 원인으로 삼고, 무명주지를 조건으로 삼는다. 셋째, 8지 이상이 받는 변역은 망식 가운데 오직 진실이어서 망이 없고 상을 쉬는 관으로 정인으로 삼으며, 무명주지를 조건으로 한다.[382] 이 3중에 근거하면 망식 가운데 3중의 변역생사가 된다.

하권에서 "종교에 의거하면, 지전에 번뇌를 남겨 분단신을 받는다. 초지 가운데 일체 번뇌를 일으키는 종자(使種)를 영원히 끊는다. 또한 저 후천적인 것(分別)과 선천적인 것(俱生)을 구분하지 않는다. 소지장 가운데 또한 일부분의 거친 종류의 번뇌(正使)[383]를 끊는다. 그러므로 지상에서 변역신을 받아 금강위에 이른다."[384]라고 하였다.

約[1)]此三重爲事[2)]識中。三重變易生死如何。答。一地前所受變易妄識中。一切妄想。依眞觀以爲因。無明住地以爲緣。[3)] 三八地已上所受變易。妄識中唯眞無妄。息想觀以爲正因。無明住地爲緣。約此三重。爲妄識中三重變易生死。下卷云。若依終敎。地前留惑。受分段身。於初地中。永斷一切煩惱使種。亦不分彼分別俱生。於[4)]所知障中。亦[5)]斷一分麁品正使。是故地上受變易身。至金剛位。

1) ㉤ '約' 앞에 '問'이 탈락된 것으로 보인다. 2) ㉧ '事'는 '妄'이 되어야 한다. 3) ㉧ '緣' 뒤에 『대승의장』(T45, 788c), '二地上所受。用妄識中。一切妄想依真之觀。以爲正因。無明爲緣。'이 탈락된 것으로 보인다. 즉 "둘째, 10지 이상이 받는 것이다. 용의 망식 가운데 모든 망상은 진의 관찰에 의거하여 바른 원인으로 삼고, 무명을 조건으로 삼는다."라고 번역할 수 있다. 4) ㉤ '於'는 『오교장』에도 '於'로 되어 있으나, 대교

382 『대승의장』「이종생사의」(T44, 617c)에서는 망식의 변역에 대해서 세 가지 계위를 설정한다. 여기에서 취의한 것이다.

383 번뇌(正使) : 번뇌의 주체, 현재 나타나 있는 번뇌를 의미한다.(『불교어대사전』 축쇄판, 동경서적, 699쪽)

384 『오교장』(T45, 492a).

본인 갑본과 을본에는 탈락되어 있다. 이로써 볼 때 견등의 『성불묘의』가 반드시 갑본과 을본 계통이 아닐 수 있는 가능성도 있다. 5) ㉰ '亦'은 『오교장』에 '又'로 되어 있다. 대교본인 갑본과 을본에는 '亦'으로 되어 있다.

10. 『대승동성경』에 의거함

1) 세 가지 10지와 10지의 양상

열째는 『대승동성경』에 의거하여 세 가지 10지가 있다. 성문 10지, 연각 10지, 불 10지이다. 소승을 끌어들여 대승종교의 의도에 맞추려고 이와 같은 설을 지었다. 그 10지의 명칭 등은 『소疏』에 상세하게 설해 놓았다.[385] 또한 10지의 양상에 대한 차별은 『양섭론』「수시장修時章」에 대한 해석에 자세하다.[386]

十者依大乘同性經。有三種十地。聲聞十地。緣覺十地。佛十地。爲攝[1)]引小乘。同於大乘終敎之義故。作此說。其十地名等。具如疏說。又有差別十地相。廣如梁論修時章釋。

1) ㉯ '攝' 혹은 '招'인지 불명확하다. ㉰ 『공목장』과 문창당본에는 '招'로 되어 있다.

2) 『신라기』의 해석

『기記』에서 "저 『대승동성경』은 또한 『일체불행입지비로자나장설경一切佛行入智毘盧遮那藏說經』이라고도 이름한다. 두 권 가운데 첫째 권이다. 「수시장」이라는 것은, 여기서는 저 『섭대승론』 제11권 「수시장」 제5로부터 인

385 『수현기』나 『탐현기』 둘 다 지칭할 수 있을 것이다.
386 『공목장』(T45, 561a).

용하였다."라고 하였다. 저 『섭대승론』[387]에서 "만약 진여를 보면, 바로 청정의행지에 들어간다. 초지로부터 10지에 이르기까지 동일하게 이와 같은 명칭을 얻는다. 청정의행인에는 네 부류가 있다. 첫째는 공통됨으로부터 명칭을 세웠으니 청정의행淸淨意行이라고 하였다. 뒤의 셋은 각각 명칭을 세웠으니, 즉 유상행·무상행·무공용행을 말한다.

記云。彼經亦名一切佛行入智毘盧遮那藏說經。有二卷中。引初卷也。修時章者。此引彼論第十一卷修時章第五。如彼論云。若見眞如。卽入淸淨意行地。從初地。至十地。同得此名。淸淨意行人。自有四種。初一從道[1)]立名。謂淸淨意行。後三從別立名。謂有相行無相行無功用行。

1) ㉮ '道'는 『섭대승론석』에 '通'으로 되어 있다.

(1) 청정의인의 세 계위

이 청정의인은 6지 이전부터 유상행이라고 이름한다. 그리고 제7지는 무상행으로 공용이 있다. 그리고 청정의인이 8지에 들어가면 무상행이 있지만, 무공용은 아직 성취되지 못하였다. 8지가 완전하게 가득 차면 8지에서 무상행과 무공용행이 이미 성취된다. 9지와 10지에서는 무상행과 무공용행이 아직 가득 성취되지 못한다. 제3 아승지겁에 이르러 이 무상행과 무공용행이 곧 성취된다. 비유하자면 수다원·사다함·아나함의 세 계위를 만들어 세워 다섯 사람으로 삼는 것과 같다.

此淸淨意人。從第六地以還。說名有相行。乃至第七地。是無相行有功用。乃至若人[1)]入八地。有無相行。無功用。未成就。若八地圓滿。於八地。無相

387 『섭대승론석』「수시장修時章」(T31, 229c~230a)에서 장문을 인용하였다.

行無功用已成。於九地十地無相行無功用未成滿。第三阿僧祇劫。此無相無功用乃成。譬如須陀洹斯陀含阿那含三位製立。爲五人。

1) ㉯ '人'은 연자로 의심된다. ㉰『섭대승론』에 '人'으로 되어 있다.

(2) 세 계위의 다섯 사람

세 계위는 왜 만들어 다섯 사람으로 세우는가? 계위의 차별로 인하여 다섯 사람이 성립한다. 처음의 방편에서 수다원에 이르기까지가 1인이다. 집집마다는 제2인이다. 사다함이 제3인이다. 1종자가 제4인이다. 아나함이 제5인이다. 보살위도 마찬가지이다. 초지가 제1위이다. 2지부터 7지까지가 제2위이다. 8지부터 제10지까지가 제3위이다. 또한 5인을 만들어 세울 수도 있다. 방편으로부터 초지까지가 제1인이다. 2지부터 4지까지가 제2인이다. 5지부터 6지가 제3인이다. 7지가 제4인이다. 8지부터 10지까지가 제5인이다."[388]라고 한 것과 같다.

若三位。云何製立爲五人。由位差別故。成五人。從初方便至須陀洹爲第一人。家家爲第二人。斯陀含爲第三人。一種子爲第四人。阿那含爲第五人。菩薩位爾。初地爲第一位。從二地至七地爲第二位。八地至第十地爲第三位。亦得製立爲五人。從方便至初地爲第一人。從二地至四地爲第二人。五地至六地爲第三人。七地爲第四人。八地至十地爲第五人。

해석하여 말한다.[389] 이것은 성문승의 과果에 근거하여 10지를 풀이한 것으로, 타인이 10지 가운데의 차별에 대해 해석한 것을 드러낸 것이다.

388 여기까지가 「수시장修時章」의 인용이다.

389 『신라기』의 해석이다. 뒤의 혜경 대덕의 해석도 견등이 『신라기』로부터 인용한 것이다.

그러므로 이 『공목장』에서 이 「수시장」의 문장을 인용하여 삼승 10지가 차별되어 같지 않음을 드러냈다.

解云。此約聲聞乘果。釋十地者。顯他人釋十地中別。故此章引此文。顯三乘十地。差別不同。

(3) 혜경 대덕의 「수시장」 해석

문 만약 그렇다면 이 10지에 준하여 해석하는 뜻이 무엇인가?

답 혜경惠鏡 대덕[390]이 말하기를, "방편으로부터 수다원에 이르기까지 첫째 사람을 초지인으로 한다는 것은 동일하게 도류道類를 보기 때문이다. 집집마다(家家)라는 것은, 이것은 사람이 죽고 나서 하늘에 태어나고, 다시 인간으로 태어나는 가운데 집에서 집으로 전전하기 때문에 집집마다라고 한 것이다. 제2지 가운데 수혹修惑에 대해서는 무루지로써 수행한다. 4지에 이르면 다시 저 무루지를 얻는다. 그러므로 이러한 의의에 준거하여 집집마다라고 한 것이다. 5지, 6지는 무상행 가운데서도 가장 뛰어나다. 그러므로 유상행은 가볍다. 오직 박지薄地의 사람이다. 제7지 가운데는 유상행을 떠났다. 오직 공용위에 있을 뿐이다. 그러므로 오직 반생을 받는 것에 준한다. 8지 이상은 공용이 있음을 떠났다. 그러므로 이미 욕심을 떠난 사람에 준하니, 알 수 있을 것이다."라고 하였다.

問。若爾。與此十地准釋意云何。答。惠鏡德云。從方便至須陀洹。爲第一人爲初地人者。是同見道類故。家家者。此從人死。生於天中。還亦至人中。如從家至家故。云家家。第二地中。修惑時。以無流智而修行。至四地中。

---

390 혜경惠鏡 대덕 : 혜경 대덕의 『섭대승론』 주석서일 가능성도 있다.

還得彼無流智。故約此義准。家家也。五地六地。於無相中最勝故。有相行薄。唯薄地人也。第七地中。離有相行。唯有功用位故。唯受半生准[1)]也。八地已上。離有功用。故准已離欲人。可知也。

1) ㉮ '准'은 교감할 필요가 있다.

11. 정과 비정의 작불

'정과 비정의 작불'이라 함은, 『문답』에서 "만약 삼승종교에 의하면, 즉 일체 유정중생이 모두 다 성불한다. 다른 성인의 지혜로 말미암아 본유불성 및 행성을 드러내기 때문이다. 초목 등은 제외한다. 『열반경』에서 설한 바와 같다."[391]라고 하였다.

情非情作佛者。問答云。若依三乘終教。卽一切有情衆生。皆悉成佛。由他聖智。顯本有佛性及行性故。除其草木等。如涅槃經說。

1) 성불하는 곳

성불하는 곳에 대해서라면, 『종남문답』에서 "만약 종교삼승이라면, 삼천 등의 동류 세계에서 성불을 나타내는 것은 나란히 화불이다. 무엇으로 그것을 알 수 있는가? 『대지도론』에서 설한 성불 세계는 구체적으로는 『소疏』에서 인용한 바와 같다.[392] 모두 화불의 변화하는 경계임을 알 수 있으니, 많은 곳에서 몸을 드러내기 때문에 이것은 변화이다. 마혜수라천신 역시 변화하여 지은 것이다. 염부제 보리수 아래에 방편으로 나투었으

391 『오십요문답』「삼중생작불의 십조림후석」(T45, 519c).

392 『수현기』「노사나불품석」(T35, 24b)의 삼승에 입각하여 『대지도론』을 인용한 부분을 지칭한다.

므로 화불이다. 연화장계에 존재하는 부처는 실보實報이다. 체體·상相·용用을 통해 시방 정토에 나타나는 부처는 보불이다. 모든 친속들은 법문이니, 이 사바세계의 작은 근기와 수습을 다 마친 중생을 이끌기 위해 나타났기 때문이다.『대승무량수경』에서 설하는 바와 같다."[393]라고 하였다.

若成佛處者。終南問[1]答云。若終敎三乘。如三千等同類世界現佛成[2]者。並是化佛。何以知之。大智度論成佛世界。廣引如疏。得知並是[3]化佛化境。多處現身故。是化也。摩醯首羅天身亦是化作。由權現閻浮菩提樹下。是故化佛。蓮華藏界所有佛者。是實報也。通體相用。十方淨土所現佛者。是報佛也。所有親屬。是法門也。爲現引此娑婆小根。畢習衆生故。如大乘無量壽經說。

1) ㉯ '問'을 보입하였다. ㉰ 문창당본에는 '南'과 '答' 사이에 '問脫乎'로 보주하고 있다. 따라서 전승된 사본에 '問' 자가 탈락되어 있었음을 알 수 있다. 2) ㉰ '佛成'은 문창당본에 '成佛'로 되어 있으며, 위아래 바꿈 기호가 있다. 3) ㉯ '是' 아래에『문답』에는 '一佛'로 되어 있다.

2) 상호업相好業을 닦음에 근거함

"뛰어난 모습을 갖추는 행위를 닦는다면, 종교 및 직진 보살에 의거하면 모두 발심으로부터 함께 수행한다. 10지의 끝 이후에는 특별히 백겁 동안 뛰어난 신체적 특징을 갖추는 행위가 없다."[394]라고 하였다. 하권에서 "이 종교 가운데 진실한 실천을 논함에 발심의 마음으로부터 복덕과 지혜를 함께 수행하기 때문에 성불할 때는 별도로 수행하는 것이 없다."[395]라고 하였다.

393『오십요문답』「칠불모권속의 후마야중석」(T45, 520b).
394『오십요문답』「십제교수도총별의 제십지초이구삼매설」(T45, 520c).
395『오교장』(T45, 490c).

若修相好業。若依終敎及直進菩薩。並從發心以來。一切並修。十地終敎[1)]無別百劫修相好業。下卷云。此終敎中論其實行。從發意卽。福慧雙修故。成佛時無別修也。

1) ㉠ '敎'는 『문답』에 '後'로 되어 있다.

3) 종성 차별

종성에 대해서라면, 하권에서 "즉 진여성에 의거하여 종성을 세웠다. 그러므로 즉 모든 중생이 두루 다 본래 불성이 있다고 한다. 그러므로 『지도론』에서 '하얀 돌에는 은의 성질이 있다. 황금에는 금의 성질이 있다. 물은 습한 성질이며, 불은 뜨거운 성질이다. 모든 중생에게는 열반의 성품이 있다'[396]라고 하였다. 일체의 망식은 스스로 진실의 본성에 귀일하지 않음이 없기 때문이다. 『열반경』에서 '중생도 또한 그러해서 모두 마음이 있다. 무릇 마음이 있는 자는 반드시 미래에 아뇩보리를 성취할 수 있다. 이러한 의미로 나는 항상 모든 중생에게 모두 불성이 있다'[397]라고 설한 바와 같다."[398]라고 하였다.

若種性者。下卷云。卽就眞如性中。立種性故。則遍一切衆生。皆悉有性。故智論云。白石有銀性。黃石有金性。水是濕性。火是熱性。一切衆生有涅槃性。以一切妄識無不可歸自眞性故。如經說言。衆生亦爾。悉皆有心。凡有心者。定當得成阿耨菩提。以是義故。我常宣說。一切衆生悉有佛性。

396 『지도론』(T25, 298b).
397 『열반경』(T12, 524c).
398 『오교장』(T45, 486b).

문[399] 어떤 사람이 비판하기를, “모든 마음이 있는 자가 모두 미래에 보리를 얻는다면, 부처도 역시 마음이 있어 역시 마땅히 미래에 성불할 것이다. 부처도 마음이 있는데 더 이상 깨달음을 얻지 않는다고 말한다면, 즉 무성의 중생도 비록 마음이 있지만 역시 미래에 깨닫지 못할 것이다.”라고 하였다.

답 “『경』 가운데 이미 자체적으로 혼란을 벗어나기 위해 단지 중생에게 마음이 있다고 했지, 부처라고 말하지는 않았다. 곳곳에서 생을 받는 것을 중생이라 이름하며 부처와 같지 않다.”라고 하였다. 구체적으로는 하권에서 설한 바와 같다. 계위에 대해서도 하권에서 설한 바와 같다.

問。如有難云。若諸有心悉當[1)]得菩提者。佛亦有心。亦應當得。若言佛雖有心。更非當得。是則無性衆生。雖是有[2)]心。亦非當得。答。經中已自爲[3)]簡濫故。但云衆生有心。不云佛也。[4)] 以處處受生。名[5)]衆生故。不同佛也。廣如彼說。位地亦如下卷說。

1) ㉮ ‘當’은 『오교장』에 없으나, 대교본인 갑본과 을본에 ‘當’으로 되어 있다. 2) ㉮ ‘是有’는 『오교장』에 ‘有是’로 되어 있다. 대교본인 갑본과 을본에 ‘是有’로 되어 있다. 3) ㉮ ‘自爲’는 『오교장』에 ‘揀’으로 되어 있다. 대교본인 갑본과 을본에는 ‘自爲’로 되어 있다. 4) ㉮ ‘也’는 『오교장』에 ‘矣’로 되어 있다. 대교본인 갑본과 을본에는 ‘也’로 되어 있다. 5) ㉮ ‘名’은 『오교장』에 ‘名爲’로 되어 있다. 대교본인 갑본과 을본에는 ‘名’으로 되어 있다.

제7장 돈교에 근거함

넷째는 돈교에 근거하여 다만 한 가지 문만을 밝힌다. 이른바 양상이 없음이다. 왜냐하면 일행삼매를 성취하기 때문이며, 저 일미진여로 성취

399 문답은 『오교장』(T45, 486c)으로부터 인용한 것이다.

된 것을 타기 때문에 많은 다른 양상의 문이 존재한다고 설할 수 없다. 성불도 이와 같다. 일체를 함께 떠난 것을 부처라고 한다.[400]

第四約頓教。明唯有一門。所謂無相。何以故。由成行1)三昧。乘彼一2)昧眞如所成。故不可說有諸異相門。成亦3)此一切俱離。是名佛也。

1) ㉕ '行' 앞에 『공목장』에 '一'이 있다. 2) ㉕ '一' 뒤에 '行三'이 탈락된 듯하다. ㉡ '一' 뒤의 '昧'는 『공목장』에 '味'로 되어 있다. 따라서 오사일 뿐이다. 3) ㉕ '亦'은 『공목장』에 '佛亦如'로 되어 있다.

1. 수행하는 시기에 근거함

'수행하는 시기에 대해서는'이라 함은, 『공목장』에서 "돈교에 의하면 즉 말로 표현할 수 없다."[401]라고 함이다. 종성에 대해서는 하권에서 "오직 하나의 진여로서 언어와 양상을 떠난 것을 종성이라고 한다. 나아가 본성과 습성의 차이를 구분하지도 않는다. 일체의 존재에는 두 가지 양상이 없기 때문이다. 그러므로 『제법무행경』에서 '무엇 때문에 이것을 종성이라고 하는가 하면, 문수사리여, 일체중생은 모두 한 가지 양상을 지닌다. 그러므로 끝내 태어남이 없으며, 모든 명칭을 떠나 있어 하나이거나 다르거나 하는 것도 얻을 수 없기 때문에 이것을 종성이라고 이름한다'라고 했다."[402]라고 하였다.

若修時者。孔目云。若頓教義。卽不可說。若種性者。下卷云。唯一眞如。離言絶相。名爲種性。而亦不分性習之異。以一切法無二相故。是故。諸法無

400 『공목장』(T45, 561a).
401 『공목장』(T45, 576b).
402 『오교장』(T45, 487c).

行經云。云何是事名爲種性。文殊師利。一切衆生皆是一相。畢竟不生。離諸名字。一異不可得故。是名種性。

2. 실천에 근거함

또 '행위'의 경우, "일체의 실천과 계위도 모두 설할 수 없다. 양상을 떠나 있기 때문이며, 일념조차 생기하지 않을 때 부처의 깨달음에 도달하기 때문이다. 실천과 계위의 구별 등 양상을 보려 하면, 즉 전도된 견해가 되기 때문이다. 언어를 빌려 표현한다면, 『능가경』에서 '초지가 즉 8지이며', 또는 '무소유이니 무슨 수행의 단계가 있겠는가'라는 등을 설하는 것과 같다."[403]라고 하였다. '의거하는 몸'이라면, "일체의 실천과 계위에 대해 설할 수 없으므로 그 의거가 되는 몸에 대한 분류도 역시 이것에 준하여 알 수 있다."[404]라고 하였다.

又行位者。一切行位皆不可說。以離相故。一念不生。卽至[1)]佛故。若見行位差別等相。卽是倒[2)]故。若寄言顯者。如楞伽云。初地卽八地。至云無有所。有[3)]何次等等。[4)] 若所依身者。一切行位。旣不可說。所依身分。亦准此知。

1) ㉠ '至'는 『오교장』에 없다. 대교본인 갑본과 을본에는 '至'로 되어 있다. 2) ㉠ '倒'는 『오교장』에 '顚倒'로 되어 있다. 대교본인 갑본과 을본에는 '到'로 되어 있다. 3) ㉠ '有'는 『오교장』에 없다. 대교본인 갑본과 을본에는 '有'로 되어 있다. 4) ㉮ '等'은 연자로 의심된다. ㉠ 『오교장』에 '等'으로 되어 있다.

403 『오교장』(T45, 489b).

404 『오교장』(T45, 492b).

제8장 일승에 근거함

1. 별교에 근거함

다섯째, 일승의에 근거한다는 것은 10신의 마지막 마음과 내지 10해위·10행위·10회향위·10지위에서 모두 성불함이다. 또한 제10지에서도 별도로 성불함이다. 법보주라法寶周羅 선지식 가운데서 설한 바와 같다. 왜냐하면 일승의에서는 삼승 및 소승 등을 이끌어 하위에 동일화해서 하신下身 가운데 성불한다. 또 8지 이상에서 바로 성불하니, 이 계위에서 무애불의 일체신을 성취함과 같기 때문이다. 이것은 별교에 의거하여 말한 것이다.[405]

第五約一乘義者。十信終心。乃至十後[1)]位。十行十迴向十地皆成佛。又在第十地。亦別成佛。[2)] 如法寶周羅善知識中說。何以故。一乘之義。爲引三及小乘等。同於下位。及下身中得成佛。又八地已上卽成佛。如於此位成無礙佛一切身故。此據別教言。

1) ㉤ '後'는 『공목장』에 '解'로 되어 있다. 2) ㉧ 문창당본에는 '又在第十地亦別成佛'이 중복되었다.

『기記』에서 "『경』 49권에서 '그 집은 광대하여 10중十重의 여덟 문이 있다고 말했다', 또는 '제9중에 보처 보살이 그 가운데 충만함을 보며, 제10중에 일체 여래가 그 가운데 충만함을 본다'[406]라고 하였다. 해석하면 8문은 팔성도이다. 10중은 10지이다. 이미 제10지 가운데 모든 여래가 그 가운데 충만하기 때문에 또한 제10지에서도 별도로 성불한다."라고 하였다.

405 『공목장』(T45, 561a).

406 『경』 권48(T9, 706c~707a).

『광소』 19권을 고찰하면 세 가지 해석이 있다.[407] 첫째는 옛 스님에 의하면, 10중 가운데 8중 안에서 8과 9를 연다.[408] 나머지 중重은 차례대로 초지부터 등각·묘각에 배대한다.[409] 그러므로 『소疏』에서 "아홉째 보처 등이라는 것은 10지의 수직위受職位는 또한 등각위임을 밝힌 것이다. 열째, 일체 여래라는 것은 묘각위이다. '초발심으로부터' 등은 원인을 수렴하여 결과를 성취함을 밝힌다."[410]라고 하였다. 『공목장』은 옛 스님의 해석에 의거한 설이다.

記云。經四十九云。其宅廣大。十重八門。乃至云見第九重補處菩薩充滿其中。見第十重一切如來充滿其中。解云。八門謂八聖道也。十重謂十地。旣第十地中。一切如來。充滿其中。故云又在第十地亦別成佛也。案廣疏十九卷有三釋。初依右[1)]師。十重中八重內開八九。餘重如次。配初地乃至等覺妙覺。故疏云。九補處等者。明十地受職位等 。亦是等覺位。十一切如來者妙覺位。從初發心等。明攝因成果。孔目依此釋意說。

1) ㉯ '右'는 '古'로 의심된다. ㉴ 『탐현기』에 '古'로 되어 있다.

『소疏』의 둘째 해석에서는 10행위에 배대하였다. 셋째는 전체적으로 계위에 근거하지 않는 설이라고 해석했다. 10이 무진을 나타내는 것은 『소

407 『탐현기』(T35, 466a~b)에 따르면, '옛 스승의 해석', '10행위에 기준을 둔 해석', '보살의 행에 기준을 둔 해석' 등 세 가지 해석이 있다.

408 8중에 대해서는, 『화엄경』(T9, 707a)에 따르면, "8중은 상주하는 보살이 그 가운데 충만하고, 모든 신통을 갖추어 일체 국토에 편만하고, 모든 중생과 모든 법계를 비추며, 법신을 함께 갖추어 모든 부처를 찾음에 장애가 없고, 모두가 능히 모은 불법을 수지한다.(八重常住菩薩充滿其中。具諸神通。遍一切剎。照一切衆生。一切法界。具足法身。詣一切佛。無所障礙。悉能受持一切佛法。)"라고 되어 있지만, 여기서 다시 8, 9를 연다는 것이 무엇을 의미하는지 경문으로는 알 수 없다.

409 『탐현기』(T35, 466a).

410 『탐현기』(T35, 466a~b)

疏』의 설과 같다. 이 지식은 제5 무치란행無癡亂行 선지식이다. '법보주라法寶周羅'라는 것은, 『소疏』에서 말하기를, "이것은 정계이다. 즉 법으로써 사람을 이룬다. 보물은 정계이다. '천축본'에서, '법을 지닌 장자를 말하며, 보주라寶周羅라고 이름한다'라고 했으니, 그 삼매의 작용이 매우 존귀한 모습임을 드러내었다."[411]라고 하였다.

疏第二釋配十行位。第三釋總不約位說。十顯無盡。其如疏也。此知識是第五無癡亂行善知識也。法寶周羅者。疏云。此云。頂髻。卽以法成人。寶爲頂髻。天竺本云。有法長者。名寶周羅。顯其定用可貴尊極之相。

2. 동교에 근거함

만약 동교에 의거하여 설하면, 즉 앞의 4승에서 밝히는 도리를 포함한다. 일체는 모두 일승의 의미이다. 문장은 비록 같으나 의미는 모두 다르다. 이와 같은 것들의 존재의 차별상은 10지를 지키기 위해서이니, 방편문을 따라 갖가지 설을 지어 모든 중생으로 하여금 10지 가운데서 증상만을 떠나게 하는 것이다.[412] 『기記』에서 "삼승인은 반드시 10지를 지나 드디어 부처를 이루게 된다. 그러므로 증상만이 되지만, 이 증상만을 여의게 하려고 계위마다 부처를 성취하는 것이다."라고 하였다.

若據同敎說。卽攝前四乘。所明道理。一切皆是一乘之義。文雖是同而義皆別。如此等法差別相者。爲護十地。故隨方便門。作種種說。今[1)]諸衆生於十地中。離增上慢。記云。三乘人定逕十地。方得成佛。故爲增上慢。而爲

411 『탐현기』(T35, 465c~466a).
412 『공목장』(T45, 561b).

欲令離此增上慢故。位位卽得佛成。[2)]

1) 원 '今'은 '令'으로 의심된다. 역『공목장』에 '令'으로 되어 있다. 2) 역 '佛成'은 '成佛'로 의심된다.

3. 육상에 근거함

또 육상 총별의 뜻에 의거한다. 즉 이것은 일승이다. 양상에 따라 별도로 세운 항포의가 삼승이다. 이것은 교설의 측면에 근거한 설이다. 저 일승 10지의 법은 저 삼세를 다하여 이미 구경에 통한다. 이것은 증득의 측면에 의한 설이다.[413]

又依六相總別義。卽是一乘隨相別布義。卽是三乘。此約敎分說。其一乘十地之法。盡其三世。已通究竟。此據證說。

『기記』에서 "이 10지의 작용에 있어 육상연기 다라니법이라는 것은, 곧 무애자재한 10지이기 때문에 일승이다. 만약 법공지法空智의 분위分位에 따라 뛰어남과 열등함으로써 벗어나 10지가 되는 것은 곧 삼승이다. '이것은 교설의 측면에 의한 설이다'라는 것은, 육상의 교설을 이용한 것이다. 지금 존재의 연기를 드디어 얻는 것이 일승이라는 것은, 교설의 측면에서 해석한 것이다. 증득의 측면에 근거한다면, 자재함이 삼세를 다하여 구경처에 통하기 때문에 증위가 된다."라고 하였다.

記云。於此十地用。六相緣起陀羅尼法者。卽是無礙自在。十地故爲一乘也。若隨法空智分位。用勝劣。出爲十地者。卽是三乘。此約敎分說者。用

413 『공목장』(T45, 561b).

六相敎。今法緣起。方得爲一乘者。此約敎分而釋。若約證分者。自在盡三世。通究竟處。爲證位也。

4. 정과 비정의 작불에 근거함

정情과 비정非情의 작불의 경우에는 『문답』에서 "일승의에 의거하면 일체중생은 의보와 정보에 공통되게 모두 성불한다. 『화엄경』의 설과 같다. 이 의미로써 위의 사구의四句義를 판단하면, 사구의는 일승공교로서 별교가 아니다."[414]라고 하였다. '성불의 전후'라면, "찰나찰나 가운데서 성불하여 모두 교화할 유정을 다 교화한다. 여러 계위 가운데 10주 이후 내지 보리에 이르기까지 모두 중생계를 다하며, 계위를 성취하고 편만하여 전후가 없다. 동일한 연기로서의 큰 나무이기 때문이다."[415]라고 하였다. '성불의 시기의 경우'라면, "일승의에 의거하면, 성불의 시절은 모두 정해지지 않는다. 시방세계의 시절이 같지 않기 때문이다. 인다라 세계 등은 모두 미래의 응보로서의 계위에 근거하여 유위의 모든 겁이 상작[416]하고 상입하는 것 등을 설하기 때문에 시간이 정해짐이 없으며, 또한 시간의 법칙에 어긋나는 것이 아니다."[417]라고 하였다.

若情非情作佛者。問答云。依一乘義。一切衆生。通依及正。並皆成佛。如華嚴經說。以此義。准上四句義。卽是一乘共敎。非別敎也。若成佛前後者。於念念中成佛。皆盡所化有情。在諸位中。十住已去。乃至菩提。皆盡衆生

414 『오십요문답』「삼중생작불의 십조림후석」(T45, 519c).
415 『오십요문답』「사성불전후의 사십무애변후석」(T45, 519c).
416 상작相作 : '상입相入'과 비슷한 뜻으로 작용의 면에 중심을 둔 말이다.
417 『오십요문답』「오일념성불의五一念成佛義 역사십무애변후석亦四十無礙辨後釋」(T45, 520a).

界。成位遍滿。無有前後。爲同一緣起大樹故。若成佛時者。依一乘義。成佛時節。並皆不定。爲十方世界時節不同。因陀羅世界等。並據當分報位。說有爲諸劫相作及相入等。故無定時。仍不違時法也。

하권에서 "일체 시간분은 모두 불확정적이다. 왜냐하면 모든 겁은 상입하기 때문이며, 상즉하기 때문이며, 모든 인다라 등의 여러 세계에 모두 통해 있기 때문이다. 한편 각각 장소에 응하여 한순간 혹은 무량겁 등을 성취하나, 시간적 법칙에 위배되는 것이 아니다."[418]라고 하였다. 『공목장』 4권에서 "일승의 경우는 즉 무량겁이다. 왜냐하면 일승에 의하면 일체중생은 이미 성불을 마쳤으며, 중생은 다시 새롭게 성불하기 때문이다. 또한 배우는 경지에 머물지 않고 정각을 성취한다. 이 한량없는 시간에 의거하기 때문에 무진이다. 이 의의와 교리가 흥기한 것은 10지의 공덕을 비교하고 헤아려 저 믿음을 나게 하는 것에 있다. 또한 수법數法은 10지의 공덕에 통해 있다."[419]라고 하였다.

下卷云。一切時分。皆悉不定。何以故。爲[1)]諸劫相入故。相卽故。該通一切因陀羅等諸世界故。仍各隨處。成一念或無量劫等。不違時法也。孔目四云。若一乘義。卽無盡劫。何以。[2)] 爲依一乘。一切衆生已成佛竟。復爲衆生新[3)]成佛。亦不住學地而成正覺。據此不限時分故無盡也。此義教與救[4)]量十地德。生其信也。又數法是通十地德。

1) ㉧ '爲'는 『오교장』에 '謂'로 되어 있다. 대교본인 갑본과 을본에는 '爲'로 되어 있다. 2) ㉧ '以' 다음에 『공목장』에 '故'로 되어 있다. 3) ㉧ '新'은 『공목장』에 '新新'으로 되어 있다. 4) ㉯ '救'는 '教'로 의심된다. ㉧ '此義教與救'는 문창당본에 '此義與救', 『공목장』에 '此義教興挍'로 되어 있다.

418 『오교장』(T45, 491a).

419 『공목장』「아승지품시겁장阿僧祇品時劫章」(T45, 576b).

5. 타방불의 응화 등에 근거함

타방불의 응화의 경우라면, "일승에 의하면 10불이 있어 실천의 측면에 의거하여 설하며, 수생 및 본유의를 나누지 않는다. 만약 대도를 체해體解하면, 체는 바로 모든 것의 체이고, 상은 모든 것의 상이며, 용은 모든 것의 용이다. 모든 방향에 출현하는 부처는, 이름이든 뜻이든 모두 석가해인에 의하여 나타나며, 다른 부처가 아니다."[420] 부처의 어머니 경우라면, "일승에 의하면 모든 제불은 석가불의 해인삼매력에 있다. 이 의미에 준하여 모든 식구 등이 모두 동일하다. 체·상·용의 의미 및 변화 및 본성을 바꾸는 것은 이것에 준하여 알 수 있다."[421]

若他方佛應化者。若依一乘。但有十佛。依行分說。不分修生及本有義。若體解大道。體卽一切種體。相卽一切種相。用卽一切種用也。諸方現佛。若名若義。皆依釋迦海印現。無別佛也。若佛母者。若依一乘。所有諸佛。在釋迦佛海印定力。以此義准。諸眷屬等。皆悉同然。體相用義。及變化改性等。准此可知也。

유정의 육근이 상입하고 상작하는 경우라면, "일승교에 의거하면 변화와 본성을 바꾸는 것은 모두 연기 본래의 존재법에 의거하여 현현하며, 역시 변화하거나 고칠 만한 별도의 본성이 없다. 만약 나타나거나 만들어지는 것이라면 앞과 같이 화불의 영역에 속한다.

若情根相入相作者。依一乘教變化改性。並依緣起本法顯現。亦無別性可

420 『오십요문답』「육타방불성화의 제이품초운집품중석」(T45, 520a).
421 『오십요문답』「칠불모권속의 후마야중석」(T45, 520b).

變可改。若現若爲者。同前化攝也。

6. 일승의 체에 근거함

나아가 일승의 체에 의하면, 저 범부신이 있고, 다시 체의 덕이 있다."[422] 인과를 구별하자면, "일승에 의하면, 모든 성불의 원인과 결과의 영역은 두루하여, 즉 인다라·비밀·미세 등 모든 영역의 경계에 통하며, 삼세간의 영역을 다하여 두루하다. 『화엄경』의 보현문에 준함과 같다. 모든 수행과 단혹 등의 원인과 결과의 두 계위는 모두 다함과 다하지 못함이 있다."[423]

仍一乘之體。有彼凡有身。復有體[1)]德。若因果差別者。若依一乘。所有成佛。因果分齊遍量。卽通因陀羅秘密微細一切境分齊。盡三世間分齊遍量。如華嚴經普賢門准也。所有修行斷惑等。因果二位。皆盡不盡也。

1) ㉠ '體'는 『오십요문답』에 '聖'으로 되어 있다.

수도하여 성불하는 것은, "일승교에 의하면, 모두 보살의 근기(前機)에 대해서는 성불하여야 하면 매번 성불하고, 모두 새로이 번뇌를 끊어 성불하며, 또한 배움의 경지에 머물지 않고 성불한다. 성불하지 못하는 근기라면 항상 성불하지 못한다. 큰 바다와 같이 모든 계위 가운데에서 넘치거나 가득 참이 없기 때문이다. 즉 『능가경』의 보살 일천제[424]가 이것이다. 다양한 병에 걸린 근기에 대해서는, 곧 성불하고 혹은 성불하지 못하고가

422 『오십요문답』「팔불정근의 제이품초청중석」(T45, 520b).

423 『오십요문답』「구불보살인과통국의 노사나품후석」(T45, 520c).

424 『능가경』에 따르면, 보살 일천제는 일체법이 본래 열반에 들어 있음을 통찰하고 열반에 들지 않을 뿐이다. 선근을 끊은 일천제와는 전혀 다르다.

없다. 보현에 대해서는 곧 성불하기도 하고 성불하지 못하기도 한다."[425] 부처의 모습이라면, "일승교에 의하면, 이것은 덕이고 양상이며, 덕이 아니기도 하고, 상이 아니기도 하다. 연기의 도리로 말미암아 역·순과 작·부작의를 갖추기 때문이다."[426] 종성의 실천과 계위의 의지하는 몸 등은 하권[427]에서 설한 것과 같다.

若修道成佛者。依一乘教。皆對前機。若須成佛卽數數成。皆新斷結成佛。亦不住覺地成佛。若對不成機。卽常不成。由如大海。於諸位中無有溢滿。卽楞伽經。菩薩一闡提是。若對異病機。卽無成不成。若對普賢。卽亦成不成。若佛相貌者。依一乘教是德是相。是非德是相非。[1)] 由緣起理。具足逆順作不作義故。種性行位所依身等。如下卷說。

1) ㉻ '相非'는 도치된 것으로 의심된다. ㉾ 문창당본에 '字恐倒乎'라는 협주가 있다. 『문답』에 '非相'으로 되어 있다.

425 『오십요문답』「십일성불불성불의 조림후석」(T45, 520c).
426 『오십요문답』「십이불상모의 제삼지식중석」(T45, 521a).
427 『오교장』「소전차별의」 가운데 제2 종성의를 지칭한다.

제4편 빨리 성불하는 종류

『공목장』 권제4에서 "또한 미륵 선지식의 문장에 의하면 여러 불보살은 무량겁이 걸려서 깨닫는데, 선재는 한 생에 전부 증득한다. 이에 대해 『화엄경』에 따르면, 빨리 성불하는 데는 다섯 가지가 있다. 첫째, 뛰어난 몸에 의해 견문위로부터 뒤의 일생에 이구삼매에 이르고, 그 다음 몸에 바로 성불한다. 둘째, 견문에 의해 생을 거쳐 빨리 극복한다. 셋째, 일시에 빨리 성불한다. 넷째, 일념에 빨리 성불한다. 다섯째, 무념에 의해 빨리 성불한다."라고 하였다.[428]

孔目第四云。又依彌勒文。諸佛菩薩無量劫悟。[1] 善財一生皆得者。依華嚴經。疾得成佛。有其五種。一依勝身。從見聞位。後一生至離垢定。後身卽成佛。二依見聞。逕生疾尅。三依一時疾得成佛。四依一念疾得成佛。五依無念疾得成成[2]佛。

1) (원) '悟'는 '修'로 의심된다. (역) 『공목장』에는 '修'로 되어 있다. 2) (원) '成'은 연자로 의심된다. (역) 『공목장』에 따라 연자로 처리한다.

제1장 첫째의 네 가지

첫째에는 네 가지가 있다.【앞 장에서 설한 바와 같다.】

428 『공목장』(T45, 585c).

初義有四。【如上門也。】

제2장 견문에 의하여 생을 거쳐 빨리 극복함

둘째, '견문에 의해 생을 거쳐 빨리 극복한다'라는 것은, 초지 가운데 보이는 세 시기의 이익과 같다. 첫째는 듣는 때(聞時)의 이익, 둘째는 수행할 때의 이익, 셋째는 전생轉生 때의 이익이다. 즉『십지경론』에서 "모든 여래와 보살이 가호하는 이 사람은 능히 이와 같은 미묘한 법을 듣고 수지한다. 이것이 듣는 때의 이익이다. 지地마다 그 청정무구함을 차례로 완성하고 부처의 열 가지 신력을 증득해서 무상의 깨달음을 성취한다. 이것이 수행할 때의 이익이다. 대해나 겁진화劫盡火 중에 있더라도 굳게 믿어 의심이 없다면 반드시 이『경』을 들을 수 있다. 이것이 전생轉生 때의 이익이다."[429]라고 하였다.[430]

二依見聞逕生疾剋者。如初地中有三時益。一聞時益。二修行時益。三轉生時益。故地論云。是諸如來。加護於諸菩薩。此人能聞持。如是微妙法。此是聞時益。諸地淨無垢。漸次而滿足。證佛十種力。成無上菩提。此是修行時益。雖在於大海及劫盡火中。決定信無疑。必得聞此經。此展生[1)]益。

1) ㉠ '展生'은 '轉生時'가 되어야 한다. ㉡『공목장』에 '轉生時'로 되어 있다.

생각하건대 신행의 계위(信行地)에 있는 보살이, 금강장보살이 설한 이러한 수승한 법을 듣고 수지하면, 곧 모든 부처님의 가호를 얻고 모든 삿

429『십지경론』(T26, 132a).
430『공목장』(T45, 585c).

된 것에서 벗어난다. 이것을 듣는 때의 이익이라 한다. 이 수승한 법을 듣고 나서 차례로 10지의 모든 행을 닦고 완성하여 깨달음을 성취한다. 이것을 수행할 때의 이익이라 한다. 혹은 부정취不定趣의 중생이 있어 이 미묘한 10지의 법을 듣고 금강의 종자를 심는다면, 비록 선도나 악도의 난처[431]에 태어나 많은 겁을 거친다 하더라도 그는 난처 가운데 반드시 이 『경』을 들을 수 있다. 이것을 전생 때의 이익이라 한다.

> 意。信行地菩薩。聞持此金剛藏所說勝法。卽得諸佛加護。離諸魔事。此爲聞時益。聞旣[1)]此勝。法漸次修滿十地諸行。乃至成菩提。是名修行時益。或有不定趣衆生。聞此十地微妙法。殖金剛種。雖生善道惡道難處。逕多劫數。彼難處中。必得聞[2)]此經。此名轉生時益。
>
> 1) ㉕ '聞旣'는 전도된 것으로 의심된다. 2) ㉕ '聞'은 『대정장』본에는 '同'으로 되어 있으나, 『한불전』의 저본인 『속장경』본과 문창당본에 '聞'으로 되어 있다. '聞'을 따른다.

문 만약 이와 같이 여러 생을 거친다고 하면, 무엇을 일러 빨리 성불한다고 하는가?

답 '여러 생을 거친다'라는 것은 삼승문에 따른 해석이다. 일승을 깨달았을 경우에 빨리 성불함이다. 따라서 『일승십현문』[432]에서 "**문** 오래 수행하여 비로소 증득한다고 설한 바 있는데, 무엇을 한 찰나에 얻는다고 말하는가? **답** 오래 선근을 수행한다는 것은 삼승교에 해당한다. 삼승으로부터 일승에 들어가는 것은 바로 한 찰나에 시작과 끝이 갖추어져 있는 것이다. 그러므로 『경』에서 설하는 초발심시(변성정각) 운운 이하는, 선재

431 『십지경론』「전생시익轉生時益」(T26, 132a)의 설명에 나오는 구문으로부터 취의하였다. "악도와 선도와 난처에 태어나서도 반드시 이 법을 듣는다.(惡道善道難處生。必得聞此法。)"

432 『일승십현문』(T45, 518a).

가 문수의 거처에서 발심하여 선지식을 찾아 111성을 편력했지만 그것이 일념에 보현보살을 본 것과 같지 않음을 밝힌 것이다. 따라서 이러한 연기의 큰 바다를 이해하면 어찌 일념에 성불하지 않겠는가?"라고 하였다.

問。若爾。已逕多生。何言疾成佛。答。經多生。是三乘門意。悟入一乘時。疾成佛。故玄門云。問旣言久修始得者。云何言一念得耶。答言久修善根者。卽在三乘教攝。從三乘入一乘。卽是一念始終具足。故經云。初發心時等。乃至下明善財從文殊發心。求善知識。逕歷百一十城已而。不如一念得見普賢菩薩故。知得入此緣起大海。一念豈不成佛耶。

제3장 일시에 빨리 성불함

셋째, '일시에 빨리 성불한다'라는 것은, 선재동자가 선지식의 거처에서 일시에 보현법을 얻은 것과 같다.[433] 이것은 마지막 선지식에 관하여 설한 것이다. 위에 인용한 『십현문』의 내용과 같이 이 선지식(보현보살)에 이르러서는 이미 보현법을 얻었기 때문에 원인과 결과가 둘이 아니다. 그러므로 『소疏』 제20에서 "(오상五相 선지식 가운데) 제5의 현인광대상顯因廣大相 선지식은, 앞의 비춤과 도리가 둘이 아님을 가지고 깊고 깊음을 드러내 드디어 성불의 광대한 원인을 감수하기 때문이다."[434]라고 하였다. (보현보살이) 도량에 있어서 여래 앞에 있는 것은 보현과 불과佛果와 같음을 보이는 것이다. 인위와 과위가 동일하기 때문이다.

433 『공목장』(T45, 585c).
434 『탐현기』「입법계품석」(T35, 490c).

三依一時疾得成佛者。如善財童子。於智識處。一時之間。獲普賢法。此約最後善知識說。如次上所引玄門文意。至此善友也。已得普賢法故。因果無二。故疏第二十云。第五顯因廣大相知識。以前照理無二顯甚深。方堪成佛廣大之因。故在道場。如來前者。表普賢齊佛果故。因果位同故。

또한 다음과 같이 말한다.

"일신에 충만하다고 한 것은 보현신을 설명한 것이다. 그 아래에 열세 가지[435]를 설했는데, 모든 부처님과 동등한 것으로 이것은 원인의 계위(因位)가 원만하여 더 이상 닦을 것이 없으므로 모든 부처님과 더불어 같다고 말하는 것이다. 그러므로 다시 선지식을 구하여 원인을 수행하는 것을 변설하지 않는 것이다. 보현위를 마친다."[436]

따라서 이것은 원리적 성불에 근거한 것임을 알 수 있다. 원인과 결과가 둘이 아니므로 일시에 성불하는 것이다. 이 선취善趣에서 실천하는 사람은 아직 믿음의 가득 참이나 초주 등에 들어가지 않았기 때문에 실천의 성불 혹은 계위의 성불이 아니다.

又云。一身充[1)]滿。明普賢身。下有十三種。等於諸佛。此是因位圓滿。更無所修。是故但云。與諸佛等。不辨更求知識修因。普賢位竟。故知此約理成佛。因果無二故。一時成佛。此善趣行人。未入信滿。及初住等。故非行成佛。位成佛。

1) ㉑ 문창당본에선 자형 확인이 곤란하며, '寂' 자와 비슷하게 보인다.

---

435 열세 가지 : 경문(T9, 786a)에 따르면, 다음과 같이 열세 가지가 부처님과 동일하다. 일체세계찰一切世界刹 · 신身 · 행行 · 정각正覺 · 자재력自在力 · 전법륜轉法輪 · 모든 변재(諸辯才) · 묘음성妙音聲 · 방편 · 무외력無畏力 · 불소주佛所住 · 대자비大慈悲 · 부사의법문자재력不思議法門自在力. 즉 부처님과 열세 가지에 있어 동일하다고 설명한 문장이다.

436 『탐현기』「입법계품석」(T35, 491c).

제4장 일념성불

"넷째, 한 찰나에 빨리 성불한다는 것은 보현법에 계합하여 한 찰나에 성불하는 것과 같다. 이것은 속제의 찰나에 의한다."[437] 이 또한 선재 등에 관하여 말한 것이다. 앞에서는 설법을 듣는 때에 근거하여 성불을 설했는데, 이것은 찰나를 들어 염념성불의 내용을 설한 것이다. 이것은 원리적 성불이다. 그러므로 취함에 따라 자재하니, 속제에 의해 한 찰나를 설하는 것이다.

> 四依一念疾得成佛者。如契普賢法。一念卽成佛。此依俗諦念也。此亦約善財等。上約聞說法時。說成佛。此取念。念念成佛義。是理成佛。故隨取自在。依俗諦說一念。

제5장 무념성불

"다섯째, 무념으로 빨리 성불함이란, 모든 법은 생하지도 멸하지도 않으므로 이와 같이 이해하는 사람이야말로 참 부처를 보기 때문이다."[438] 『신라기』에서 "혹자는 유마에 입각하여 한 생각도 나지 않는 것이 바로 부처라고 하였다. 여기에서의 의미는 그렇지 않다. 속제념俗諦念은 태어남이 없기 때문에 무념성불이다. '일체법이 태어나지 않음' 등은 「승야마천궁품」의 문장이니,[439] 문장이 나온 곳을 찾아봐야 할 것이다."라고 하였다.

---

437 『공목장』(T45, 585c).

438 『공목장』(T45, 585c).

439 『경』「야마천궁보살설게품」(T9, 464b), "모든 법은 태어나지 않으며, 또한 멸하지도 않는다. 만약 능히 이와 같이 이해하면 이 사람은 여래를 보는 것이다.(一切法無生。亦

五無念疾得成佛者。一切法不生。一切法不滅。若能如是解。是人見眞佛故。記云。有云。約維摩。一念不生卽是佛。此義不然同。是俗諦念。卽是無生。故云無念成佛。一切法不生等者。是昇夜摩天宮文。可尋文處。

復無有滅。若能如是解。斯人覩如來。)"를 지시하는 듯하다.

제5편 문답으로 분별함(答分別門)

제1장 부처와 중생의 동일성

문 화엄종의 의도(宗意)와 같이 일체중생이 모두 부처라고 한다면, 부처와 중생 간에 무슨 차별이 있는가?

답[440] 동일한 연기법이기 때문에 부처라고 할 때는 전적으로 부처이고 달리 중생은 없으며, 중생이라고 할 때는 오직 전적으로 중생이고 또한 달리 부처는 없다. 만약 전적으로 부처가 아니고 전적으로 중생이 아니라면 연기가 성립하지 않는다. 따라서 중생도 없고 부처 또한 존재하지 않게 된다. 일체법은 진여(一如)로 이루어지는 연기법이다. 그러므로 서로 전체를 포함하여 비로소 중생문을 세우기 때문에 전적으로 중생이 되며, 그러한 전제에서 부처의 문을 세우기 때문에 모두 부처가 된다. 그러므로 교화의 주체인 부처와 교화의 대상인 중생은 없는 것이 아니다.

問。宗意。一切衆生皆是佛時。佛與衆生。有何差別。答。同一緣起法故。佛時全佛。無別衆生。衆生時全唯衆生。亦無別佛。若非全佛。非全衆生。緣起不成故。無衆生亦無佛。一切法是一如所成緣起法故。互全攝方立衆生門故。全衆生。佛門故皆佛。故非無彼能化佛所化衆生。

440 『화엄경문답』(T45, 600b)에서 달의적으로 취의하였다.

문[441] 부처는 전적으로 깨달은 자이고, 중생은 전적으로 미혹된 자이다. 만약 부처가 중생과 마찬가지라고 하면 오직 미혹뿐인데 어찌 교화의 주체인 부처가 있는가? 또한 중생이 부처와 마찬가지라고 하면 오직 전적으로 깨달은 자일 뿐인데, 어찌 교화의 대상인 중생이 있는가?

답 두 가지 의미가 있다. 첫째는 교화의 주체와 대상이 존재하지 않는다는 것이다. 둘째는 교화의 주체와 대상이 존재한다는 것이다. 앞의 의미로 생각하건대 전적으로 중생이기 때문에 교화의 주체가 존재하지 않으며, 전적으로 부처이기 때문에 교화의 대상이 존재하지 않는다. 뒤의 의미로 생각하건대 전적으로 양자가 성립하기 때문에 교화의 주체와 대상이 존재한다는 것이다. 무엇 때문인가? 연기의 무장무애법은 한 가지로 정해져 있는 것이 아니므로 필요에 따라 모두 가능하다. 허공이 허공을 교화하는 것처럼 교화의 주체와 교화의 대상은 걸림이 없다. 그러나 집착을 고집하는 유정이 능히 도달할 수 있는 경지가 아니다.

問。佛全覺人。衆全惑者。若佛與衆生一者。唯是惑耳。何有能化。亦衆生與佛一者。但全覺人。何有所化。答。有二義。一無能化所化。二有能化所化。初義意。全衆生故。無能化。全是佛故。無所化。後義意。全作二故。有能所化。何者。緣起無障無礙法。定不有一故。隨須皆得。如虛空化虛空。能化所化無障礙。然非所執情能所及也。

문[442] 부처가 미혹되어 있는 중생을 볼 때 미혹된 마음(惑心)으로써 보는가, 깨달은 지혜(覺智)로써 보는가? 만약 미혹된 마음으로써 본다면 미혹으로는 올바르게 볼 수 없는데, 어찌 제대로 볼 수 있겠는가? 만약 깨

---

441 본 문답은『화엄경문답』(T45, 600b)에서 달의적으로 취의하였다.
442 본 문답은『화엄경문답』(T45, 600b)에서 달의적으로 취의하였다.

달은 지혜로써 본다면 깨달음은 봄과 앎(見知)을 벗어나는데 어찌 본다는 것이 가능하겠는가?

답 두 가지가 있다. 첫째는 미혹으로써도 보고 깨달음으로써도 본다. 둘째는 미혹으로써도 깨달음으로써도 다 본다는 행위를 얻을 수 없다. 첫 번째의 뜻은 귀신은 귀신을 보지만 사람은 볼 수 없는 것과 같이, 미혹을 미혹으로써는 보지만 깨달음으로써는 볼 수 없다. 마치 그루터기가 귀신으로 보임과 같다. 이것은 미혹됨이다. 귀신이 귀신을 보는 것은 미혹이 아니다. 이 의미도 마찬가지이다. 미혹으로 미혹을 보는 것은 또한 깨달음이기에 미혹이 아니다. 그러므로 부처는 "나는 너와 다르지 않다."[443]라고 설하였는데, 네가 스스로 구별하는 것이다. 여기에서 '나'는 깨달은 자, '너'는 미혹된 집착을 의미한다. 따라서 미혹과 깨달음이 다르지 않음을 알 수 있다. 뒤의 뜻은, 미혹은 여기서 견見의 의미이기 때문에 미혹으로써 보는 것이 아니며, 미혹으로써 미혹을 보기 때문에 깨달음으로써 보는 것이 아니다.

問。佛見迷惑衆生時。若以惑心見。若以覺智見。若以惑心見者。惑非善見。何能見。若以覺智見者。覺絶見知。何可能見。答。有二義。一惑見。覺見。二俱不得見。初義意。如鬼。鬼見人不見。惑以惑見。覺不見。如於杌見鬼。是迷惑。鬼見鬼非惑。此義亦然。惑見惑。亦覺非惑。是故佛言我與汝不異。汝自爲別。此意我者覺人。汝者迷執。故知惑覺不異也。後義意。惑此見義故。非惑見。以惑見惑故。非覺見。

문 부처는 이미 깨달은 자인데 어찌 번뇌로써 번뇌를 보는가?

답 깨달음과 번뇌는 본체가 둘이 아니고, 깨달음이 스스로의 미혹된

---

443 『법화경』(T9, 17b), "지금 나와 그대는 곧 다르지 않다.(今我與汝。便爲不異。)"

견해에 맡긴 것을 미혹이라고 이름할 뿐이다. 자세한 것은 『향상문답』[444]과 같다.

問。佛旣覺者。何以惑見惑。答。覺惑體無二。而覺任自惑見名爲惑耳。具如香象問答

제2장 일성일체성一成一切成의 의미

문 하나가 성립하면 일체가 성립한다는 뜻은 무엇인가?

답 두 가지가 있다. 한 가지는 사람에 근거한 것이고, 한 가지는 계위에 근거한 것이다. 첫 번째에 대해서는 『향상문답』에서 "연기하는 사람에 근거해서 말하기 때문이다. 한 사람이 곧 일체의 사람인 것이 한 사람이고, 일체의 사람이 곧 한 사람인 것이 일체의 사람이기 때문이다. 수행으로 말하자면, 한 가지 수행이 일체 수행이고, 일체 수행이 한 가지 수행이기 때문에 동일하다고 말할 수 있다."[445]라고 하였다.

問。一成一切成。其義何。答。可有二義。一約人。一約位。初義。問答云。約緣起人說故。一人卽一切人。是一人。一切人卽一人。是一切人。故修言。亦然一修一切修。一切修一修故。同得云也。

문 현재 한 사람이 수행할 때 다른 사람은 수행하지 않는 것은 또한 한 사람이 나머지 사람이 아님을 나타내는데, 어째서 그러한가?

---

444 위 문답에서 취의한 내용이다.

445 『화엄경문답』(T45, 600b).

답 네가 보는 것은 변계소집일 뿐이다. 네가 연기緣起 존재 법칙을 이해하지 못했으니 족히 말할 것이 못 된다.[446]

問。現一人修。而餘不修。亦一人。非餘人。何得爲爾。答。汝所見。但是遍計耳。不關[1)]緣起之法。不足言也。

1) ㉮ '關'은 『화엄경문답』 이본에는 '聞'으로 되어 있다.

뒤의 의미(계위에 입각함)에 대해서는 「육상의장」에서 "실천의 덕(行德)은 하나가 이루어지면 일체가 이루어진다. 이성理性은 하나가 드러나면 일체가 드러난다. 보편과 개별(普別)이 구족하고 처음과 끝이 모두 같다. 그러므로 '초발심할 때 바로 정각을 성취한다.'"라는 등을 말하였다.[447] 『소疏』 권1도 이와 같다.[448]

後義者。六相義章云。行德卽一成一切成。理性卽一顯一切顯。普別具足。始終皆齊。初發心時便成正覺等。疏一亦同。

제3장 삼승인의 성불 계위

문 삼승의 사람은 어느 계위에 이르러 일승에 진입해서 성불하는가?

답 『오교장』 상권에서 "자신의 계위 가운데 구경처에 이른 뒤 모두 별교일승에 진입한다."[449]라고 한다. 이것이 출세의 결과를 얻은 곳으로서

446 『화엄경문답』(T45, 600b).
447 『오교장』(T45, 507c).
448 『탐현기』 1권(T35, 123a)에서 설하는 의리분제에 과한 구문을 가리키는 듯하다.
449 『오교장』(T45, 477b).

자위구경처自位究竟處이다. 보살에 근거하면, 또 삼현위가 출세의 이익을 얻는 곳이니, 구체적으로는 「일승의」[450]와 같다.

問。三乘人極。至何位進入一乘卽成佛。答。五教上云。至自位究竟處故。後皆進入別教一乘。此各得出世果處。爲自位究竟處。約菩薩。又三賢位是得出世益處。具如一乘義。

제4장 현재불와 미래불의 관계

문[451] 현재세의 한 사람이 미래세에서 성불할 수 있다면, 현재의 내 몸을 교화해서 수행하도록 하는 것인가?

답 교화하여 수행하게 하는 것이다.

問。一人現在世。是人未來世。可成佛。化現在我身。令修行。答。化令修行。

문 현재의 사람이 수행하여 저 부처를 증득하는데, 어째서 그 부처는 현재의 나를 교화하여 수행하게 하는가?

답 저 부처가 교화하지 않는다면, 지금의 내 몸이 성불하지 못한다. 그러므로 저 부처가 교화하여 비로소 내가 수행하여 성불을 이룰 수 있는 것이다. 생각하건대 연기의 도리에 따르면, 저 부처가 아니면 지금의 내 몸이 없고, 지금의 내 몸이 아니면 저 부처가 없다. 따라서 이와 같음을 알 수 있다. 현재와 같이 곧 과거를 다하도록 역시 그러하다.

---

450 「일승의」: 『오교장』「건립일승의」를 지칭하는 듯하다.
451 『화엄경문답』(T45, 604b) 이후 '『향상문답』과 같다'까지는 견등이 『화엄경문답』의 내용을 소화하여 재구성한 문답이다. 필요한 부분만 전거를 붙인다.

問。現在人修行可得彼。何其佛化現。在我令修行。答。彼佛不化者。今吾身不得作佛故。彼佛化時。方吾能修行成彼佛。意。緣起道理。非彼佛時。卽無今吾身。非今吾身時。無彼佛。故知爾也。如對今。乃至盡過去際亦然。

문 미래불이 현재나 과거에 있는 사람과 상즉하는데, 그 과거나 현재에 있는 사람은 이미 성불했는가, 아직 하지 못했는가?

답 이미 성불했다. 미래불과 동일한 연기법이기 때문이다.

問。未來佛是現在。及過去人相卽者。彼過現人已成佛。未成。答。已成。與未來佛。同一緣起法故。

제5장 교화의 의미

1. 미래불의 교화

1) 교화의 이유

문 그렇다면 부처는 무엇 때문에 교화하는가?

답 과거나 현재에 있는 사람은 미래불에 대비할 때 동일한 본체이며, 다른 사람이 아니기 때문에 미래불은 현재나 과거 등에 있는 사람을 교화한다. 다른 사람이라면 교화할 수 없다. (교화의 대상이) 교화 주체의 밖에 있기 때문에 자기의 교화 대상이 안 되기 때문이다.

問。若爾。唯佛何爲化。答。過現人望未來佛。是同一體。非他人故。未來佛化現等人。若他人者。不得化。所以者何。能化外有故。非自所化。

문[452] 밖의 사람을 교화할 수 있는데, 어째서 다른 사람은 교화하지 못한다고 하는가?

답 만약 교화의 주체와 대상에 차별이 있다면 연기가 성립하지 않는다. 그러므로 자신의 밖에 있는 다른 사람은 교화하지 못한다.

問。可化外人。何言他人者。不得化。答。若能化所化差別者。緣起不成故。不得化自外他人。

문 자신이 이미 부처인데 무엇 때문에 교화하는가?

답 부처이기 때문에 교화한다. 만약 부처가 아니라면 계속 교화한다 하더라도 성불하지 못한다.

問。自旣佛。何用爲化。答。是佛故化。若非是佛。終日化。不得成佛。

문 무엇 때문에 자신이 부처가 아닐 때는 교화하지 못하는가?

답 일체중생은 본래 성불해 있으나, 자신이 바로 부처라는 것을 알지 못한다. 그러므로 교화하여 이 도리를 알게 하는 것을 교화한다고 한다. 그러므로 실다운 교화에는 교화의 대상이 없으며, 실로 이루는 바가 없다.

問。何自非佛時。不得化。答。一切衆生本來成佛。而不知自卽佛故。化令知此理。名爲化之。[1] 故實化無所化。實無所成。

1) ㊄ '化之'는 『문답』에 '化也'로 되어 있다.

452 『화엄경문답』(T45, 604c)의 '또한 상대방을 교화할 수 있다(亦得化他)'라는 주장을 고려한 질문이다.

2) 타인의 교화

문 그렇다면 단지 교화에는 전혀 타인을 교화한다는 뜻이 없는가?

답 타인을 교화한다는 것도 가능하다. 타인이 아니면 자기가 없기 때문이다. 자타自他는 조건에 의해 성립하며 분별이 없기 때문이다. 그러므로 부처는 자기를 보고 타인을 온전히 할 수 있기 때문이다. 타인은 중생을 포섭할 수 없다.

問。若爾。但乃化都無化他之義。答。亦得化他。非化[1)]無自故。以自他緣成無分別故。是故佛能見自全他故。他無攝物。

1) 역 '化'는 『문답』에 '他'로 되어 있다.

3) 교화의 4구 분별

문 이러한 교화의 여부 및 자타 등에 근거해서 4구로 분별하면 어떻게 되는가?[453]

답 ① 문 자기를 교화하는가? 답 그렇지 않다. 타자가 아니면 자기가 없기 때문이다.

② 문 타자를 교화하는가? 답 그렇지 않다. 교화의 대상이 부처이기 때문이다.

③ 문 자타를 함께 교화하는가? 답 그렇지 않다. 두 가지에 대한 집착이 함께 성립하지 않기 때문이다.

(④ 문) 자타 모두 교화하지 않는가? 답 (그렇지 않다.) 두 가지 집착을

453 『화엄경문답』(T45, 604c)에서는 사구를 구체적으로 예시하지 않았다. 답은 견등의 창안이다. 사구를 명확히 보이기 위해 ①, ②, ③, ④의 번호를 필자가 붙여 놓았다.

떠나기 때문이다.

이것은 '옳지 않음(非)'을 부정하는 4구로써 집執과 현顯을 보이는 4구이다. 삼성문에 준하면 알 수 있다.[454] 자타에 근거하면 또한 이렇게 세 가지의 4구가 있으니, 위에 준하여 알 수 있을 것이다.

問。約此化。非化及自他等。分別四句何。答。[1)] 問化自。答不也。非他無自故。問化他。答不也。化是佛故。問自他共化。答不也。二執不並故。共[2)]不化。答二離執故。此遣非四句。示執顯四句。准三性門。可知也。約自他。亦可有此三四句。准上可知。

1) (원) '答' 이하 답문이 탈락된 것으로 의심된다. (역) '答' 이하를 새로이 문답의 4구로 구성한 것으로 보인다. 2) (원) '共' 앞에 '問'이 탈락된 것으로 보인다. (역) 문창당본에 협주로 '問歟'라고 되어 있다.

4) 미래불 교화의 전거

문 미래불이 오히려 현재의 자신을 교화한다는 것에는 근거가 되는 문장이 있는가?

답 근거가 되는 문장이 있다. 『영락경』 중[455]에 제8지 보살이 "자기 자신 미래의 과(當果)를 보고, 모든 부처가 머리를 쓰다듬어 법을 설한다."라고 한다. 그러므로 이 설을 분명히 알 수 있다. 또한 이미 여러 경전에서 자주 설하듯이 "삼세 부처에 예배하여 모든 죄업을 멸한다." 하니, 미래의 모든 부처의 교화가 어찌 끝이 있겠는가?

問。未來佛還化現在自身者。有所依文。答。有所依文。故瓔珞經中第八地

454 『오교장』「삼성동이의」에서는 삼성의 4구를 설한다. 그래서 세 가지 4구가 된다.
455 『영락본업경』(T24, 1018a).

菩薩云。自身[1]己身當果。諸佛摩頂說法故。已其說。炳然可知。又旣諸經經每云。三世佛拜故。諸罪業滅。未來諸佛者。何爲畢[2]也。

1) ⓔ '身'은 『문답』에 '見'으로 되어 있다. 2) ⓦ '畢'은 '異'로 의심된다. ⓔ 『문답』에 '乎'로 되어 있다.

5) 미래불에 대한 예배

문 타인이 수행을 마쳐 성불하여 미래세를 다하여 또한 성불하는 것이니, (타인의) 미래불에 예배한다고 말할 수 있다. 무엇 때문에 저 자기의 당래불에 예배한다고 하는가?

답 타불에 예배하는 것은 없지 않다. 그렇다 하더라도 타불은 멀고 자불은 가깝다. 어째서인가? 무릇 제불은 중생을 위해서 불덕을 설한다. 생각하건대 중생으로 하여금 스스로도 또한 저 불과佛果를 얻게 하고자 수행하도록 하는 것이다. 따라서 중생이 미래세에 얻을 과덕果德을 스스로 깨닫고, 그것을 획득하게 하고자 신명을 아끼지 않고 수행하게 하는 것이다. 타불의 결과를 얻고자 수행하는 것이 아니다. 따라서 정확히는 지금의 내가 발심 수행하게 하는 것이다. 부처는 다만 내 미래과를 이미 성취한 부처로서 타자의 부처가 아니다. 이러한 뜻은 의심할 여지가 없다.

問。他人修行已成佛。窮來際亦可成。說之言拜未來。何言拜彼自當成佛。答。拜他佛之義非無。雖然他佛遠自佛近。何者。汎諸佛爲衆生說佛德。意。爲欲令衆生自亦得彼果。故令修行。是故衆生。證自當來所得之果德。爲欲得彼故。不借[1]身命修行。非爲得他佛果故修行。是故正今。吾令發心修行。佛祖[2]吾當果已成佛。非他佛也。此義不疑恠也。

1) ⓦ '借'는 '惜'으로 의심된다. ⓔ 『문답』에 '惜'으로 되어 있다. 2) ⓦ '佛祖' 다음에 문文이 착란된 것 같다. ⓔ 『문답』에 '佛但'으로 되어 있다.

또한 타인이 있어 이미 성불하면 나의 미래과로서의 부처이다. 무슨 까닭인가? 타인이 성불할 때 삼세 부처의 평등한 과를 얻기 때문이다. 또한 내 미래과로서의 부처는 곧 타인이 지금 성불한 것이다. 무슨 까닭인가? 내가 미래의 부처를 증득하면 곧 삼세 부처의 평등법을 얻기 때문이다. 이와 같이 계속하여 서로 평등하다. 평등무차별한 과덕이 모두 지금의 나를 교화하여 수행시키는 뜻이 역시 없지 않다. 서로에게 지금 내 몸 전체가 존재함이니 여래장불 등이 이것이다. 지금 나는, 즉 나의 본성을 조건으로 하니, 부처는 바로 나이다. 그럼에도 알지 못하기에 슬퍼하고 의심한다. 발심하고 지심으로 수행하여 미혹을 돌리길 원하기에 그러므로 저 교화할 대상을 보는 것이다. 나의 부처는 바로 내 전체로서의 부처이다. 멀리서 타불을 구하지 말라. 이 의미는 깊으니 관행을 실천하는 자의 대강요이다.

又有他已成佛。卽是自當果佛。所以者何。他成佛時。卽得三世佛平等果故。又吾當果佛。卽是他今成佛。所以者何。吾得當佛。卽得三世佛平等法故。如是展轉更互平等。平等無差別果德。皆化今吾令修行。其義亦非無故也。互有今吾身全體。如來藏佛等是也。今吾卽緣吾性。佛卽吾。而不知故。悲恠。發至心修行。欲返迷。是故。其觀化。吾佛卽是吾體佛。非遠心他佛。此義甚。正觀行者大要也。

2. 나의 본성불

또 이 나의 본성불(性佛)이라는 것은 바로 일체 법계에서 유정·무정 가운데 전체가 곧 하나라도 나의 부처 아님이 없기 때문이다. 만약 능히 자체불에 대해서 예배할 수 있으면 어떤 것이라도 짓지 못할 것이 없다. 이것 역시 깊은 대강요이다. 항상 사유해야 한다. 만약 이런 사유처럼 실천하여 얻은 자는 일체의 시간과 공간 가운데서 단 한 시간과 한 공간에서라도 삼독의 번뇌를 일으키는 경우가 없다. 이것은 일승에 들어가는 관법이다. 삼세제불도 이 실천법을 닦아 성불한 것이다.[456] 자세한 것은 『향상문답』과 같다.

又此吾性佛者。卽於一切法界。有情無情中。全全卽在。無非一物吾體佛故。若能拜自體佛者。無物不所作。此亦甚大要也。常可思性[1)]之。若行如是思得者。一切時一切處中。無一處[2)]中無一處一時起三毒煩惱之義。此卽入一乘之觀方便。三世佛無非此行修成佛者也。具如香象答[3)]也。

1) ㉰ '性'은 '惟'로 의심된다. ㉵ 『문답』에 '惟'로 되어 있다. 2) ㉰ '無一處'는 연자로 의심된다. 3) ㉰ '答' 앞에 '問'이 탈락된 것으로 의심된다.

제6장 정과 비정의 작불

1. 종성에 의한 해석

문 일체의 유정과 비정이 모두 불성이 있어 성불하는가?

답 교설에 따라 같지 않다. 소승에서는 오직 부처 한 사람만이 부처의 종성을 가지며, 나머지는 종성이 없다. 시교문은 유위의 무상법에 근거하여 종성을 세우므로 모든 존재를 망라하지는 않는다. 종교는 진성으로써 종성을 세우므로 모든 존재에 본성이 있다. 돈교문은 오진 진여로서 언어를 떠나고 양상을 끊은 것만을 종種이라 하고, 성종성과 습종성을 나누지 않는다. 일승문에 따르면 두 가지 설이 있다. 첫째는 방편을 포섭하기

456 『화엄경문답』(T45, 604c).

때문이다. 여러 교설이 밝히는 종성은 모두 중심과 수반을 구족하여 핵심 사상(宗)을 이룬다. 동교이기 때문이며, 방편을 포섭하기 때문이다. 다른 한 가지는 별교에 따르면 종성은 심오하며, 원인과 결과가 둘이 아니다. 의보와 정보 및 삼세간을 다하여 공통되며, 일체의 원리와 현상, 이해와 실천 등을 모두 포함한다. 자세한 것은 하권[457]에서 설하는 것과 같다.

問。一切情非情。皆有佛性成佛。答。約敎不同。小乘唯佛一人有佛種性。餘無種性。始敎門。約有爲無常法。立種性故。不遍一切。終敎。爲眞性。立種性故。一切有性。頓敎門。唯眞如。離言絶相。名爲種。不分性習。約一乘門。有二說。一攝方便故。諸敎所明種性。並皆具足主伴成宗。以同敎故。攝方便故。一據別敎種性。甚深因果無二。通依及正。盡三世間。該收一切理事解行等。廣如下卷說。

2. 종성과 불성

문 이러한 여러 교설이 설하는 모든 종성은 원리(理)의 불성인가, 실천(行)의 불성인가?

답 두 가지에 다 통한다. 무엇을 두 불성이라 하는가? 하나의 본체(體)에 두 가지 의미가 있기 때문이다. 하권에서 설하는 것과 같다.

問。此諸敎所說有無[1]種性。爲理佛性。爲行佛性。答。通二。何者。二佛性一體二義故。如下卷說。

1) ㉮ '有無' 두 자는 연자로 생각된다.

457 『오교장』「종성차별」.

문 일승문에 있어서 유성·무성·유정·비정이 모두 성불한다는 것은 오성 차별을 설하는 교설과 어떻게 회통하는가?

답 『오교장』 하권에서 "『논』 자체에 해석이 있다. 그러므로 『보성론』에서 이르기를, '앞에서 일천제는 열반성이 없어 열반에 들어가지 못한다고 했는데, 그 뜻이 무엇인가? 대승을 비방하는 원인을 드러내고자 하기 때문이다. 이것은 무슨 뜻을 밝히는 것인가? 대승을 비방하는 마음을 돌이키고 하는 것이니, 무량한 시간이 걸리므로 이와 같이 설하는 것이다. 저 들 일천제들도 실로 청정성을 갖고 있기 때문이다'[458]라는 등을 말하였다."[459]라고 하였다.

問。就一乘門。有性無性。有情非情。皆成佛者。說五性差別敎。何會。答。下卷云。論自有釋故。寶性論云。向說闡[1)]提。無涅槃性。不入涅槃者。此義云何。爲欲示顯謗大乘因故。此明何義。爲欲迴轉誹謗大乘心。依無量時故。作是說。以彼[2)]彼實有淸淨性故等。

1) ㉮ '闡'은 문창당본에 '聞'으로 되어 있다. 2) ㉮ '彼'는 연자인 듯하다.

문 만약 그렇다면 부정성을 세울 수 있을 뿐인데 무슨 본성(性)을 세우는가?

답 육바라밀을 닦으면서 충분히 반복해서 수행을 마치고 감임주堪任住[460]의 계위에 도달한 후 보살종성이 성립한다. 소승의 실천행(小行)을 수습한다면 인위忍位에 도달해서 성문성을 이룬다. 그러므로 『대지도론』에

458 『보성론』(T31, 831b).
459 『오교장』(T45, 486c).
460 감임주堪任住 : 수행을 감당해낼 수 있는 계위를 말한다. 소승의 인위忍位와 마찬가지이다.

서 "난 · 정 · 인 등을 성지性地라 이름한다."[461]라고 하였다. 독각은 이에 준해서 알아라. 만약 세 가지 실천에 있어서 하나에 따라 수행하고 본위本位에 이르지 않았을 경우에는 부정종성을 세운다. 만약 세 가지 실천에 있어서 어느 것도 수행하지 않았을 경우에는 무종성을 세운다.[462]

問。若爾。唯可立不定性。何立性。答。修六度。串習行已。位到堪任住。成菩薩種性。若習小行。到於忍位。成聲聞性。故智論云。煖頂忍等。名爲性地。獨覺准知。若於三行。隨一修行。未至本位。爾時。立爲不定種性。若於三行。全未修行。爾時。立爲無有種性。

3. 종성의 4구 분별

문 종성에 대한 4구 분별은 무엇인가?

답 『오십요문답』에서 "만약 불성이 천제인에게 있고 선근인에게는 없다면, 그것은 실천에 근거하여 종성을 논한 것이다. 혹은 불성이 선근인에게 있고 천제인에게 없다면, 그것은 계위에 근거하여 종성을 논한 것이다. 혹은 불성을 양자가 모두 갖추고 있다면, 그것은 원인에 근거하여 종성을 논한 것이다. 혹은 불성을 양자가 모두 갖고 있지 않다면, 그것은 결과에 근거하여 종성을 논한 것이다."[463]라고 하였다.

問。約種性。分別四句何。答。終南問答云。或有佛性。闡提人有。善根人無。謂約行辨性也。或有佛性。善根人有。闡提人無。謂約位辨性也。或有佛性。二人俱有。謂約因辨性也。或有佛性。二人俱無。謂約果辨性也。

---

461 『대지도론』(T25, 721a).

462 『오교장』(T45, 486b).

463 『오십요문답』(T45, 534b).

문 일천제의 의미는 현재의 선근이 되는 원인을 끊었다는 것인데, 어떻게 선성善性을 실천할 수 있는가?

답 이것은 계위에 근거한 설이다. 이 세상에서 선근을 내어 구제할 수 있는 자는 현행의 선성을 갖는다. 저 세상에서 선근을 내어 현재는 구할 수 없는 자는 원인을 실천하는 종자를 갖는다. 이러한 뜻은 성문의 주장과 같지 않다. 이 네 가지 계위는 모두 성득性得 및 수득修得의 두 가지 불성을 갖추고 있다. 어째서인가? 이 두 가지 불성은 신해信解 정심처淨心處의 설과 같아 서로에게 연유하여 성립한다. 성득 및 수득의 두 가지 불성은 처음도 아니고, 중간이나 마지막도 아니다. 앞 가운데 뒤를 취하기 때문이다. 또 경문으로 증명하건대 여래장은 직진 보살의 근기를 위한 설이며, 불성은 아주 성숙한 성문 근기를 위한 설이다. 여기에서 밝히는 여래장과 불성은 여러 의의에 근거하면 같지 않다고 하더라도, 모두 동교일승의 의미이다. 어째서인가? 보법을 성취하기 때문이며, 보법으로 성취되기 때문이다.[464]

問。闡提之義。斷現善根因。何有行善性。答。此約位語。此世生善根。可救者。有現行善性。他世生善根。現不可救者。有行因種子。此義不同聲聞宗。此之四位。皆具性得及修得二佛性也。何以故。此之二性。同於信解淨心處說故。相由成故也。性得及修得二種佛性。非初非中後。前中後取故。又驗經文。如來藏爲直進菩薩機說。佛性爲淳熟聲聞機說。此中所明如來藏佛性。雖約諸義差別不同。皆是同敎一乘義也。何以故。爲成普法故。普法所成故。

---

464 『오십요문답』(T45, 534b).

4. 이종성

문 본성주 종성과 습소성 종성은 무엇이 먼저이고 무엇이 나중인가?

답 조건이 성숙한 근기(機緣)에 따르므로 전후가 일정하지 않다. 그러므로 『향상문답』에서 다음과 같이 말하였다.

"**문** 본유·수생 등의 4구 가운데 수행본유修生本有와 본유수생本有修生의 두 구가 있다. 이것은 연기법에 따르기 때문에 본유가 아니면 수생이 없으며, 수생이 아니면 본유가 없다는 것이다. 이 두 구는 인연법으로써 이해할 수 있다. (그런데) 오직 본유만이거나 수생만이라고 하는 이 두 구는 어떠한 인연법인가? 만약 수생에 의하지 않고도 본유가 있다고 하면, 습종성 이전에 본유가 있다는 것과 무슨 차이가 있는가?

답 성자는 근기의 이익을 볼 수 있기 때문에 4구는 모두 보편적인 설이다. 조건이 성숙한(機緣) 중생이 있어 성종을 앞으로 삼고, 습종을 뒤의 이익으로 삼으면, 즉 본유가 앞이고, 수생이 뒤라고 설한다. 중생이 있어 수생을 앞으로 삼고 본유를 뒤의 이익으로 삼으면, 즉 성종은 뒤이고, 습종은 앞이라고 설한다. 단지 근기의 정도에 따라 말하는 것뿐이지 법에 고정되어 전후가 있는 것으로 보아서는 안 된다. 이 법에는 전후가 없기 때문에 임의로 선후에 해당할 뿐이다. 그러므로 여러 성교의 설에 전후가 일정하지 않다. 그러나 말과 같이 취하는 자는 본유 전에 법이 있다고 결정하기 때문에 인연의 취지를 잃고 그 뜻에 어긋난다. 그러므로 저 사람과 같지 않다."[465]

나머지의 일체 법문도 모두 그러하다. 교설의 연유를 이해하고 교법의 진실한 본성을 이해해야 한다.

---

465 『화엄경문답』(T45, 610a).

問。本性住性。習所成種性。何前何後。答。隨機緣。前後不定。故香象問答云。問。本有修生等四句中。有修生本有。本有修生二句。其卽緣起法故。非本有無修生。非修生無本有。此二句因緣法可解。唯本有但修生。此二句。爲因緣法乎。若非由修生而有本有者。與習種以前有本有之義。有何別云。[1] 答。聖者能見機益故。四句皆普[2]說。若有機緣衆生。以性種爲前。習種爲後利益。旣說本有前。有修生後。若有衆生。以修生爲前。本有爲後利益。卽說性種爲後。習種爲前。但隨機處中說耳。勿見法定有前後。以其法無前後故。卽善當於先後耳。是故諸聖敎之說。前後不定。然而如言取者。定本有前有法故。失因緣。旨違其[3]意故。與彼人不同耳。餘一切法門皆爾。須解敎所由。又解法實性也。

1) ㉯ '云'은 '乎'로 의심된다. 2) ㉮ '普'는 『문답』에 '善'으로 되어 있다. 3) ㉯ '其'는 『문답』에 '聖'으로 되어 있다.

『화엄일승십현성불묘의』 1권.

華嚴一乘十玄成佛妙義 一卷。

사본寫本에서 다음과 같이 말하였다.

"때는 오쵸(應長) 원년(1311) 9월 28일 동대사 계단원에서 존승원의 사본에 가점과 반점을 완료하였다. 다만 문자가 흐트러져 극히 알기 어려운 글자가 많다. 뒤에 이것을 보는 사람은 글자를 바로잡아 주시길 바란다. 소비구 지츠엔(實圓)."

寫本云。于時應長元年九月二十八日於東大寺戒壇院。以尊勝院之御本。加反點了。但文字散散。極不審多。有後覽者。可有交定候也。小比丘實圓。

교호(享保) 3년(1718)인 무술년 8월 9일 조슌(依淨)이 작업을 마쳤다. 허가를 얻어 고쳐서 베꼈다. 위 건의 원본은 지칸(觀國) 국사의 속가 조카 제자인 선명당 지츠엔(實圓)의 소장본이다. 잠깐 보아도 어魚와 노魯, 풍風과 봉鳳처럼 잘못된 자가 아주 많다. 뒤에 보는 군자가 대저 그것을 생각하시기를.

현수 후세 사문 국가의 도적[466] 쇼쿠(性空).【세수 29세, 법랍 19세이다.】

享保三龍集。[467] 戊戌仲秋初九天。依淨俊成業。御許可而繕寫之。上件本者。示觀國師俗甥之神足。禪明房實圓之御本也。乍然文字魚魯風鳳之

466 일본의 니치렌(日然)이 타종을 비판하는 글 가운데 "진언종은 국가를 망하게 하고, 선종은 천마이며, 염불종은 무간지옥에 떨어지며 율종은 국가의 도적이다.(真言亡國。禪天魔。念佛無間。律國賊。)"라는 것이 있다. 여기서 국가의 도적이라고 한 것은 이것과 관련이 있을 것이다.

467 龍集 : 연年을 뜻한다.

謬尤多。後覽君子夫思之矣。賢首嗣祖勤息[468]國賊性空。【露命[469]二九歲。夏葛[470]一九歲。】

468 勤息 : 사문沙門을 뜻한다.
469 露命 : 이슬 같은 목숨, 전하여 세속의 나이를 말한다.
470 夏葛 : 다년생 칡, 전하여 승려의 나이를 말한다.

찾아보기

ㄴ

ㄷ

ㅁ

ㅂ

ㅇ

ㅈ

ㅊ

ㅌ

ㅍ

ㅎ

견등見登

견등의 생몰 연대는 알 수 없다. 우리나라의 기록에는 그의 이름이 전혀 나오지 않는다. 견등의 이름이 최초로 나오는 기록은 일본의 문헌인 『화엄종소립오교십종대의약초華嚴宗所立五教十宗大意略抄』(850년 이후)로 보인다. 여기서 그는 신라의 화엄종 조사인 '견등보살見登菩薩'로 불린다. 그의 저술로는 『대승기신론』에 대한 주석서인 『대승기신론동현장大乘起信論同玄章』 2권(失傳)과 『화엄일승성불묘의』가 있다. 이 중 『화엄일승성불묘의』는 일본에 전래된 문헌들에 근거해 볼 때, 9세기 초에서 10세기 초 사이 일본에서 저술되었을 가능성이 제기되고 있다.

옮긴이 김천학

한국외국어대학교 태국어과를 졸업하고, 한국학중앙연구원 한국학대학원에서 석·박사 과정을 졸업한 뒤, 일본 도쿄(東京) 대학 인도철학불교학과에서 박사학위를 취득하였다. 일본 히메지독쿄(姬路獨協) 대학 준교수, 금강대학교 불교문화연구소 HK교수와 연구소장을 역임하였다. 현재는 동국대학교 불교문화연구원 HK교수 및 한국불교융합학과 부교수로 재직 중이다. 동아시아 화엄 사상을 중심으로 연구하면서 지론종 및 천태법화 사상에 대해서도 연구하고 있다. 저서로는 『역주 화엄경문의요결문답』, 『균여화엄사상연구』가 있고, 일본어 저서로 『平安期華嚴思想の研究』 등이 있다.

교감 및 증의

김호성(동국대학교 인도철학과 교수)